Hohenheim

Manfred Rommel

Das Land und die Welt

Streifzüge durch Politik, Wirtschaft und Kultur

Hohenheim Verlag
Stuttgart · Leipzig

Die Deutsche Bibliothek – CIP Einheitsaufnahme
Ein Titeldatensatz für diese Publikation ist bei der
Deutschen Bibliothek erhältlich

Satz: Satz & mehr, Besigheim
Druck: Henkel-Druck, Stuttgart
Bindearbeiten: Dieringer, Gerlingen
Printed in Germany
ISBN 3-89850-099-3

Inhalt

Vorwort

Der Verfasser hat in seinen Anfangsjahren als lyrischer Dichter der Öffentlichkeit Verse vorgestellt, welche die Ursache schwäbischer Klugheit in der Laugenbrezel sehen. Dieses auf Postkarten abgedruckte, vertonte und von angesehenen Männerchören vorgetragene Gedicht lautet:

„Des Schwaben Klugheit ist kein Rätsel.
Die Lösung heißt: Die Laugenbrezel!
Schon trocken gibt dem Hirn sie Kraft.
Mit Butter wirkt sie fabelhaft.
Erleuchtet mit der Weisheit Fackel
den Verstand vom größten Dackel!"

Bei dieser reichlich einfachen Erklärung kann es nicht bleiben. Die Klugheit hat tiefere Ursachen, nämlich erkenntnistheoretische. Für die Erkenntnis kommt es nicht nur darauf an, was man betrachtet, sondern auch von welchem Standort aus man es betrachtet. Dies demonstriert ein britischer Witz. Ein Autofahrer, der sich verirrt hat, fragt einen Einheimischen nach dem Weg nach Idlewood. Dieser antwortet: „If I would go to Idlewood I would never start from here!" („Wenn ich nach Idlewood wollte, würde ich nie von hier aus losfahren!") Diese Geschichte hat einen Sinn: Es gibt Standorte, die von vornherein die Perspektive verderben, so daß der Betrachter die Welt wie in einem Zerrspiegel sieht. Auch empfiehlt es sich, gelegentlich den Standort zu verändern anstatt an einem Ort zu bleiben, auf dem man zufällig gerade steht. Wer den Standort nie wechselt und deshalb eine feste Meinung von der Welt hat und an dieser unter allen Umständen festhält, der braucht sie nicht zu betrachten. Orwell bezeichnet „double think" („Doppeldenken") als die Kraft, zwei sich widersprechende Arten von Glauben gleichzeitig zu besitzen und beide anzuerkennen. Die Fähigkeit, mehrere sich widersprechende Meinungen gleichzeitig zu haben, ist im südwestdeutschen Volkscharakter besonders ausgeprägt. Die Widersprüche bleiben und wirken im Unterbewußtsein. Deshalb ist auch die Bereitschaft, die eigenen Vorstellungen zu ändern oder wenigstens zu relativieren, verhältnismäßig groß. Sie ist aber nicht immer groß genug, um Vorurteile zu Fall zu bringen, zumal der Mensch oft daran zweifelt, ob das Vorurteil nicht ein ethisches Prinzip sei, an dem er trotz aller Bedrängnisse festhalten sollte.

Ein Herr betritt einen Buchladen und wünscht einen Globus zu kaufen. Der Buchhändler bringt einen und zeigt, wo Europa, Afrika und Amerika liegen. Da sagt der Herr: „Das will ich eigentlich alles nicht. Mir tät ein Globus von Württemberg langen." Dies gibt die schwäbische Mentalität nur teilweise wieder. Die meisten Schwaben geben sich nicht mit Teilwissen zufrieden, so wichtig dieses ihnen auch sein mag, sondern sie streben auch nach Überblick, Einblick und Einsicht. Aber die Sicht des Ganzen ist schwer zu erlangen angesichts des ständig anwachsenden Wissens. Doch das Streben danach lohnt sich bereits. Nie zuvor war es so schwierig und auch so wichtig wie heute, daß der Mensch in seinem Kopf Ordnung schafft. Der Mensch erfährt im Laufe seines Lebens viel mehr als früher. Wenn das alles ungeordnet vom Hirn gelagert wird, ist er verwirrt. Geht die Verwirrung so weit, daß er sie gar nicht bemerkt, dann ist er für höhere geistige Leistung unbrauchbar. Er flieht in die Undeutlichkeit, eine Flucht, die ihm ermöglicht, sein Selbstbewußtsein mit der Illusion zu stabilisieren, die anderen seien zu dumm, um ihn verstehen zu können. Wer diesem Unglück entrinnen will, muß in seinem Kopf die Gedanken und Erinnerungen ordnen, und zwar immer wieder, denn die Unordnung stellt sich von selbst ein. Ich habe gute Erfahrungen gemacht mit meiner Gewohnheit, alles, was mich beim Hören oder Lesen beeindruckt, in Hefte einzutragen. Später habe ich es im PC in eine Aktei aufgenommen. Ich habe dann immer wieder meine Aufzeichnungen durchgesehen. Vor allem wenn ich in meinen Heften etwas suchte und es nicht auf Anhieb fand, war der Bildungserfolg beachtlich, weil ich auch anderen Gedanken wieder begegnete, die aus meinem Bewußtsein verschwunden waren. So fiel mir immer öfter ein, wer was geschrieben hatte und auf was er hinaus wollte. Der Mensch kann nur etwas denken, was in seinem Kopf enthalten ist und was er bei Bedarf findet.

Sollte ein Leser dieses Buches das Gefühl haben, er habe dieses oder jenes schon einmal gehört oder gelesen, dann trügen ihn seine Sinne und sein Erinnerungsvermögen nicht. Ich habe eine große Zahl von Reden gehalten auf der Grundlage spontaner Einfälle, die mich oft selbst überrascht haben. Einige dieser Einfälle enthält dieses Buch. Es ist auch inspiriert von meinen Kolumnen in der Stuttgarter Zeitung und von Artikeln, die ich in den letzten Jahren unter anderem für die Südwestpresse, die Frankfurter Rundschau, Bild der Wissenschaft und die Aachener Zeitung verfaßt habe. Überdies bin ich in der glücklichen Lage, viele Gedanken und Darstellungen aus meinen früheren Veröffentlichungen heute noch für richtig halten zu können. Was will man mehr?

AUCH WIEDER WAHR

Der Turmbau zu Stuttgart

„Zum Sehen geboren, zum Schauen bestellt, dem Turme geschworen, gefällt mir die Welt“, läßt Goethe in Faust II seinen Türmer deklamieren, der schon bald darauf an der Welt keinen Gefallen mehr findet, weil er Unerfreuliches zu sehen bekommt, nämlich Mord und Gewalttat. Die Türme der modernen Welt sind die Hochhäuser. In Stuttgart sind alle Versuche, ein Hochhaus zu bauen, zum Scheitern verurteilt. Man will schon hoch hinaus, aber das soll niemand sehen. Meinem Nachfolger mißlang ein Hochhausprojekt, obwohl er sich von einer Höhe von 220 m auf 180 und schließlich auf 80 m herunterhandeln ließ. Daß die Absicht, ein höheres Gebäude zu errichten, Widerstände auslösen würde, war jedem klar, der die schwäbische Neigung kennt, alles, was etwas größer ist, zunächst mit unfreundlichem Mißtrauen zu betrachten. Ich weiß, was ich sage. Denn ich hatte mich zuvor für ein anderes Hochhaus, den sogenannten Jahn-Turm erwärmt, dieses Vorhaben aber, durch die Entsetzensschreie der Widerstrebenden entmutigt und meiner Sache ohnehin nicht ganz sicher, wieder fallengelassen. Ich muß eingestehen: Ich habe Sympathien für Hochhäuser. Denn ein Turm, von qualifizierten Architekten gestaltet, ist schön und praktisch, zeigt Selbstbewußtsein und verspricht Arbeitsplätze und Steuereinnahmen. Der Einwand, man sollte in Fragen der Stadtgestaltung nicht ans Geld denken, ist blauäugig. In den Klagegesang darüber, daß die Investoren bestimmen, was sie bauen, wo sie bauen, wie sie bauen und ob sie bauen, kann ich nicht einstimmen, denn das halte ich für selbstverständlich. Die Stadt kann ja oder nein sagen, mit den entsprechenden Konsequenzen.

Zu einem Hochhaus kann man aufblicken, man kann von ihm hinabblicken. Sein Dach gewährt Aussicht und Übersicht. Aber Hochhäuser sind verdächtig. In der Stadt der Bibelverlage mag der Turmbau von Babel eine Rolle spielen. Man legt hier weder Wert auf die Aussicht von oben herab noch auf den Anblick des Turms von unten herauf. So etwas Hohes passe nicht zu Stuttgart. Das wurde schon Ende der zwanziger Jahre gegen den freilich nur 61 m hohen Tagblatt-Turm vorgebracht, der inmitten der Innenstadt errichtet wurde und heute als eine Perle der Stadtarchitektur gilt. Gewiß sollte man einen Talkessel nicht mit Hochhäusern zubauen. Das sehe ich inzwischen ein. Aber es geht zu weit, wenn behauptet wird, dem Menschen entspreche eher die Horizontale als die Vertikale, wie dies vor Jahrzehnten nicht ohne unfreiwillige Mehrdeutigkeit ein Gutachten gegen Hochhäuser formulierte. Seit dem 11. September 2001, als Terroristen das World Trade Center zerstörten, hat die Argumentation gegen Hochhäuser neuen Auftrieb erhalten. Ist die Hochhausidee etwa ein grundsätzlicher Irrtum? Warum aber wurden und werden in der ganzen Welt Tausende von Hochhäusern gebaut? An die Stelle des zerstörten World Trade Centers werden auch keine Reihenhäuser treten.

Dieser Widerstand gegen Neues, Großes, im Licht öffentlicher Aufmerksamkeit Stehendes ist aber nur eine Seite des schwäbischen Wesens. Meine Landsleute halten Widersprüche aus, ohne von dem Drang erfüllt zu sein, sich endgültig zugunsten einer Meinung entscheiden zu müssen. Das gilt auch für Grundsätzliches. Die Wahrheit liegt im Gegensatz. Das zu wissen fördert Wahrnehmungsfähigkeit, Denkvermögen und Phantasie, bewahrt vor Leichtfertigkeit und verhindert, daß Gedanken über die physikalische Welt zu Überzeugungen erstarren, welche die Denktätigkeit lähmen können. Nietzsche hält Überzeugungen für schlimmer als Lügen. Ein Mann der Überzeugungen: Ein bronzener Mensch, einem Standbild gleich, gewichtig, unbeweglich, aber innen hohl. Sein Gegensatz ist der Bimssteinmensch. Bimsstein ist leicht, hat ein geringes Eigengewicht, aber eine große Oberfläche, an der vieles hängenbleibt, was von außen herankommt. Deshalb wird der Bimsstein zur Säuberung von verunreinigtem Wasser verwendet. Auch an der Oberfläche des Bewußtseins eines Bimssteinmenschen bleibt viel hängen. Gelegentlich macht der Bimssteinmensch ein paar Bewegungen, damit der gröbste Dreck wegspringt, aber bald bedeckt ihn neuer in Gestalt einer unkoordinierten Vielzahl von Kenntnissen und Meinungen. Das schwäbische Wesen liegt im Gegensatz zwischen Bronze und Bimsstein.

Jeder Turm lenkt den Blick nach oben. Der Blick nach oben hat Vorteile, wenn er nicht im leeren Raume haften bleibt, denn was nützt das Ideale, wenn es zum Realen keine Verbindung hat. Wir Schwaben wollen hoch hinaus, aber doch am Boden bleiben. Diese Neigung verkraftet selbst jener nicht so ohne weiteres, der daran gewöhnt ist, Widersprüche in seinem Denken mit den liebenswürdigen Wörtern „au wieder“ ruhigzustellen. Widersprüche zu ertragen, fällt leichter, solange man nicht tätig wird. Untätig zu bleiben, in beschaulicher Ruhe das Erworbene zu genießen, diese Lebenskunst gelingt hierzulande nur wenigen. Wilhelm Raabe, der lange in Stuttgart lebte, gibt den Rat: „Blick auf zu den Sternen, hab acht auf die Gassen.“ Da bleibt es nicht aus, daß der Mensch gelegentlich stolpert oder in etwas hineintritt, in das er nicht hineintreten will. Soll man sich also damit begnügen, den Blick auf den Boden zu senken? Dieser ist nicht nur der Boden der Tatsachen, sondern auch der Ort, wo manches herumliegt, was andere verloren oder weggeworfen haben. Der Blick nach oben ist schwer zu vermeiden. Unter Umständen blickt der Mensch sogar auf zum Nichts. In der Stuttgarter Königstraße soll einmal eine größere Menschenmenge in die Luft gestarrt haben. Ein Herr kam vorbei und tat dasselbe. Schließlich fragte er seinen Nachbarn: „Was gibt's da eigentlich zu sehen?" Der Nachbar: „Ich weiß es auch nicht. Der Letzte, der das gewußt hat, ist vor zehn Minuten gegangen."

Die meisten Bauwerke, die uns heute erfreuen, waren früher umstritten. Das gilt auch für den heute als Architekturdenkmal verehrten Stuttgarter Hauptbahnhof, von dem es hieß: „In der Höhe ist's recht, aber in der Breite spannts!" Über den Entwurf des Bahnhofsturms soll sogar ein maßgebender Herr geäußert haben: „Es ist wiescht gnug, aber es paßt zum andere!" Die schwäbische Devise „No nix nuis!" scheute auch nicht vor dem weltweit gelobten und kopierten Stuttgarter Fernsehturm zurück, dessen Standfestigkeit und ästhetische Qualität angezweifelt wurde. Die weltweit als großer Wurf gerühmte Weißenhofsiedlung wurde nicht gerade mit Jubel begrüßt. Und auch Stirlings postmoderne Staatsgalerie kam zunächst nicht ungerupft davon. Sogar die Frage tauchte auf: Hätte sie vielleicht Hitler gefallen? Zum Glück tauchte diese Frage gleich wieder unter. Also unterschätzen wir nicht unsere Fähigkeit, bei der Beurteilung von Bauvorschlägen Fehler zu machen. Aber der größte Fehler wäre die Furcht, Entscheidungen zu treffen. Hochhäuser werden nicht aus der Mode und dem Gebrauch kommen, denn weltweit werden immer mehr Menschen in den großen Städten leben und arbeiten. Weshalb soll die Architektenstadt Stuttgart keines haben? Aber keine Sorge, es wird kein Hochhaus in Stuttgart geben. Es wird immer wieder versucht werden, eines zu bauen, aber die Gegenkräfte werden stärker sein. Angesichts dieser Einstellung ist es erstaunlich, daß in Baden-Württemberg nicht nur das Auto, sondern auch der Zeppelin erfunden wurde. Bei einem Zeppelinunglück in Echterdingen erklärte ein Landwirt: „Unser Herrgott hat halt den Himmel für die Vögel und den Erdboden für die Rindviecher gemacht." Zwischen dem Himmel und dem Erdboden bewegt sich das schwäbische Kulturbewußtsein. Aber es bewegt sich. Das ist die Hauptsache.

In Ägypten gibt es viele Pyramiden, deren höchste, die Cheopspyramide seit 4700 Jahren steht und in ihren besten Tagen fast 150 m hoch war. In Baden-Württemberg, gibt es auch eine Pyramide, aber eine kleine. Sie ist nur 6,5 m hoch und steht seit 1825 in Karlsruhe. Von dem großen Baumeister Weinbrenner anstelle einer hölzernen Vorgängerin in Stein errichtet, enthält sie die irdischen Überreste des Gründers von Karlsruhe, Markgraf Karl Wilhelm von Baden-Durlach. Sie soll auch einen Regenschirm enthalten, der bei der letzten Öffnung der Gruft vergessen wurde. Sonst hat Baden, Württemberg und Baden-Württemberg mit dem Pharaonenreich nichts gemein. Aber auch der deutsche Südwesten ist eine alte Kulturlandschaft, wohl älter als die ägyptische und babylonische, mit einer langen Geschichte, die sich – zum Glück – nur zu einem geringen Teil auf Schriftliches berufen kann. Wenn wir die Naturgeschichte einbeziehen, insbesondere die Jurazeit, kommen wir ins Uferlose. Lassen wir auch den Urmenschen aus dem Spiel und beginnen wir mit dem Kulturmenschen. Schon vor rund 32 000 Jahren gab es im Lonetal Leute, die neben ihrer Tätigkeit als Jäger und Sammler das Bedürfnis sowie Zeit und Muße hatten, kleine Kunstwerke zu schnitzen. Im Hohlenstein fand sich die Plastik eines Löwenmenschen, in der Vogelherdhöhle Darstellungen von Pferd und Mammut, im Geißenklösterle sogar eine Knochenflöte, die beweist, daß der Mensch schon damals seinem Trieb, Musik zu machen, nicht widerstehen konnte. Das muß eine tolle Zeit gewesen sein, als die Welt noch weithin unentdeckt war. Damals wunderten sich die Menschen noch über alles, während sie sich heute über nichts mehr wundern. Die weitere Entwicklung dieser ermutigenden Anfänge im Lonetal wurde durch die Eiszeiten gehemmt. Es ist schwer, in einer Landschaft künstlerisch tätig zu sein, die unter einer dichten Eisdecke liegt. Ich wies einmal eine ägyptische Historikerin auf dieses Hemmnis hin und fügte hinzu, wir hätten ohne die Behinderung durch das Eis möglicherweise auch so große Pyramiden gebaut wie die Ägypter, denn auch bei uns herrschte schon früh die Meinung, daß der Mensch im Jenseits weiterlebe und daß man ihm etwas ins Grab mitgeben müsse, damit er es nach seinem Hinscheiden nicht so schwer habe. Die Alamannen legten den Männern meistens das eigene Schwert mit ins das Grab. Angesichts der ziemlich militanten Jenseitsvorstellung der germanischen Religion ist das verständlich. Aber das war ein großes Opfer der Trauergemeinde, denn Schwerter wurden in jenen wilden Zeiten auch im Diesseits dringend gebraucht. Deshalb wurden die Schwerter manchmal nach Ablauf der Trauerwochen wieder ausgegraben und bei der Lösung irdischer Konflikte, also im Diesseits, weiterverwendet.

In den keltischen Fürstengräbern aus dem fünften und sechsten Jahrhundert vor Christi Geburt fanden sich auch Utensilien für die Herstellung und den Konsum von Alkohol, und zwar nicht nur solche, die dem Verstorbenen gehörten, sondern auch die seiner Kumpane. Besonders anschaulich wird das im Grabe des Fürsten von Hochdorf demonstriert. Der Fürst von Hochdorf nahm den großen Braukessel mit ins Grab, sein eigenes Trinkhorn und obendrein die Trinkhörner seiner Stammtischbrüder. Ich will hieran keine Mutmaßungen knüpfen, aber es fragt sich doch, ob diesem Vorgang nicht das pädagogische Ziel der Suchtbekämpfung zugrunde lag und weniger die Absicht, dem Fürsten im Jenseits den Biergenuß zu ermöglichen. Die Kumpane des Verstorbenen sollten wenigstens so lange zur Ernsthaftigkeit angehalten werden, bis sie sich einen neuen Braukessel nebst Trinkhörnern beschaffen konnten. Die Sitte, seine Trauer durch Alkoholverzicht zum Ausdruck zu bringen, gibt es auch bei verschiedenen Armeen. Wenn ein Toast zum Gedächtnis der Verstorbenen vorgeschlagen wird, greift der Kundige nicht zum Weinglas, sondern zum Wasserglas. Schon lange ist man in Ägypten wie auch bei uns davon abgekommen, den Verstorbenen größere Gegenstände mit ins Grab zu geben. Unsere Friedhofsordnungen verbieten das ausdrücklich. Aus der Sicht künftiger Historiker ist das zu bedauern, denn die Grabbeigaben sind wichtige Geschichtsquellen. Und ob die kommenden Generationen das viele Papier aufbewahren, das wir heute produzieren, ist sehr fraglich.

Wer alles hier gelebt hat

In Baden-Württemberg hausten, wenn wir die Vorzeiten außer Betracht lassen, zunächst die Kelten. Dann kamen die Germanen hinzu, die später unter dem Namen „Schwaben" und „Alamannen" auftraten. Diese wurden wiederum von den Römern vertrieben, jedoch nicht auf die Dauer. Nachdem die Alamannen das römische Angebot, die Kriegskunst zu erlernen, genutzt hatten, durchbrachen sie den Limes, verjagten die Römer und besetzten den Raum des heutigen Landes Baden-Württemberg. Sie überquerten den Rhein Richtung Westen. Im Jahr 357 wurden sie zwar bei Straßburg von den Römern geschlagen, behielten aber ihre rechtsrheinischen Siedlungsplätze. Es heißt, an dieser Niederlage sei ein basisdemokratischer Aufstand schuld gewesen, denn die alamannischen Infanteristen hätten von den Reitern gefordert: „Absitzen!" Deshalb verfügten die Germanen im Unterschied zu den Römern über keine Kavallerie und wurden als Opfer des Gleichheitsprinzips besiegt. Ob dies nun wahr ist oder nicht: Die Geschichte eignet sich vortrefflich als Gleichnis für Predigten gegen basisdemokratische Anwandlungen. Die Alamannen wurden schließlich von den Franken geschlagen und in das fränkische Reich integriert, nachdem die Franken durch das Versprechen, im Erfolgsfalle Christen zu werden, das himmlische Wohlwollen erworben hatten. Die fränkischen Herren verfuhren mit den Besiegten manchmal recht unfreundlich, zum Beispiel im 8. Jahrhundert, als sie die alamannische Prominenz nach Bad Cannstatt einluden, um sie dort umzubringen. Auf dieses „Cannstatter Blutbad" sind die Cannstatter heute noch stolz, weist das Ereignis doch darauf hin, daß Cannstatt damals schon über eine gewisse Bedeutung und Infrastruktur verfügt haben muß. Nach ihrer Niederlage wurden auch die Alamannen dank der Bemühungen irischer Mönche Christen. Aber das kam zu spät, an der Frankenherrschaft änderte das nichts. Im 10. Jahrhundert bildete sich das Stammesherzogtum Schwaben. Aus dem Herzogtum Schwaben ging das Kaisergeschlecht der Staufer hervor, dessen Glanz noch lange leuchtete und die Phantasie des Volkes anregte.

Das Stauferreich zerfiel. Aus seinen Trümmern entstand unter anderem Baden und Württemberg, anfänglich ziemlich kleine Gebilde. Stuttgart, das heute nach der Vorstellung vieler Badener das württembergische (Un)Wesen verkörpert, ist nach herrschender Meinung eine badische Gründung. Es schmerzt manche Badener, daß die württembergische Metropole ältere badische Wurzeln hat als die eigene badische Hauptstadt Karlsruhe. Die militärischen Ereignisse verliefen für Badener und Württemberger selten glücklich, wenn man von den Siegen des alten Reichs über die Türken absieht, zu denen sie beigetragen haben und von denen der Türkenschatz im Badischen Landesmuseum in Karlsruhe und einige Bögen und Pfeile im Württembergischen Landesmuseum in Stuttgart Zeugnis ablegen. Als Kriegsgegner waren Badener und Württemberger beliebt, denn sie verloren in der Regel die Kriege. Markante Ausnahme war der Sieg Marlboroughs und des Prinzen Eugen über die verbündeten Bayern und Franzosen bei Höchstädt im Jahr 1704 während des Spanischen Erbfolgekriegs. An dieser Schlacht waren auch Badener und Württemberger beteiligt. Eine weitere Ausnahme war die napoleonische Zeit, als Badener, Bayern, Sachsen und Württemberger unter dem französischen Kaiser in den Krieg zogen.

Der französische Nachbar

Der französische Staat war nach Beendigung seiner Kriege mit England dem sogenannten Heiligen Römischen Reich Deutscher Nation überlegen. So konnte es nicht ausbleiben, daß der französische König seine Herrschaft immer weiter nach Osten ausdehnte. Hier rangen nicht Gut und Böse, sondern einig und uneinig, stärker und schwächer miteinander. Die Kriegszüge Frankreichs auf deutsches Gebiet waren keine Veranstaltungen, welche die Deutschen erfreut hätten. Die Wahrheit gebietet jedoch, darauf hinzuweisen, daß Frankreich für fast alle Interventionen deutsche Staaten als Verbündete gefunden hat. Unsere Fürsten sprachen Französisch, dachten Französisch und schrieben Französisch. Herzog Carl Eugen von Württemberg, wegen seiner Verschwendung immer in Geldnot, stellte Frankreich gegen Preußen für französisches Geld Truppen zur Verfügung. In der Schlacht von Roßbach wurden sie 1757 zusammen mit französischen und österreichischen Truppen und anderen Kontingenten der Reichsarmee von Friedrich dem Großen geschlagen. Die Spottlust erfreute sich an dieser Niederlage. Die Reichsarmee erhielt den Spitznamen „Reißausheer“, und ein Spottvers fand Verbreitung, welcher lautete:

„Und wenn der große Friedrich kommt
und klopft bloß auf die Hosen,
dann springt die ganze Reichsarmee,
Panduren und Franzosen."

Friedrichs Gegner war der französische Befehlshaber Prinz Soubise, von dem in Paris ein Bonmot sagte, ihm habe in seinem Leben nichts gefehlt außer der Zufriedenheit. Wie es um die Zufriedenheit von Carl Eugen bestellt war, weiß ich nicht. Jedenfalls erbaute er sich das Schloß Solitude (Einsamkeit) mit vielen Nebengebäuden und bewohnte es zusammen mit ein paar hundert Damen und Herren von Adel, Dienern, Kammerzofen, Köchen und so weiter. So läßt sich Einsamkeit aushalten.

Die ererbte Pracht

Unsere Fürsten haben das Land in der Barockzeit mit herrlichen Kunstwerken geschmückt, die, soweit zerstört, wieder zu errichten, soweit erhalten geblieben, zu restaurieren und zu pflegen viel Geld gekostet hat und kosten wird. Aber wir sind heute froh, daß wir Barockbauten haben. Lassen wir die kirchlichen Bauten außer Betracht, die immerhin den Blick der Gläubigen in die Höhe lenken wollten, Hoffnung geben im Falle des Wohlverhaltens auf ein Glück nach dem irdischen Dasein. In den weltlichen Barockbauten unserer Fürsten fand eine durchaus irdische Lebenseinstellung ihren Ausdruck, die zwischen Traum und Wirklichkeit nicht klar unterschied. Das Gefühl, ob ihm eine Wirklichkeit zugrunde lag oder nur eine Illusion, war zweitrangig. So erklärt sich der Name „Solitude" für das Schloß eines Fürsten, der nie einsam sein wollte, „Mon Repos" für das Schloß eines Fürsten, der nicht stillsitzen konnte und „Sans-souci", also „Sorgenfrei" für die Bleibe eines Königs, der in seinem Leben alles unternahm, um möglichst viele Sorgen auf sich zu ziehen. Wäre unsere Zeit noch vom Geiste des Barocks erfüllt, Prunk und Pracht würden entfaltet, Putten würden Trompeten blasen oder einfach herumflattern, die bedeutenden Persönlichkeiten der Landesgeschichte würden, gleich ob noch auf Erden wandelnd oder nicht, in himmlischen Höhen dargestellt, zusammen mit entsprechenden Heiligen. Aber wir leben in einer nüchternen Zeit. Wir würden gerne alles berechnen, wenn wir das könnten (siehe Pisa-Studie) und den Schein allenfalls insoweit anerkennen, als ihm ein Sein zugrunde liegt, obwohl doch auch der Schein ein Sein hat. Aber ich will nicht tiefer in Hegels Betrachtungen über Schein und Sein einsteigen. Angemerkt werden sollte aber, daß auch heute noch der Schein eine große Rolle spielt. Daran man nicht rühren sollte, solange der Schein besser ist als das Sein. Marx hat mit seiner Behauptung, daß das gesellschaftliche Sein das Bewußtsein bestimme, so manchen unzufrieden gemacht, der sich sonst mit dem Schein abgefunden hätte und glücklich gewesen wäre.

In der Zeit nach Napoleon bildeten Baden, Hessen und Württemberg ein gemeinsames Armeekorps. 1866 kämpften Baden und Württemberg an der Seite Österreichs gegen die Preußen. Die Preußen gewannen. Und von da an waren Baden wie Württemberg zwar manchmal murrend, aber doch loyal mit Preußen verbündet, im Krieg gegen Frankreich 1870/71, der gewonnen wurde, und im Verband des Deutschen Reichs im Ersten Weltkrieg 1914-1918, der mit einer Niederlage endete.

König Wilhelm II. von Württemberg

Vor und während des Ersten Weltkriegs regierte in Württemberg König Wilhelm II. Auf diesen König können wir stolz sein. Er war anständig, nobel, gebildet, tolerant und den liberalen und sozialen Forderungen der Zeit ungewöhnlich aufgeschlossen. Und er war ein Monarch, der an das Gute im Menschen glaubte. Hätte sein preußischer Namensvetter, Kaiser Wilhelm II., ein bißchen von ihm gehabt, der Erste Weltkrieg hätte wohl nicht stattgefunden, das Vertrauen in Gottes Fügung und Leitung wäre in den schrecklichen Materialschlachten nicht beschädigt worden, und die Entwicklung hin zu mehr Demokratie und sozialer Gerechtigkeit hätte fast lautlos stattgefunden. Aber die Geschichte wird nicht im Konjunktiv geschrieben. Dieses Wort, glaube ich, stammt von Gorbatschow. Im Indikativ ist sie jedenfalls anders verlaufen. 1907 fand in Stuttgart der einzige Internationale Sozialistenkongreß auf deutschem Boden statt. Bebel, Lenin, Jean Jaurés, Trotzkij, Rosa Luxemburg und viele andere prominente Sozialisten gehörten zu den Teilnehmern. König Wilhelm II. hatte den Kongreß nicht nur geduldet, sondern möglich gemacht, eine Geste der Fairneß, die kräftiger wirkte als ganze Bibliotheken antimarxistischer Literatur. Er war ein guter Mensch und ein bedeutender Monarch. Als 1914 die württembergischen Regimenter in den Krieg zogen, weinte der König. Bei seinen Truppenbesuchen kämpfte er mit den Tränen, wenn er die vielen feldgrauen jungen Menschen sah, die bald auf dem Schlachtfeld sterben würden. Mögen in jener grausamen Zeit einige Zyniker ihn als „Weinreisenden" tituliert haben, das Volk und seine Soldaten liebten ihn. Im übrigen waren die württembergischen ebenso wie die badischen Regimenter durchweg gut. Man wollte sich ja nichts nachsagen lassen, und es mußte alles seine Ordnung haben. Widersprüche gab es auch hier. Sogar einige Pazifisten erhielten höchste Kriegsauszeichnungen, weil sie beweisen wollten, daß sie nicht aus Feigheit, sondern aus Prinzip gegen den Krieg waren. So wurde zwar geschimpft, aber gehorcht. Auch aus dem badischen Fürstenhaus gingen Persönlichkeiten hervor, die für die deutsche politische Kultur Bedeutung haben. Hier wäre Prinz Max von Baden zu nennen, der letzte Reichskanzler des Kaiserreichs, ohne den am Ende des Ersten Weltkriegs der Übergang der Monarchie kaum gelungen wäre, es sei denn bei weitaus mehr Opfern. Die späteren Generationen sollten weder den König noch den Prinzen vergessen, denn die Erinnerung an die menschlich gesinnten und aufrechten Fürsten bleibt wichtig für die Zukunft. Es gibt so viele abschreckende Beispiele. Um so wichtiger ist es, daß das Andenken an die guten Beispiele gepflegt wird.

EIN LAND DER WIDERSPRÜCHE

Wer ist ein Schwabe? Diese Frage ist nicht leicht zu beantworten. Eine auf den Ort der Geburt oder gar auf die Abstammung abhebende Definition (Zum Beispiel: Beide Elternteile auf schwäbischem Gebiet geboren) ist willkürlich und unbrauchbar. Was ist unter „schwäbischem Gebiet" zu verstehen? Es gibt bekennende, nicht bekennende und heimliche Schwaben, Schwaben, die es sind, aber das nicht wissen, sowie Schwaben im engeren und weiteren Sinne. Aber ich lasse zunächst offen, was unter „Schwabe" zu verstehen ist. Jeder soll zunächst von den Vorstellungen ausgehen, die er bereits hat, auch wenn sie falsch sind, bis ich dann die Fackel der Wahrheit entzünde und denen, die sie haben wollen, die Wahrheit erschließe. Wer die Wahrheit nicht haben will, soll eben bei seiner falschen Meinung bleiben.

Aus dem 5. Buch Mose, Kapitel 10 Verse 18, 19, entnehmen wir: „Der Herr hat die Fremden lieb, darum sollt auch ihr die Fremden lieben." Ganz unabhängig von dem biblischen Gebot haben wir allen Grund, zu Fremden freundlich zu sein, nicht nur zu den zahlenden Gästen, sondern auch zu denen, die mit uns leben und genaugenommen keine Fremden mehr sind. Denn erstens befinden wir uns selbst in zweifelhaften

Verhältnissen, zweitens sind wir kultivierten Stämmen wie Elsässern, Schweizern, Vorarlbergern, Bayern und Hessen benachbart, die aufmerksam beobachten, wie wir uns benehmen, drittens exportiert unsere Wirtschaft in die ganze Welt, so daß wir es uns gar nicht leisten können, mit Auswärtigen Streit anzufangen, und viertens sind wir ein Fremdenverkehrsland, ein Umstand, der uns die Freundlichkeit geradezu in das Gesicht zwingt. In zweifelhaften Verhältnissen leben wir, weil wir seit der Römerzeit ein germanisch-keltisch-romanisches Mischvolk waren. Der Mensch neigt dazu, andere Menschen selbst bei geringen religiösen, kulturellen und landsmannschaftlichen Unterschieden als Fremden anzusehen, der, wenn er da ist, fort soll und wenn er erst kommen will, fortbleiben soll, es sei denn, er kommt nur für begrenzte Zeit als zahlender Gast. Dahinter steckt der utopische Anspruch, in einer Gesellschaft leben zu können, die sich durch größtmögliche Übereinstimmung auszeichnet. Der Anspruch ist deshalb utopisch, weil er sich nicht einmal in einer primitiven gesellschaftlichen Struktur erfüllen läßt, geschweige denn in einer komplizierten. Das zivilisatorische und kulturelle Niveau äußert sich in dem Ausmaße, in dem Unterschiede in Gesinnung und Meinung ertragen werden, ohne daß dem Andersdenkenden die Eigenschaft als Nächster aberkannt wird. Eigentlich bekennen sich nur die Württemberger abzüglich der Franken dazu, Schwaben zu sein, wenn man von den schwäbischen Gebieten im Freistaat Bayern absieht. Deren Bewohner haben aber wiederum das Wort in Umlauf gebracht: „Willst du keinen Streit und Ärger, meide jeden Württemberger."

Einwanderung, Auswanderung

Durch Einwanderung und Auswanderung hat sich bei uns die Zusammensetzung der Gesellschaft immer wieder verändert.

So fand zwangsläufig eine Vermischung und Vermengung statt, welche die Vorstellung vom reinrassigen Schwaben, Franken oder auch Germanen als unrealistisch entlarvt. Der Rassengedanke ist für die Erklärung und Bewertung gesellschaftlicher Entwicklungen unbrauchbar. Das zu wissen ist wichtig für die Zukunft, in der wir so viele reale Probleme bekommen werden, daß wir, um es schwäbisch zu sagen, die größten Dackel wären, wenn wir uns auch noch durch Rassentheorien verwirren ließen. Ethnische Kriterien brächten uns nämlich in das Minenfeld der Ahnenforschung. Ich habe nie Ahnenforschung betrieben, weil ich mir der Aussichtslosigkeit dieses Vorhabens im klaren war. Zum Glück ist die allgemeine Fähigkeit des Schreibens und Lesens erst vor verhältnismäßig kurzer Zeit entwickelt worden, so daß über die älteren Vorfahren die Unterlagen fehlen. Die Menschen würden wahnsinnig, wenn sie die Abfolge ihrer Vorfahren mit Vor- und Familienname, Geburts- und Sterbedatum und Berufsangabe bis zum Jahr 0 oder gar bis zum Jahr 25 000 v. Chr. zurückverfolgen könnten, ein Zeitraum, zu dessen Beginn hier bereits Kunst hergestellt wurde. Gehen wir von 27 Jahren je Generation aus, so hatte damals jeder von uns 2 hoch 1000 Vorfahren. Das mag ausrechnen, wer will. Mein Taschenrechner kann es nicht, und ich kann es schon gar nicht. Diese Betrachtung läßt die Scheidung in Badener und Württemberger, Franken und Schwaben in einem neuen Licht erscheinen.

Gehen wir von dem Gebiet des früheren Herzogtums Schwaben aus. Zu diesem gehörten das Elsaß, der größte Teil Badens und auch die deutschsprechende Schweiz. Ich bin stolz auf diese Gemeinsamkeit, aber viele Badener wollen von ihr nichts wissen und behaupten, sie seien Alamannen, obwohl das dasselbe ist wie Schwaben. Die Elsässer wissen nicht genau, was sie sind, sie glauben jedoch, sich dessen sicher sein zu dürfen, daß sie keine Schwaben sind, obwohl sie sich gerade in diesem Punkte täuschen. Die Schweizer reden sogar, wenn sie sich über einen Deutschen ärgern, von „Sauschwob“ oder „Chaibeschwob“ und besudeln sich auf diese Weise selbst. Damit sind schon die uns südlich und westlich angrenzenden Völker schwäbischer Provenienz beschrieben. Es bleiben als nichtschwäbische Nachbarn die Franken und die Altbayern. Die Altbayern, deren selbstbewußte Art schon im Jodeln seinen Ausdruck findet, mißtrauen uns Württembergern wegen unseres nachdenklichen Wesens und der abwägenden Worte in unserem Sprachgebrauch „hano“ und „au wieder“. Der Sachse Friedrich Nietzsche, der alles Mögliche verstanden hat, aber nicht uns, versteigt sich sogar zu der Behauptung, ein Mensch könne gutmütig und tückisch sein, man lebe nur eine Zeitlang unter Schwaben, um das herauszufinden.

In Altbayern stehen die Württemberger in dem Ruf, aufgeregt und verschlagen zu sein. Das erste Vorurteil hat seine Ursache vorwiegend in den Verspottungen durch bayerische Bänkelsänger (Weiss Ferdel läßt zum Beispiel in der „Linie acht“ einen Schwaben aufgeregt rufen: „Aussteige lasse, aussteige lasse!“), das zweite Vorurteil hat seinen Grund in einem unterschiedlichen Verständnis dessen, was aufrichtig ist. In Bayern ist nämlich die Meinung weitverbreitet, aufrichtig sei, wer seine Gefühle ungehemmt äußert – Franz Josef Strauß leitete viele seiner Reden mit den Worten ein: „Es ist beschämend...“ In Württemberg hingegen herrscht die Meinung vor, man müßte, bevor man etwas sagt, zunächst darüber nachdenken, ob es richtig und nützlich ist, was oft dazu führt, daß man gar nichts sagt. Das wirkt dann irgendwie gehemmt. Die Altbayern haben schon gar keinen Grund, über uns etwas Schlechtes zu denken oder gar zu äußern. Als sich im Jahr 1919, als es noch keine CSU gab, eine linke Räteregierung des Freistaats Bayern bemächtigte und die legale demokratische Regierung zur Ausreise zwang, waren es württembergische Freiwillige und Unfreiwillige, die sich, mit dem Segen ihrer Regierung ausgestattet, auf den Weg machten um den Bayern wieder ihre Freiheit zu schenken. Mein späteres Erscheinen in dieser Welt war damals gefährdet, denn mein Vater, Kompaniechef in Friedrichshafen, erhielt den Befehl, das von Revolutionären besetzte Lindau zu befreien. Diesen Befehl führte er aus, und zwar ohne Blutvergießen, trotz Gefährdung seiner eigenen Existenz und der seines damals noch ungeborenen Sohnes.

Die Franken bewohnen den nördlichen Teil Bayerns, Württembergs und Badens. Sie sind berühmt wegen ihrer Intelligenz. Sie stellen zum Beispiel viele Beamte.

Schwaben, Alamannen und Franken, Württemberger und Badener sind in der Regel hilfsbereit. Sie wollen zwar auch freundlich und höflich sein, aber das gelingt eher in den nordbadischen, oberschwäbischen und fränkischen Gebieten. Wer dort eine Rede hielt, bekam in der Regel etwas geschenkt, etwa einige Flaschen Wein, während in anderen Gegenden der Dank durch einen Händedruck und dem Hinweis seinen Ausdruck fand, „daß die „Red a bissele lang war, aber d'Leut sind ja dabliebe". Auch unsere elsässischen Nachbarn sind freundlich. Sie pflegen aber dem, der sie deutsch fragt, Französisch und dem, der sie Französisch fragt, Eelsässisch zu antworten. Das Bemühen um Freundlichkeit kann man schließlich unseren bayerischen und Schweizer Nachbarn nicht ganz absprechen.

Angehörige anderer Stämme halten unseren Dialekt für einen Ausdruck von Lustigkeit und Gemütlichkeit. Aber viele von uns sind weder lustig noch gemütlich, sondern ernsthaft und emsig. Das ist für den wirtschaftlichen Erfolg wichtig. Es dient auch dem Fremdenverkehr. Wir sind die geborenen Gastronomen. Wir haben keine Berührungsängste. Wir fürchten nicht um unsere Kultur, wenn wir mit anderen Kulturkreisen in Kontakt kommen. Wir übernehmen gerne französische oder englische Wörter in unsere Sprache, die sie sich phonetisch mundgerecht macht. Beispielsweise wurde das amerikanische Hauptquartier für Europa in Stuttgart, „Eucom" sofort als „Eikohm" in unsere Sprache aufgenommen. Oder das Wort „Broffitzenter“, „Event“, „Date“ und so weiter. Es gibt ein Buch, in dem die englischen Wörter gesammelt sind, die in den letzten Jahrzehnten in die schwäbische Sprache aufgenommen worden sind. Wir haben ein Englisch erfunden, das sowohl für Amerikaner wie für unsere Landsleute verständlich ist. Auch wenn wir Französisch sprechen, merkt man, wo wir herkommen. Wir haben in allen Ländern Verwandte. Wir sind überall. Wir sind global und lokal, neudeutsch ausgedrückt: „Glokal“. Das hat nichts mit Glykol zu tun. So etwas gibt es in unseren Weinen nicht. „Lokal“ heißt bei uns auch die „Wirtschaft“, und „Wirtschaft“ bedeutet bei uns nicht unbedingt die Nationalökonomie, sondern auch die Gastwirtschaft. Wenn jemand erzählt, er habe sein ganzes Leben in der Wirtschaft zugebracht, sollte man schon fragen, welche Art Wirtschaft er meint. Als es noch kein Fernsehen gab, spielte in der schwäbischen Gesellschaft die Gastwirtschaft eine bedeutende Rolle. Sie war das Refugium der Männer vor dem Zugriff von Staat und Familie. Damals entstand das Wort: „Es ist besser, man darf nicht mehr heim als nicht mehr fort.“ Ich vertrete die Auffassung, daß die Zurückhaltung des württembergischen Bürgertums während der 48ger Revolution von der Gewohnheit bestimmt wurde, im Zustande der Erregung zunächst einmal eine Gastwirtschaft aufzusuchen. Dort erschlaffte dann bei Trollinger und Tellersulz der Tatendrang. Früher hießen die Gastwirtschaften „Linde“, „Traube“, Rößle“ oder auch „Stadt Sedan“. Heute heißen viele „Napoli“, „Izmir“ und „Alhambra“, ein Hinweis darauf, daß der Fortschritt sich gelegentlich im Magen schneller vollzieht als im Kopf.

Die Schwaben sollen mit 40 gescheit werden. Seit meinem 40. Geburtstag mißtraue ich Volksweisheiten wie dieser, ein Mißtrauen, das sich bis zu meinem 70. Geburtstag vertieft und vergrößert hat. Abgesehen von diesem plötzlich auftretenden Mißtrauen habe ich seit meinem 40. Wiegenfeste keine positiven Veränderungen in mir festgestellt. Auch die

Volksweisheit „Wer vom Rathaus kommt, ist klüger" hat sich in mir nicht bestätigt, denn sonst müßte ich, nachdem ich 22 Jahre lang vom Rathaus nach Hause gekommen bin, ungewöhnlich gescheit sein. Soweit ich gescheit bin, war ich das aber schon früher. Es fragt sich im übrigen, ob die Behauptung, der Schwabe würde erst mit 40 gescheit, ein Kompliment ist oder eine Beleidigung. Ein Kompliment wäre es, wenn Angehörige anderer Völker und Stämme gar nicht oder noch später gescheit würden. Dies behaupten zwar einige Schwaben durch den Zusatz „die anderen net in Ewigkeit!" Dieser Zusatz verdankt aber seine Entstehung keinen wissenschaftlichen Erkenntnissen, sondern dem Bestreben, die Herabsetzung des schwäbischen Gehirns zu rächen.

Kein regionaler Nationalismus

Daß nicht alle Schwaben Württemberger sind und nicht alle Württemberger Schwaben und daß dennoch vieles, was hierzulande gefühlt und gedacht wird, von diesem Irrtum ausgeht, habe ich ausgeführt. Eine Chance, einen solchen Irrtum auszuräumen, besteht nicht, denn er ist tiefer eingewurzelt als die Wahrheit. Von Versuchen, einen württembergischen Nationalismus anzufachen als Gegengewicht zu dem badischen, rate ich ab. Erstens wäre das aussichtslos, schon angesichts des kleinräumigen Denkens und Fühlens, und zweitens fehlte uns ein solcher gerade noch. Unser Land wird ohnehin ständig von seinen regionalen Teilen mißtrauisch beobachtet, ob einer zu viel und die anderen zu wenig bekommen. Mit diesem Phänomen müssen Regierung und Landtag leben. Wenn in einem Raum etwas investiert wird, stehen die anderen Räume mit offener Hand da und wollen dasselbe oder mehr, so daß es eigentlich für Regierung und Landtag am bequemsten wäre, sie gäben niemandem etwas. Das ließe vielleicht so etwas wie ein gemeinsames Landesbewußtsein entstehen. Wir Württemberger kennen nicht einmal den ersten Vers der heimlichen Nationalhymne „Preisend mit viel schönen Reden“ aus der Feder unseres weinfrohen Justinus Kerner. Das zeigt sich alljährlich bei der Eröffnung des Cannstatter Volksfestes. In Baden dagegen kennt auch das Kleinkind das Badenerlied, und zwar mit allen Strophen, einschließlich der, in der unser Neckar als Schwabensau bezeichnet wird. Im ehemaligen Württemberg würde ohne den massiven Einsatz gelernter Sängerinnen und Sänger sowie eines kräftigen Blasorchesters der Vortrag der Hymne trotz Verteilung des Textes schon nach wenigen Sekunden zu einem kläglichen Gewinsel und hilflosen Gestammel werden. Früher war auch ich dem deutschen Vorurteil erlegen, der ideale, wenn nicht sogar der normale Zustand der menschlichen Gesellschaft sei die Einigkeit. Auch heute hoffen viele Idealisten noch auf Harmonie, die dann entstünde, wenn die Menschen sich besser kennenlernten. Aber wenn man sich besser kennt, führt dies nicht zwingend dazu, daß man sich mehr liebt. Wer einen Menschen näher kennenlernt, stellt manchmal fest, daß der genauso ist, wie er immer befürchtet hatte. Jedoch wird durch die Nähe manches Vorurteil schließlich brüchig, und einiges, was man früher im Ernst an den Nachbarn tadelte, sagt man nur noch im Spaß. Aber auch der ist irgendwie ernstgemeint.

Normal und zugleich ideal ist der Meinungsstreit. Dieser beweist, daß etwas gedacht wird. Je größer die Entfernung, desto leichter fällt Harmonie. Bei einer mit privaten Mitteln bestrittenen Reise nach China sagte uns ein hoher chinesischer Politiker, daß die Chinesen und die Deutschen in der Regel gut miteinander ausgekommen seien. Ich fragte ihn, ob dies nicht an der großen Entfernung zwischen unseren Ländern liege, worauf er sich nachdenklich in sich selbst versenkte. Als er wieder aus sich herauskam, meinte er, ich könnte recht haben. Der Mensch braucht den Nachbarn, weil er sonst niemand hätte, mit dem er sich streiten kann. In der Milderung, Verfeinerung und Formalisierung dieses Streits liegt der zivilisatorische Fortschritt. Dessen höchste Stufe wird erreicht, wenn gestritten wird, aber niemand mehr so recht weiß, warum oder wenn die Parteien an ihm einen so großen Gefallen gefunden haben, daß es keine über das Herz bringt, ihn zu beenden. Unter diesem Aspekt müssen auch die von immer größerer Liebenswürdigkeit begleiteten Zwistigkeiten zwischen Badenern und Württembergern gewertet werden. Ich habe mich immer gefreut, wenn mein Parteifreund und Minister Dr. h.c. Gerhard Weiser die Geschichte vom schwäbischen Wanderer erzählte, der in ein badisches Restaurant kommt und aus seinem Rucksack zu vespern anfängt, bis der Kellner ihm erklärte: „Hier müssen Sie etwas bestellen", worauf der Schwabe erwiderte: „Dann bestellen Sie dem Wirt einen schönen Gruß!" Auch hörte ich gerne, wenn der Mannheimer Kollege Widder, um einer Forderung Gewicht zu geben, sagte: „Dann müssen wir eben wieder einmal die badische Fahne aufbügeln!"

Die Geschichte verbindet uns. Im 15. Jahrhundert belagerte Graf Ulrich der Vielgeliebte von Württemberg gemeinsam mit dem Markgrafen von Baden die mit Ulm verbündete Reichsstadt Esslingen und setzten sogar Kanonen ein, die aber nur eine Sau und einen Vogel trafen. Später wendeten sich die beiden, gestärkt durch einen päpstlichen Bannfluch, verbündet mit den Bischöfen von Metz und Speyer, gegen Friedrich von der Pfalz, der in Heidelberg residierte. Sie wurden aber geschlagen und gefangengesetzt. Lauter Berührungspunkte! Baden und Württemberg verbündeten sich mit Napoleon und wurden reich belohnt, unter anderem durch die Eingliederung von Reichsstädten. Nach Napoleon gab es ein aus badischen und württembergischen Truppen gebildetes Armeekorps. Die sich aus dieser Verbindung ergebenden Beziehungen wiesen auf die beiden Staaten gemeinsame Begabung für die Verwaltung hin. Die Gewehre hatten unterschiedliche Kaliber, denn es mußte ausgeschlossen werden, daß etwa in der Hitze des Gefechts badische Soldaten sich an württembergischer Munition vergriffen und umgekehrt. Überdies bedeutete dasselbe Trompetensignal für die Württemberger Angriff und für die Badener Rückzug. Zahlreiche Konferenzen vermochten nicht, die Meinungsunterschiede aufzulösen, zumal es keine der beiden Parteien über das Herz brachte, die Gründe für diese gemütlichen Konferenzen brutal zu beseitigen, indem sie der Meinung der anderen Partei zustimmte.

Es gibt einige Hinweise auf gemeinsame Unternehmen und brüderlichen Zusammenhalt zwischen Baden und Württemberg. Im Jahr 1311 zerstörten die Esslinger und ihre Freunde die Burg Wirtemberg, besetzten Stuttgart und verjagten Graf Eberhard den Erlauchten von Württemberg. Wo fand der Verjagte Unterschlupf? Beim Markgrafen von Baden! Als im Spanischen Erbfolgekrieg Bayern und Frankreich über den Südwesten des Heiligen Römischen Reiches Deutscher Nation herfielen, gewannen 1704 Prinz Eugen, Marlborough, der Türkenlouis und der württembergische Herzog die Schlacht von Höchstedt, die unsere britischen Freunde „Battle of Blenheim“ nennen. Dieser Sieg bewahrte uns davor, bayerisch zu werden, was wir Christdemokraten hinnehmen, aber unsere Roten, Grünen und Blau-Gelben kaum verkraften würden. Am Beginn des 19. Jahrhunderts wurden unter dem Einfluß Napoleons die Gemeinsamkeiten zwischen Baden und Württemberg noch enger. Beide Länder bemühten sich schon früh um ein Bündnis mit Frankreich und boten der Familie Napoleons Töchter aus den Herrscherhäusern an, Angebote, die Familienmensch Napoleon gerne annahm. Beide hatten auch Bindungen zum Zarenhof, Baden allerdings noch engere. Beide erfuhren durch Napoleon mit Billigung des Zaren erhebliche Erweiterungen ihrer Staatsgebiete, Baden wiederum die größeren. Und beide stellten Napoleon Soldaten zur Verfügung, von denen 1812 nach dem napoleonischen Rußlandkrieg nicht viele übriggeblieben sind. 1809 sollte Württemberg zwischen Baden und Bayern geteilt werden; dafür sollte Hannover an Friedrich von Württemberg fallen. In prophetischer Voraussicht lehnte dieser den Tausch ab, denn die Arbeitslosenquote ist heute in Niedersachsen fast 80 Prozent höher als in Württemberg.

Daß die Landeshauptstadt Stuttgart eine badische Gründung ist, habe ich erwähnt. Daß aber auch an der Gründung von Karlsruhe aus Württemberg kommende Ursachen beteiligt waren, ist weniger bekannt. Ein prominenter Badener, der ungenannt bleiben will, hat mich auf diese Spur gebracht. Markgraf Karl Wilhelm von Baden, der Gründer von Karlsruhe, war mit der württembergischen Prinzessin Magdalene Wilhelmine verheiratet. Dieses Lenchen war aber so fromm, daß der Markgraf sich in Durlach langweilte und eine neue Heimstätte suchte, in der er seinen weniger frommen Neigungen nachgehen konnte. So entstand Karlsruhe, Lenchen, wir danken dir! Dem Hegelschen Weltgeist gefiel es zu bewirken, daß Baden einen fast gleichwertigen Gegendienst leistete. Eine badische Prinzessin von gleicher Frömmigkeit veranlaßte nämlich Herzog Eberhard Ludwig, aus Stuttgart zu verschwinden, sich in die Arme des Fräuleins von Grävenitz zu werfen und die Stadt Ludwigsburg zu gründen.

Wäre die 1809 geplante Aufteilung Württembergs erfolgt, läge Stuttgart am Rande entweder Badens oder Bayerns. Da es nicht hierzu kam, liegt Stuttgart in der Mitte unseres Landes. Als Stuttgarter Oberbürgermeister mußte ich mich wegen der historisch herausgebildeten zentralen Lage Stuttgarts so oft entschuldigen, daß mein Rückgrat sich verkrümmte und mir der aufrechte Gang immer schwererfiel. Aber dieses Mißgeschick hat mir genützt. Talleyrand wurde gefragt, wie er sich als Außenminister Frankreichs in der Republik, unter dem Kaiser Napoleon und dem König Louis XVII. habe halten können angesichts der vielen Neider. Er antwortete: „J'ai boité!" („ich habe gehinkt!"). Ich habe aus meinen Unzulänglichkeiten ebenfalls Nutzen gezogen, zum Beispiel aus meinem Alter. Bei meiner letzten Wiederwahl 1980 wies ich darauf hin, daß ich im Falle meiner Wiederwahl nur für 25 Prozent meiner Dienstbezüge arbeitete, weil ich mir bereits einen Versorgungsanspruch von 75 Prozent erworben hätte, während ich, wenn ich nicht mehr gewählt würde, diese 75 Prozent erhielte und mein Nachfolger 100 Prozent, so daß die Kosten in einem Fall nur 25 Prozent und im anderen Fall 175 Prozent betrügen.

Viele Badener handeln spontaner als wir Württemberger. Wir neigen weniger zur Spontaneität, sondern eher zum Grübeln über mögliche Folgen. Dieses Grübeln führt gelegentlich dazu, daß die Entscheidung unterbleibt, was meistens dieselben Gefühle der Erleichterung auslöst, die Hans im Glück empfunden hat, als sein Mühlstein in den Brunnen fiel. Solches Verhalten liegt den Badenern weniger. So erklärt sich, daß Baden 1848 und 1849 als einziges deutsches Land eine Revolution auslöste, die den Fürsten vertrieb und eine Republik hervor und die preußische Armee ins Land brachte. Diese schaffte dann die Republik wieder ab. Die Mehrheit der Württemberger war zwar geistig-emotional eher auf der Seite der Badener, körperlich folgten sie aber deren Aufforderung mitzumachen nicht, sondern blieben daheim, was ihnen den Einmarsch der preußischen Armee ersparte. Vielen war das peinlich.

Halbschwabe

Von der Abstammung her bin ich Halbschwabe. Württemberg galt als Schreiberstaat, gemildert durch Alkohol. Doch das besagt nichts. Von den Schultheißen (Bürgermeistern) hieß es, daß sie mit dem Weinfaß vertrauter seien als mit dem Tintenfaß. Aber es heißt ja auch: „Wenn das Schaffen leicht wäre, täte es der Schultheiß selber." Die Lust am Alkohol hält sich bei mir in Grenzen. In meiner engeren Familie trank niemand. Mein Vater trank schon deshalb nicht, weil er keinen Alkohol vertrug. Er war der Sohn des Professors Erwin Rommel. Der trank auch nicht, ebensowenig wie dessen Vater, der auch Professor war. Der andere Großvater meines Vaters, Karl von Luz, war Präsident des Schwarzwaldkreises, also Regierungspräsident. Der trank sowieso nicht, weil er sich als Vorbild für das Volk ansah. Dessen Schwiegersohn, nämlich mein Großvater, versuchte zur Zeit der Geburt meines Vaters (15.11.1891) am Gymnasium in Heidenheim seinen Erziehungs- und Bildungsauftrag zu erfüllen. Später wurde er nach Aalen versetzt als Rektor des dortigen Progymnasiums. Heute würde man schreiben: „Oberstudiendirektor". Aber damals genoß der Titel „Rektor" einen solchen Respekt, daß meine Großmutter ihr Türschild noch 30 Jahre nach dem Tode ihres Gatten mit „Rektor" versah, um Hausierer und unerwünschte Personen abzuschrecken. Mein Vater war auch der Sohn der Helene Rommel, geborene Luz. Diese war die Tochter des bereits genannten Präsidenten von Luz und dessen Ehefrau Magdalena, geborene Kißling. Ihm und seiner Gattin hatte der König den persönlichen Adel verliehen. Weder meinem Vater noch mir widerfuhr die Ehre, geadelt zu werden. Der Vater meiner Mutter stammte aus Westpreußen. Auch er war Rektor einer höheren Schule. Ihre Mutter war eine geborene von Malottki. Deren Vater habe ich nach allem, was ich raunen hörte, in Verdacht, daß er einem guten Tropfen nicht abgeneigt war. Er soll einmal beim Glücksspiel in Zoppot Kutsche samt Pferd verloren haben und zu Fuß heimgekehrt sein. Er hat aber alles wieder gutgemacht, indem er einen seiner Söhne zwang, Priester zu werden. Bei der ersten Predigt begann dieser zu weinen, worauf von Malottki ausrief: „Diese Frömmigkeit! Die hat er von mir!" Die Gemeinde reagierte auf diese Behauptung mit einem unwilligen Gemurmel. Ob das alles stimmt, weiß ich nicht. Es gibt keine Zeugen mehr, und deshalb fühle ich mich frei, es zu behaupten. Ob sonst jemand in der Familie meiner Mutter dem Trunk zugeneigt war, weiß ich nicht. Möglich ist das schon. Denn in dieser Familie kamen Kaschuben vor. Die Frauen aller Zweige meiner Familie tranken jedenfalls nicht, nur Tee oder Kaffee.

Esslingen und die Reichsstädte

Napoleon muß ein sehr überzeugender Mensch gewesen sein, denn ihm gelang, was das Dutzend deutsche Fürsten, die vor seiner Ankunft in Deutschland die Kaiserkrone getragen hatte, nicht einmal gewollt und deshalb auch nicht versucht hatten, nämlich die Grundlagen für die Vereinigung der über 300 Territorien zum Deutschen Reich zu legen. Als Napoleon das europäische Festland zunächst vorübergehend und dann auf die Dauer verließ, gab es nur noch 36 Territorien. Es bedurfte danach nur noch einiger Schlachten, und das Deutsche Reich, allerdings ohne Österreich, war gegründet. Dieses Ergebnis seiner Bemühungen hätte Napoleon wiederum auch nicht gefallen, aber lassen wir das. In Württemberg und Baden wurden auch einige freie Reichsstädte eingegliedert, darunter Ulm und Esslingen. Das zuvor eher ländlich und bäuerlich geprägte Württemberg hat durch die Reichsstädte an Urbanität gewonnen. Urbanität heißt bürgerliches Selbstbewußtsein, Initiative, Aufgeschlossenheit für Neues, moderate Tolerierung von Veränderungen. Vor allem ließ sich die weitere Kräftigung der kommunalen Selbstverwaltung als einer Grundlage der Demokratie, jedenfalls auf mittlere und längere Sicht nicht mehr aufhalten.

Wenn ich in meinem Haus in Sillenbuch den Blick vom Computer abwende und über den Neckar hinweg in die Ferne schweifen lasse, dann fällt mein Blick auf die Königliche Grabkapelle auf dem Rotenberg, die an der Stelle jener Burg „Wirtemberg" steht, welche die Esslinger 1311 von Grund auf zerstört haben. Um es von vornherein zu sagen, ich habe für die Esslinger der damaligen Zeit Verständnis. Sie und die mit ihnen verbündeten Reichsstädte hatten erstens Gründe, um sich gegen die Fürsten und Edelleute zu stellen, zweitens wäre die alte Burg in den folgenden Jahren ohnehin irgendwann kaputtgegangen, und drittens ist die Grabkapelle auch schön. Das eigentliche Esslingen kann ich von meinem Haus aus nicht sehen, weil es im Tal liegt und die Topographie mir seinen Anblick nicht ermöglicht. Aber das ist mir recht, denn bei freier Sicht müßte ich auf Esslingen herabblicken, weil Sillenbuch höher liegt.

Das wäre mir äußerst peinlich, denn geistig blicke ich zu Esslingen und den anderen Reichsstädten auf. In ihnen wurzelt die Tradition der deutschen Selbstverwaltung, die wir in unseren modernen Zeiten begründen und erfinden müßten, wenn wir sie nicht geerbt hätten. Esslingen hat im übrigen nach der Flucht des württembergischen Grafen Eberhard des Erlauchten am Beginn des 14. Jahrhunderts zusammen mit verbündeten Reichsstädten eine Zeitlang Stuttgart beherrscht. Die alteingesessenen Esslinger hören das immer wieder gern, und weshalb soll ich ihnen diese Freude nicht machen, es hier zu erwähnen? Es heißt zwar „was die Stuttgarter herschenken, kriegt man überall umsonst", aber das Eingeständnis eines gebürtigen Stuttgarters, daß Esslingen einmal Stuttgart regiert hat, ist äußerst selten und ein Geschenk, dessen Wert gewiß mehr im Geistigen als im Materiellen liegt, aber gerade deshalb um so höher zu bewerten ist. Den Wunsch, geordnete Finanzen zu haben, teilen die Kommunen des Landes mit Esslingen, das schon im 13. Jahrhundert unter den Reichsstädten die genaueste Reihe von Steuerbüchern besaß. Leider macht die große Politik die Erfüllung dieses Wunsches fast unmöglich.

Stuttgart war nie eine freie Reichsstadt, sondern mit einigen Unterbrechungen die Residenzstadt der württembergischen Grafen, Herzöge und Könige. Davon zeugen die Schlösser, die man in Esslingen naturgemäß nicht vorfindet. Dafür kann Esslingen mit einem der schönsten Altstadtkerne in Deutschland aufwarten, eine Bereicherung für die Stuttgarter Region und für das ganze Land. Die Idee der Reichsstädte als Kleinstaaten hatte sich schon lange vor der Einverleibung Esslingens in den württembergischen Staat in den Jahren 1802 und 1803 überlebt. Die Mauern und Türme der Städte wurden zwar nie erobert, waren aber der fortgeschrittenen Kriegstechnik nicht mehr gewachsen. Im 15. Jahrhundert überstand Esslingen noch eine Belagerung. Auch danach wurde Esslingen bis zur Napoleonischen Flurbereinigung von Württemberg nicht besetzt. Aber von der früheren Wehrhaftigkeit blieb nichts. Am Ende des 17. Jahrhunderts zog der französische General Mélac mit einer verhältnismäßig kleinen Truppe sengend und brennend durch das Land, das ihm hilflos ausgeliefert war. Es heißt, dieser Melac wurde durch das Opfer einer Esslinger Jungfrau namens Magdalena davon abgebracht, Esslingen zu verwüsten. So steht es in dem Buch „Württemberg wie es war und ist“ Band 3, 8. Auflage. In der Seele des Herausgebers Weitbrecht hat der Historiker mit dem Dichter gerungen, wobei der Dichter Sieger geblieben ist. Der Dichter läßt den Vater die Magdalene fragen: „Wie willst du dem Wüstling entgehen?“ Darauf antwortet diese: „Noch weiß ich es nicht zu sagen, es schwebt mir nur dunkel vor!“ An diese Antwort mußte ich oft denken, wenn eine schwierige Sache zur Entscheidung anstand, und Mélac, der im 18. Jahrhundert die Pfalz sowie Teile Badens und Württembergs verwüstete, blieb lange in Erinnerung. „Mélac“ wurde ein beliebter Hundename, der allerdings im 19. Jahrhundert als Folge des vom deutschen Reichskanzler eröffneten Kirchenkampfes gegen Rom in einigen katholischen Gegenden von dem Namen „Bismarck“ verdrängt wurde.

Manchmal hilft nur, wie Alexander der Große den gordischen Knoten zu zerschlagen. Dies tat Napoleon, als er die Kleinstaaterei im deutschen Südwesten beendete und auch die Reichsstädte in die vergrößerten Länder Baden und Württemberg eingliedern ließ. Das Heilige Römische Reich Deutscher Nation mit seinem Flickenteppich souveräner Herrschaften war ein Fossil; Hegel bezeichnete es als „konstituierte Anarchie". Man kann dem Franzosenkaiser, obwohl er das Endergebnis nicht wollte, nicht genug danken. So hatte auch die 200 Jahre zurückliegende Eingliederung von Esslingen nach Württemberg Sinn, auch wenn dieser Vorgang dem Bürgermeister der freien Reichsstadt, Philipp Erhard Göschel, durch Schlaganfall das Leben kostete. Der württembergische Herzog und spätere König Friedrich I., genannt der Dicke, pflegte zu befehlen: „Nicht räsonieren!" Er war ein harter, aber begabter Mensch und ein tüchtiger Organisator. Diese Eigenschaften treten in der Erinnerung an ihn gegenüber seiner Größe und Körperfülle in den Hintergrund. Napoleon soll gesagt haben, an ihm wolle die Natur demonstrieren, wie weit menschliche Haut ausgedehnt werden könne.

Die Weinberge, die Esslingen und Stuttgart heute verbinden, erinnern den Geschichtskundigen daran, daß die beiden Städte damals Kriege dadurch führten, daß sie sich gegenseitig die Reben herausrissen. Das war schon eine Vorstufe des totalen Kriegs. Heute geht es friedlich zu. In meinen Anfangsjahren als Oberbürgermeister der Landeshauptstadt hatte ich die Vision, daß Stuttgart und Esslingen sowie die ganze Region längerfristig in einer großen Regionalstadt zusammengefaßt werden könnten. Als dieser Vorschlag heftige Kritik hervorrief, schlug ich vor, die Regionalstadt „Essgart" zu nennen oder „Stuttlingen", was auch Waiblingen, Böblingen, Sindelfingen berücksichtigt hätte. Andere hatten die Vision, daß alles so bleibt, wie es ist. Aber eine Vision ist eine Halluzination, die zu haben nicht immer gesund ist. Möge St. Dionys, nach dem die älteste Esslinger Kirche benannt ist, uns davor bewahren. In Frankreich heißt es, daß St. Denis, der in Paris enthauptet worden und danach noch etwa 2 km marschiert ist, gegen Kopfleiden angerufen werden kann. Versuchen wir es! Vielleicht hilft er.

PHILOSOPHISCHE GRUNDLAGEN

Eine Vision ist eine Halluzination. Mit dieser sollte sich der Mensch nicht zufriedengeben. Es genügt auch nicht, sich eine Wunschwelt auszumalen und es den Mitmenschen, der Gesellschaft und dem Staat übelzunehmen, daß sich die Wirklichkeit von diesem Wunsch-, aber auch Trugbild unterscheidet. Es bleibt dem Menschen nicht erspart, die Begrenzung der Mittel anzuerkennen und sowohl über die Erweiterung der Grenzen als auch über die Optimierung innerhalb der Grenzen nachzudenken. Wenn Politik das Glück möglichst vieler, möglichst aller fördern soll, dann wäre auch zu ermitteln, was Glück ist und wie es zu erlangen wäre.

Aus der Weltgeschichte des Geistes

Das evangelische Stift in Tübingen, kaum mehr zugänglich in der verkehrsberuhigten Stadt, hat als Kulturinstitution Weltruf. Es ist aus der Weltgeschichte des Geistes nicht wegzudenken. Es ist eine Ausbildungsstätte für evangelische Theologen, seine Wirkung reicht über diesen Zweck weit hinaus.

Diese Wirkung hat sich zwar keineswegs immer in die Richtung entfaltet, welche die Leitung des Stifts anstrebte. Aber die Leitung ist dieses Risiko eingegangen. Sie hat bei dem erheblichen Bildungsdruck, dem ihre Zöglinge ausgesetzt waren, in einem Ausmaß Gedankenfreiheit gewährt, daß man darüber nur staunen kann.

Persönlichkeiten von Weltruf sind in dem Stift gebildet worden. Einige von ihnen sind in den Gängen des kürzlich renovierten Stifts auf metallenen Tafeln zu finden. David Friedrich Strauß (1808 bis 1874), der in seinem „Leben Jesu" das göttliche Wesen Jesu bestritten hatte und ihn nur als eine mythologische Gestalt gelten lassen wollte, erhielt zwar eine Tafel, wurde aber nicht porträtiert, sondern nur namentlich erwähnt.

Aber immerhin! Welche kirchliche Institution außer dem Stift wäre schon bereit, die Erinnerung an ein schwarzes Schaf zu pflegen? Daß dies geschieht, zeugt von Toleranz und Selbstsicherheit. Nietzsche (kein Stiftler) polemisierte später aus anderen Gründen gegen David Friedrich Strauß. Was den Glauben anbelangt, war aber Nietzsche noch schlimmer als Strauß. Denn er versuchte, die göttliche Moral zu einem psychologischen Phänomen zu degradieren, behauptete, Gott sei tot, was er zunächst als bedauerlich („Fröhliche Wissenschaften"), aber schließlich („Morgenröte") als Befreiung zu empfinden vorgab. Dann verfiel er, wie der frühere Stiftler Hölderlin, in den Wahnsinn.

Nietzsche empfand das Stift als Gegner. Man brauche nur das Wort „Tübinger Stift" auszusprechen, schreibt er, um zu begreifen, daß die deutsche Philosophie im Grunde eine hinterlistige Theologie sei. Im März 1887 bemerkt Nietzsche, sich offenbar geehrt fühlend, seine Schriften würden sogar im Tübinger Stift heimlich und gierig verschluckt und er gelte dort als negativer Geist. Auch einer, der nicht evangelisch oder sogar einer, der nicht christlich ist, kann auf das Tübinger Stift stolz sein und dafür eintreten, und zwar nicht nur geistig, sondern auch materiell. Es gibt nämlich eine „Stiftung evangelisches Stift Tübingen", Klosterberg 2 in 72070 Tübingen. Ich stifte natürlich auch. Einen Ablaß unserer Sünden werden wir uns dadurch nicht einhandeln, aber das Gefühl, etwas für Kultur, Tradition und Fortschritt in den Geisteswissenschaften getan zu haben.

Während sich über den Stiftler Schelling, der die Marseillaise ins Deutsche übersetzt hat, in der Sprache der Tübinger Gogen sagen läßt, er „hatte ebbes Chrischtentum im Ranze", läßt sich diese Feststellung bezüglich Hegel nicht ohne weiteres treffen. Beide gefielen sich in Unverständlichkeit, wobei die Hegels die Schellings noch übertraf. Sie wurden deshalb bewundert, aber auch kritisiert und beschimpft. Auch Tucholsky meinte, man solle sich nicht auf Vater Hegel oder Onkel Schelling berufen, deren Deutsch keinem zur Nachahmung empfohlen werden könne. Von Hegel heißt es, daß er gar nicht verstanden werden wollte.

Dies erklärt auch seinen großen Einfluß auf die Politik, die sich gelegentlich im Dunkeln wohlfühlt. Nur sehr gescheite Menschen haben Hegel begriffen. Zu ihnen gehörte der Tübinger Philosoph Eduard Spranger und offenbar auch Heinrich Heine. Dieser behauptete, er habe erkannt, auf was Hegel hinauswollte. Als er jedoch seine Erkenntnisse in verständlicher Form niedergeschrieben hatte, habe er aus Furcht vor göttlicher Strafe sein Manuskript ins Feuer geworfen, wo es mit höllischem Knistern verbrannt sei. Nietzsche wiederum meinte, Hegel habe etwas vom „schwäbischen Gottvertrauen" gehabt, vom „kuhmäßigen Optimismus".

Verbreitet unter den Zöglingen des Instituts war die Überzeugung, daß letztlich die Vernunft die Welt im Innersten zusammenhält, und zwar einschließlich dessen, was jenseits aller Erfahrung liegt. Auch dieser Raum erschließe sich dem, der den Irrtum nicht fürchtet und der Vernunft folgt. Astronom Kepler – auch ein Stiftler – meinte, daß die Planeten Verstand haben müßten, um ihre Bahnen richtig zu treffen und ihre Geschwindigkeit zu bemessen. Wir wissen heute, daß der Verstand nicht in den Planeten, sondern außerhalb ihrer ist.

Ein anonymer Schriftsteller, erbittert darüber, daß er in Württemberg nichts geworden war, veröffentlichte Ende des 19. Jahrhunderts eine Schmähschrift mit dem Titel „Culturbilder aus Württemberg“. In dieser Schrift behauptet er, Beruhigungsmittel, die den württembergischen Staat zusammenhalten, seien der „Schlotzer“ (Mostschnuller) dem die einheimischen Männer ihren großen Mund verdankten, und das Tübinger Stift, das im übertragenen Sinne die gleiche Wirkung habe. Der richtige Stiftler leide an chronischer Selbstüberschätzung. So die gallige Sicht eines Frustrierten, vom schwäbischen Immunsystem Abgestoßenen. In der Tat verließen viele Absolventen einst das Stift im Besitze eines Vertrauens ins eigene Können, das an die Selbstsicherheit eines 24 Jahre alten Betriebswirts und MBA einer amerikanischen Eliteuniversität heranreicht. Dieses Vertrauen in die eigenen Fähigkeiten ist im Leben hilfreicher als die unbegründete Meinung, man wisse und könne nichts. Unter solchen Depressionen zu leiden bringt keinen Nutzen, weder geistigen noch materiellen.

In den Widersprüchen liegt Wahrheit. Was wäre beispielsweise das Wort „richtig“, wenn es nicht auch das Wort „falsch“ gäbe? Zwischen „richtig“ und „falsch“ verlaufen das Leben, die Politik, die Wissenschaft und so weiter. Die Widersprüche heben wir mit den Worten „So ist es dann auch wieder“ auf. Aus dieser Fähigkeit ist die Schellingsche und Hegelsche Dialektik hervorgegangen. Sie gelangt bei günstigen Voraussetzungen aus dem Widerspruch zwischen These und Antithese zu der höherwertigen Synthese. Die Synthese ist höherwertig, weil sie der Wahrheit näherkommt. Ein einfaches Beispiel aus dem schwäbischen Humor, dessen geistiger Vorfahr ein alter jüdischer Witz ist: Ein Bürgermeister verhandelt mit zwei sich streitenden Mietparteien. Zuerst gibt er dem Mieter recht. Danach gibt er auch dem Vermieter recht.

Daraufhin sagt ihm sein Ratsschreiber, er könne doch nicht beiden recht geben. Der Bürgermeister denkt nach und erklärt: „Da haben Sie auch wieder recht!" Die letzte Meinung ist völlig richtig, während die ersten beiden Meinungen wegen der jeweiligen Gegenmeinung nur eingeschränkt zutreffen. Ein weiteres, für die Äußerung philosophischer Gedanken wichtiges Wort ist in Württemberg das Wort „also". Hegel soll fast jeden Satz mit „also" begonnen haben. Dieses Wort deutet darauf hin, daß die Aussage eine Folgerung ist, ohne die Überlegungen, die zu dieser Folgerung geführt haben zu offenbaren. Viele Schwaben leiten ihre Sätze schließlich mit einem gestöhnten „Äh" ein, was auf die Mühe des Denkens und Artikulierens hinweist. Beim Südwestfunk – Landesredaktion – gab es früher ein längeres Tonband, das „Ähs" des Ministerpräsidenten Kiesinger enthielt und damit dessen Ruf als großer Denker bekräftigte. Außer Gebrauch kommt das als Bekräftigung gedachte, am Schluß einer Aussage auszusprechende Wort „Gell!" Dieses Wort überläßt dem Angesprochenen die Freiheit zu widersprechen. Hingegen lassen die in der Schweiz gebräuchlichen, an das Satzende angefügten Wörter „oder" oder „Hä!" dem Adressaten diese Freiheit nicht. Sie haben einen bedrohlichen Sinn, das heißt, sie sind Drohungen. „Zweifelst du etwa daran?" oder „Daran ist nicht zu rütteln!"

Sparsamkeit hat unser Land reich gemacht, aber nur deshalb, weil nicht alle gespart haben. Wer die Kultur des Verzichts praktizieren will, sollte das unauffällig tun, denn wenn jeder so dächte und handelte, funktionierte das ganze System nicht. Wenn es aber funktioniert, ist eine Anhäufung von Kapital unvermeidlich. Der schwäbische Volksmund nahm die Marxsche Akkumulationstheorie, nämlich die Tendenz des Geldes, dorthin zu fließen, wo es bereits ist, vorweg durch den klassischen Satz: „Der Teufel sch... in volle Häfen!" Auch heute weiß man nicht so recht, was man in Zeiten flauer Wirtschaftsentwicklung tun soll. Sich einschränken? Wenn das alle tun, springt die Konjunktur nicht an. Wenn man Geld ausgibt, die anderen aber nicht, springt sie auch nicht an, und das Geld ist weg. Also ist es besser, man behält sein Geld und läßt die anderen Geld ausgeben. Aber wenn die das nicht tun? Solche den Schlaf raubende, sich im Kreis bewegenden Gedanken teilt der um- und vorsichtige Bürger mit den Finanzpolitikern. Er hat damit die höchste Stufe des politischen Denkens erreicht. Dies zu wissen, sollte über jeden Irrtum hinwegtrösten. Alle Fähigkeiten, Vorurteile und Gewohnheiten des Schwaben sind in der Politik nützlich. Die Fähigkeit zu dichten fördert die Phantasie, um politische Pläne zu schmieden und sie ohne größeren Schaden nicht auszuführen. Die Neigung zur Philosophie erleichtert den Rückzug in die Undeutlichkeit und Vieldeutigkeit. Die Sparsamkeit trägt dazu bei, daß die zunächst durchaus vorhandene positive Reaktion auf versprochene Leistungen und Steuersenkungen rasch verpufft. Werden gleichzeitig Ausgaben erhöht und Einnahmen gekürzt, hilft ein Hinweis auf die dem politischen Prozeß innewohnende Dialektik. Der Metaphysik entspringt die Hoffnung, daß die Mathematik letztlich doch nicht stimmt. Und ohne die sekundären Tugenden und die Funktionslust funktionieren kein Staat und keine Partei so richtig.

Vom heutigen Nutzen alter Werte

Auf Unordnung und Verwirrung in der politischen Landschaft reagiert die Öffentlichkeit meistens mit Wehgeschrei und Zornausbrüchen. Aber die helfen nichts. Die Ordnung muß wieder hergestellt und die Verwirrung durch Klarheit ersetzt werden. Ein deutsches Sprichwort sagt, Ordnung sei das halbe Leben. Begriffe wie „Ordnung“, „Disziplin“, „Tapferkeit“ oder „Gehorsam“ sind heute nicht mehr so angesehen wie früher. Das hängt mit geschichtlichen Erfahrungen zusammen. Ohne geordnete Finanzen im Sinne der Ausgewogenheit von Einnahmen und Ausgaben gelingt aber gar nichts. Um diese Ordnung herzustellen und aufrecht zu halten sind Pünktlichkeit, Fleiß, Mut, Verläßlichkeit notwendig. Unordnung entsteht von selbst, Ordnung muß geschaffen werden, notfalls gewaltsam. Die finanzwirtschaftliche Ordnung ist ständig in Gefahr, gestört zu werden, besonders wenn Bildungsausgaben, Renten, Dienstbezüge, Sozialleistungen und ähnlich attraktive Ausgaben gekürzt werden müssen. Dann wird gedroht, geschimpft, gejammert, und die ordnenden Hände werden zum Teufel gewünscht. Aber Ordnung muß sein. Sie bewirkt nicht nur Gutes, sie wirkt auch beruhigend. Als ein Ehemann, der ein fröhliches Leben führte, starb und begraben wurde, sagte die Witwe: „Jetzt weiß ich wenigstens, wo mein Karle nachts ist." Nichts funktioniert ohne Ordnung und Pünktlichkeit. Kein Orchester leistet etwas Rechtes, wenn dessen Mitglieder nicht exakt zum rechten Zeitpunkt tätig werden. Das gilt auch für Rundfunk und Fernsehen, für das Theater und den Zirkus, dort besonders für Akrobaten. In der Behörde und im Betrieb ist es auch gut, wenn ein gewisses Maß an Pünktlichkeit herrscht. Clemenceau soll als Chefredakteur seinen Mitarbeitern zwar erklärt haben: „Solange Sie kommen, bevor sie gehen, will ich gar nichts sagen!" Aber das war, sofern es überhaupt stimmt, eine intellektuelle Form der Abmahnung wegen Unpünktlichkeit.

Gelegentlich werden unordentliche Menschen für Genies gehalten. Aber solche Bewertung ist höchst fragwürdig. Genialität sollte sich nicht vorwiegend durch Unordnung äußern. Genie ist Fleiß, meinte der ältere Moltke. Immerhin, Schiller, unstreitig ein Genie, scheint zwar fleißig, aber unordentlich gewesen zu sein. Einer seiner Ausbilder an der Hohen Carlsschule, ich glaube er hieß Nieß, soll zu ihm gesagt haben: „Schiller, er ist ein Schweinspelz". Den Gehorsam hat Schiller als des Christen Schmuck bezeichnet. Den Mut hat er nicht nur besungen, sondern auch gezeigt, als er seine „Räuber“ schrieb und ohne Genehmigung seines Fürsten aus Stuttgart verschwand. Er lebte in einer Zeit und in einem Umfeld, in dem Ungehorsam zwar nicht gefahrlos, aber doch möglich war. Denn Carl Eugen von Württemberg war nicht gerade ein herzensguter Fürst, hatte aber doch das Format, um außergewöhnliche Begabungen zu fördern, so daß die Meinung des Herrn Nieß von Schiller diesem nicht schadete.

Es gibt Tugenden, die im Dienst einer guten Sache unentbehrlich sind, die aber, wenn sie im Dienst einer schlechten Sache stehen, den Schaden vergrößern. Bis zum Dritten Reich wurden Tugenden im Dienste des Staates ohne weiteres positiv eingeschätzt. Das Reich Hitlers galt zunächst als die Fortsetzung des bisherigen deutschen Staates, auch in den Augen des Auslands. Das Ausland hielt bis 1939 beziehungsweise 1941 oder 1945 seine diplomatischen Vertretungen in Berlin aufrecht. 1936 fanden in Berlin sogar die Olympischen Spiele statt. Der NS-Staat war jedoch kein normaler Staat. Das wichtigste fehlte, nämlich, daß der Staat sich selbst an das Recht hielt. Der Rechtsstaat war ein Unrechtsstaat geworden. Tugenden wie Ordnungsliebe, Pünktlichkeit, Fleiß, Mut, Verläßlichkeit, Mut und Gehorsam waren für die Diktatur nützlich und wurden deshalb in Frage gestellt.

Aber ohne diese Tugenden hat auch die Demokratie keinen Bestand. Die Einsicht, daß die Demokratie nie wieder aufgegeben werden darf, ist aber die wichtigste Lehre aus der Machtergreifung durch die NS-Diktatur vor 70 Jahren in Deutschland. Diese Katastrophe hat das Urvertrauen in den Staat beschädigt und ein Urmißtrauen begründet, das bis in die heutige Zeit fortwirkt. Aber Staat ist eben nicht gleich Staat. Demokratie ist das Gegenteil der Diktatur und Rechtsstaat das Gegenteil des Unrechtsstaats. Daß im Dritten Reich Tugenden in den Dienst der Diktatur gestellt waren, ist kein Argument gegen Mut, Ordnung, Pünktlichkeit, Gehorsam und Treue, sondern gegen den Mißbrauch. Das sind sekundäre Tugenden. Ihr ethischer Wert wird von der Sache bestimmt, der sie dienen. Sie sind für jeden Zweck brauchbar. Dem Erfolg eines Bankeinbruchs kommt es zugute, wenn die Verbrecher pünktlich sind, ordentlich und sauber gekleidet erscheinen, ihrem Anführer treu gehorchen, mutig mit der Waffe drohen, fleißig die Beute einpacken und danach ehrlich teilen. Aber wenn schon der Zweck nicht die Mittel heiligt, so heiligt das Mittel schon gar nicht den Zweck. Die Demokratie braucht jene Tugenden. Sie braucht zum Beispiel eine Finanzpolitik, die realistisch rechnet, ordentlich Buch führt, Ordnung anstrebt und mutig entscheidet.

Die NS-Diktatur hatte Treue und Gehorsam zu primären Tugend erklärt. Der treue Untertan sollte glauben, daß alles, was Hitler befahl, wohlgetan und richtig war, und zwar ohne nachzufragen, was es war, und warum und zu welchem Zweck es geschehen sollte. Auf diesem Wege kam es zum Mißbrauch, zur Benutzung der Moral, zur Abtötung der Kritik. In der Demokratie ist in den großen Fragen die Verfassung maßgebend. Solange diese gilt und geachtet wird, sind Ordnung, Fleiß und Pflichtbewußtsein nützliche Fähigkeiten und Gewohnheiten. Das trifft auch zu auf den Gehorsam. Gehorsam vor Recht und Ordnung in einer Demokratie hat nichts Demütigendes, sondern zeichnet den freien Bürger aus.

Leib und Geist

Als Manfred Wörner und ich vor der Landtagswahl 1964 Kurt Georg Kiesinger den von uns gefertigten Entwurf einer Musterrede vorlegten, war dieser gar nicht einverstanden. Er wies darauf hin, daß der Mensch ein leib-seelisches Wesen sei. Wir aber hätten nur über den Leib geschrieben. Wir baten daraufhin den gerade aus dem bischöflichen Ordinariat in Rottenberg ins Staatsministerium übergetretenen Gerd Weng, den seelischen Teil zu schreiben, was ihm aber auch nicht zur Zufriedenheit Kiesingers gelang. Seitdem beschäftigt mich das Thema. Bekanntlich gibt es eine Wirkung von seelischen Zuständen auf Geist und Leib. Es gibt aber auch eine Wirkung des Leibes auf Seele und Geist. Dieses Feld ist noch wenig erforscht. Manches Kunstwerk und manche Dichtung mögen ihre Entstehung einem wohlgelungenen Rostbraten verdanken. Diese oder jene Verwaltungsentscheidung, Gerichtsentscheidung oder Landtagsbeschluß mag auf einen übersäuerten Kartoffelsalat zurückzuführen sein. Die Ursache dieses oder jenes langen und langweiligen Buches kann in dem übermäßigen Genuß von Salzbrezeln liegen. Schiller wurde bekanntlich zu seinen Werken durch den Geruch fauler Äpfel angeregt. Ich schlage vor, ein geeignetes Institut mit einer detaillierten Untersuchung dieser kulturpolitisch und gesundheitspolitisch wichtigen Frage zu beauftragen. Daß der Wein einschlägig begabte Menschen zu Pinsel, Meißel und Feder greifen läßt, ist bekannt. Das Unterbewußtsein wird geöffnet, der Inhalt quillt hervor und drängt ans Tageslicht. Eine gute Speise wirkt genauso wie Wein. Hegel hat das Wort von der „Moralität des Essens und Trinkens" geprägt. Er hat freilich wie so oft, auch hier darauf verzichtet auszuführen, was er damit gemeint hat. So sind wir frei, unseren eigenen Sinn hineinzulegen.

Die Tischrede stellt den Zusammenhang her zwischen Wort und Speise, Geist und Materie. Besonders augenfällig wird dies, wenn die Speise bereits aufgetragen ist und sich ein Redner erhebt, wohlmöglich nicht im Programm vorgesehen. Redet er lang, schadet der Geist der Materie. Das Essen wird kalt oder das zum Nachtisch servierte Eis schmilzt. Die Tischgäste stehen in der Regel auf der Seite der Materie. Sie halten selten das Wort für wichtiger als die Speise und betrachten traurig die Qualitätsverschlechterung des Gebotenen. Auch der Koch ist betrübt. Martin Luther wäre so etwas nicht widerfahren. Er war ein berühmter Tischredner, aber auch ein Freund guter Speisen und Getränke. Er hat sicherlich auf diesen Zusammenhang Rücksicht genommen. Im übrigen hat Luther sich vorteilhaft über Schwaben und Bayern sowie das dort Gebotene geäußert, während er über Sachsen und die Schweiz nur weniger Erfreuliches sagen konnte.

Liegt Entenhausen in Schwaben?

Der EHAPA-Verlag befriedigte ein Bedürfnis, das in den letzten Jahren immer dringender geworden ist, bis es sich einfach nicht mehr zurückdrängen ließt: Er legte Carl Barks Geschichten aus Entenhausen mit Donald und Dagobert Duck auf schwäbisch vor, damit diese Figuren endlich und endgültig in das schwäbische Kulturbewußtsein aufgenommen werden können. Es läßt sich nicht leugnen, daß es leichtfertige Personen wie Donald Duck auch in Schwaben gegeben hat. Nur sind sie meistens nach den USA ausgewandert beziehungsweise wurden von ihren Familien zur Auswanderung dorthin gezwungen. Dies trifft auch auf einen entfernten Verwandten von mir zu, der zu Beginn des letzten Jahrhunderts, obwohl nicht verheiratet, Vater mehrerer Kinder war. Als ein weiteres unterwegs war, entschied die Familie, daß Württemberg für ihn zu klein sei und schickte ihn in die wesentlich größeren Vereinigten Staaten. Sie hörte nichts mehr von ihm. Aber seitdem er den Atlantik überquert hatte, wuchs die Bevölkerung der USA unaufhörlich. Von Menschen, die großzügig mit Vergleichen umgehen, wird der geschäftstüchtige Dagobert Duck gerne als schwäbischer Typ angesehen. Es gibt Schwaben, die ihm ähneln, aber verhältnismäßig wenige. Denn sonst könnte man das Leben hier nicht aushalten. Aber Menschen, die lieber Geld verdienen als ausgeben, gibt es auch bei uns. Sie machen sich fast alle kleiner als sie sind und geben sich bescheiden, ärgern sich aber, wenn andere auf das bescheidene Gehabe hereinfallen. Das schwäbische Understatement und der schwäbische Humor sind mit dem britischen Understatement und schwarzem Humor verwandt. Eine Theorie behauptet, die Vorläufer der Angelsachsen und der Alamannen hätten lange vor der Völkerwanderung nebeneinander in Nordeuropa gesiedelt und sich bei dieser Gelegenheit gegenseitig kulturell aufgebaut. Understatement erfolgt in der Erwartung, daß es nicht ernst genommen wird. Der Schwabe macht Witze über sich selbst, ist aber zurückhaltend, wenn andere Witze über ihn erzählen. Besonders ärgert ihn, wenn Unkundige seinen Dialekt nachahmen. Understatement ist typisch schwäbisch und typisch britisch. Auch was den schwarzen Humor betrifft, stehen die Schwaben den Briten in nichts nach. Hier genügt es, sich dessen zu erinnern, daß die Erfindung des Krematoriums die schwäbische Heiterkeit so angefacht hat wie der Windstoß ein Feuer. (Was sollet mir mit der Asche vom Onkel do? – Der kommt in d'Küch in d'Eieruhr, der soll noch ebbes schaffen.) Das schwäbische Bemühen, als bescheiden zu gelten, hat eine religiöse Grundlage, ist aber auch zweckmäßig, ein Umstand, der schon immer die Befolgung religiöser Gebote erleichtert hat. Weil das letzte Hemd keine Taschen hat, wird auch für gute Zwecke gespendet. Aber manche behalten ihr Geld, was trotz der biblischen Warnung, eher komme ein Kamel durch ein Nadelöhr als ein Reicher in das Himmelreich, die ewige Seligkeit nicht ausschließt, wenn die Anhäufung von Vermögen nicht aus reiner Lust geschieht. Diese Lust findet sich aber bei Dagobert Duck. Für den sparsamen Schwaben hingegen dient die Zurückhaltung bei Ausgaben der Erhaltung von Kreditwürdigkeit. Es stärkt einfach das Vertrauen des Repräsentanten einer Bank, wenn er bei dem Arbeitsessen, zu dem ein Kunde der Bank eingeladen hat, hört, wie dieser, bevor seine Gäste etwas bestellen konnten, der Kellnerin zuruft: „I hab koin Hunger, für mi bloß a Kleinigkeit." Wer so spart, ist auch ein guter Kreditnehmer, wobei hinzuzufügen ist, daß alle Banker, auch die schwäbischen, am liebsten dem Kredit geben, der keinen braucht, und am wenigsten gern dem, der ihn bitter nötig hat. Mögen also Dagobert und Donald Duck nicht nur als Vorbilder, sondern auch als abschreckende Beispiele wirken, wenn sie sich uns Schwaben auf Schwäbisch nähern. Im Schwäbischen findet sich der Aberglaube, die göttliche Gnadensonne könne sich verdunkeln, wenn man zu erkennen gibt, daß man sich wohlfühlt. Deshalb macht man sich kleiner als man ist. Das ist manchmal lästig. Ich empfehle dennoch nicht, unser Verhalten zu ändern. Das würde unsere Identität zerstören. Bleiben wir, wie wir sind, pflegen wir unser Understatement, machen wir uns weiter über uns lustig, aber nehmen wir die Folgen in Kauf. Wem unsere Art nicht paßt, der soll uns am A... – oder doch eher auf Hochdeutsch – im Mondschein begegnen. Akzeptieren wir die Klischeevorstellungen über unser Wesen („Schaffe, spare, Häusle baue, naliege und verrecke!"). Unseren bayerischen Nachbarn schadet die Lederhose, die Gaudi, die Musi, das Jodeln, die Brotzeit, der Bierdunst, das Schuhplatteln nicht. Im Gegenteil, das alles sind weltweite Markenzeichen. Den ersten Schuhplattler habe ich in St. Louis gesehen, aufgeführt von einem Amerikaner, dessen zünftiger Hosenträger mit „Gsund sammer" geschmückt war. An diesem baumelte das Bundesverdienstkreuz I. Klasse, das ihm zum Dank für seine Bemühungen um die deutsche Kultur verliehen worden war. Provinz ist kein realer Raum. Provinzialität ist eine enge, mißtrauische, das Fremde meidende und das Neue fürchtende Sicht. Sie gedeiht keineswegs nur dort, wo Dialekt gesprochen wird.

BODENSTÄNDIGES

Ich brauche keinen Mut zum Dialekt, eher zum Hochdeutsch, denn das bin ich nicht gewohnt. Wir Deutsche, die wir das Unklare für tief halten, mißverstehen uns ohnehin. Durch den Dialekt gibt es noch mehr Mißverständnisse. Zum Beispiel: Ein Schwabe, der gerade seinen Führerschein erhalten hatte, bringt zum erstenmal sein Auto zum Waschen. Der Garagenmeister sagte: „I hab grad koi Zeit, fahret se in d'Waschanlag und machet se bloß des was auf de Schilder steht, na passiert Ihne gar nix!" Nach einer Minute kommt der Schwabe zwischen den rotierenden Bürsten tropfnaß hinaus. Der Garagenmeister: „I hab Ihnen doch klar und deutlich gesagt, sie sollet bloß des mache, was auf den Schildern steht!" Daraufhin der Durchnäßte: „Des hab i doch gemacht, aber da war ein Schild, da stand drauf: Gang raus!" Besonders groß wird das Mißverständnis, wenn sich Angehörige verschiedener Stämme im Dialekt unterhalten. Während des Krieges standen ein sächsischer und ein schwäbischer Soldat vor dem Eiffelturm. Der Sachse fragte: „Aus was is denn der Durm?" Der Schwabe meinte: „I mein aus Gusseise!" Darauf der Sachse: „Aus Guhscheiße? Ja hält denn det?" Genau so groß war die Verwirrung, als ein Züricher einen Norddeutschen fragte: „Sind sie au scho emol in Züri gsi?“ Der Norddeutsche verstand das nicht. Da mischte sich ein Schwabe ein und erklärte: „Er moint gwä!“ Um die Kommunikation zu fördern, bleibt nichts anderes übrig, als die wichtigsten Dialekte zu erlernen.

Der schwäbisch-alamannische Dialekt gehört eher dem Naturhaften als der Kunst an. Er ist natürlich gewachsen, und er wuchert weiter, ein natürliches und kräftiges Wildkraut, das die Berührung mit anderen Sprachen verträgt. Wenn durch die Berührung etwas leidet, dann nicht das Schwäbisch-Alamannische. Die französische Sprache, an der die besten Köpfe seit Jahrhunderten herumfeilen, ist hier weit empfindlicher. Erlerntes Hochdeutsch ist nur eine dünne Tünche, die bei jeder Art Gefühlsaufwallung abspringt und den Dialekt hervortreten läßt. Die in diesem Dialekt üblichen Grobheiten und Unhöflichkeiten sind Einheimische gewöhnt. Auswärtige verstehen sie nicht, es sei denn, sie sind so ungeschickt, sich nach ihrer Bedeutung zu erkundigen. Als Fünfjähriger erlebte ich, wie meine Mutter auf der Straße mit einem älteren Herren sprach, den sie respektvoll mit „Herr General“ anredete. Ich ergriff ebenfalls das Wort und sagte zu meiner Mutter: „Das soll ein General sein? Der Mann trielt ja!“ Meiner Mutter war diese Bemerkung nicht recht. Sie wies mich an, sofort zu verschwinden. Aber der pensionierte General zeigte sich an meiner Meinung interessiert und sagte: „Komm mal her, mein Jungchen, was hast du gerade gesagt?“ Daraufhin erklärte ich: „Dir läuft ja beim Reden die Spucke aus dem Munde!“ Eine zutreffende Definition einer von zwei Bedeutungen des Wortes „trielen“. Die andere Bedeutung ist: sich langsam bewegen („Triel nicht so!“). Ein Trieler ist entweder ein langsamer, träger Mensch oder ein Latz. Das Wort „Latz“ hört man in Norddeutschland auch in der Form „Sabberlatz“. Aber das ist wohl schon wieder Dialekt, denn „sabbern“ bedeutet in etwa „trielen“. Der schwäbisch-alamannische Dialekt verleiht auch ernsten Dingen den Anschein von Gemütlichkeit, zumal, wer in Dialekt verfällt, den Adressaten seiner Ausführung oft duzt und zwar auch dann, wenn er mit ihm keine Bruderschaft getrunken hat. Das schafft Vertrauen, auch zwischen Schimpfendem und Beschimpftem. Wenn beide schimpfen erhöht sich die Lautstärke („Brüll net so i bin net daub!“ Antwort: „Scheints [scheinbar] doch!“) So geht es dann weiter. Auch unter schwierigen Verhältnissen entspannt und beruhigt der Dialekt. Er schafft ein Klima der Gleichheit. Der deutsche Kronprinz soll im Ersten Weltkrieg während eines Truppenbesuchs in Frankreich zusammen mit seinem Vater, Kaiser Wilhelm II., einen schwäbischen Wachposten gefragt haben: „Wo sind seine Majestät der Kaiser hingegangen?“ Der Landsturmmann antwortete: „Der Fatter ist da drüben in des Haus nei!“ Der pikierte Kronprinz zu seiner Begleitung: „Ist der Mann verrückt?“ Der Landsturmmann: „I hab nix bemerkt!“ Das stimmt sicherlich nicht, ist aber trotzdem schön.

Dialekt – Ausdruck des Selbstbewußtseins

Der Slogan, mit dem das Land für sich wirbt, lautet: „Wir können alles außer Hochdeutsch!“ Das wirkt etwas separatistisch, ist aber nicht so gemeint, sondern ein Ausdruck des Selbstwertgefühls des deutschen Südwestens. Der Dialekt entsteht durch Praxis von unten, nicht durch Befehl von oben, Volkssprache wie Volksweisheiten kommen aus dem Wesen, den Gefühlen, den Moden und den Vorstellungen der Gemeinschaft. Einer schwätzt es vor, und die anderen schwätzen es nach, und auf einmal ist es allgemeiner Brauch. Das geschieht auch auf den höheren Sprachebenen. Wer heute Schillers „Wilhelm Tell“ zum erstenmal liest, wundert sich darüber, wie viele Allgemeinplätze unser Dichterfürst verwendet hat. Er hat sie aber nicht verwendet, sondern geschaffen, so daß sie sprachliches Allgemeingut werden konnten. Jedenfalls fördert der Dialekt den Allgemeinsinn, das

Bewußtsein der Zusammengehörigkeit und die Bindung an die Heimat.

Ich will hier nicht den unermeßlichen Schatz von Volksweisheiten ausbreiten. Viele haben mit ihm schlechte Erfahrungen gemacht, zum Beispiel mit dem Sprichwort, man solle dem bösesten Hund den größten Knochen geben oder, noch anschaulicher, „Bellende Hunde beißen nicht!“ So mancher Briefträger könnte hierzu aus seiner persönlichen Erfahrung heraus anderes berichten.

Das Buch „Medizinischer Volksglauben in Oberschwaben“ weist darauf hin, daß der Heilige Veit oft mit einem Topf abgebildet wird, weil er, übrigens ohne Schaden zu nehmen, in einem solchen mit siedendem Pech gekocht worden war. Der Topf habe die oberschwäbische Bevölkerung zur Meinung gebracht, man könne den Heiligen auch gegen das Bettnässen anrufen:

„Oh heiliger St. Veit
Weck mi bei der Zeit
Net zu fruh und net z'spat
damit's net ins Bett gaht.“

Wir sollten hier auch eines anderen Heiligen gedenken, nämlich des heiligen Fridolin, den Alamannenmissionar und Gründer des Klosters Säckingen. Diesen kann man anrufen, wenn die Wassergefahr nicht von innen, sondern von außen kommt, wenn Überschwemmung oder Viehseuchen drohen. St. Fridolin hilft wohl auch gegen die Überschwemmung mit Daten.

„Oh Heiliger Fridolin in der Höh
Bewahre uns vor BSE
Rostbraten soll's auch künftig geben.
Laß bitte unsre Rinder leben
und mache, daß die Rinderseuche,
rasch in ein andres Land entweiche.“

Oder auch:

„Heiliger St. Fridolin, sei so nett,
behüte mich im Internet.
Führ mich bitte nirgends hin
wo mir verwirrt Verstand und Sinn,
führ mich bitte wieder raus
und schalte den Computer aus."

Eine Sprache besonderer Art ist das vor allem im Stuttgarter Raum beheimatete Honoratiorenschwäbisch. Dieses krankt daran, daß jene, die es sprechen, irrtümlich meinen, sie sprächen Hochdeutsch. Dadurch wurde und wird manches mißverstanden. Zum Beispiel hat sich der junge Hegel darüber belustigt, daß Stuttgarter Bürger ein Unwetter auf das, wie er meinte, „Mutige Heer" zurückgeführt hatten. In Wirklichkeit war gemeint: „Moudes Heer", gleich „Wotans Heer". Das ist das Heer des unter anderem vom Heiligen Fridolin abgeschafften Germanengottes. Es rekrutiert sich aus erschlagenen Kriegern, die von den Walküren aussortiert, aufgesammelt und nach Wallhall gebracht werden, wie jeder Opernbesucher des Ringes des Nibelungen weiß, wenn er nicht zu geizig war, sich ein Textbuch zu kaufen. „Es tuet wie Muodes Heer", heißt, daß es mächtig blitzt, donnert, regnet und hagelt, stürmt, weht und windet.

Früher gab es mehr regionale und lokale Besonderheiten im Dialekt. Die verbesserten Verkehrsverhältnisse und der Rundfunk haben vieles nivelliert. Auch die Bahn hat Gutes getan:

„Bevor die Eisenbahn erfunden
waren die Menschen ortsgebunden.
Jeder blieb am gleichen Platz,
suchte sich dort seinen Schatz.
Inzucht war nicht zu vermeiden
und das Erbgut mußte leiden.

Überall erklingt Gestotter,
ererbt von Vater oder Motter.
Dann hat die Bahn das Volk vermischt
und ohne Inzucht aufgefrischt.
Dank unserm Herrgott in der Höh,
es lebe hoch die Bahn AG!"

Ich bin allen Wissenschaftlern dankbar, die das wahre Schwäbisch schriftlich festgehalten haben. Es lebt weiter, auch in der Politik. Reinhold Maier, der dem „schwarzen Gewirm" auf Kopf, Bauch und Schwanz treten wollte, und Eugen Gerstenmaier, der gerne Ernst Moritz Arndt zitierte, haben viel für das Schwäbische getan. „Was ist des Deitschen Vaterland, ist's Schwabenland, ist's Bayernland?" „...So weit die deitsche Zunge klingt und Gott im Himmel Lieder singt." Dieser Liedvortrag ist auch so ein Fall, in dem der Dialekt präziser ist. Denn allgemein, aber fälschlich wird angenommen, daß in Arndts Text Gott singe, während in Wahrheit die deutsche Zunge Gott etwas vorsingt. Auf Schwäbisch hieße das: „Soweit die deutsche Zung erklingt und unserem Herrgott ebbes vorsingt." Das würde Mißverständnisse ausschließen, wie sie selbst Nietzsche widerfahren sind, der behauptet, die Deutschen stellten sich selbst Gott liedersingend vor.

Normalerweise vermag ein Erwachsener keine neue Mundart zu erlernen. Ich bin eine Ausnahme von dieser Regel. Ich habe zwar als junger Mensch jedenfalls dann „Schwäbisch" zu hören bekommen, wenn mein Vater in Erregung geriet. „Kerle, schaff endlich ebbes und guck koine Löcher in d'Luft! Mueß mer älles zwoimal sagen?" Aber ich sprach zunächst Preußisch und dann Österreichisch, weil meine Eltern 1938 von Potsdam nach Wiener Neustadt umzogen. Dort kam mein preußisches Wesen und meine Aussprache gar nicht gut an. Um zu überleben und nicht mehr als Piefke bezeichnet zu werden, erlernte ich den niederösterreichischen Dialekt. Das Schwäbische habe ich erst von meiner Frau angenommen, die, wenn sie in Zorn gerät, zu einer wahren Fundgrube schwäbischer Sprachdenkmäler wird. Ich habe vor ihr kapituliert und mich ihr angepaßt.

Sobald sich ein Nichtschwabe bemüht, den schwäbischen Dialekt nachzumachen, verfinstert sich das schwäbische Gemüt. Von wegen gemütlich. Mir brauchen unseren Dialekt auch, damit wir uns untereinander verständigen können, ohne daß dies gleich alle anderen verstehen. Zum Beispiel werden Redewendungen wie „glei schnappt er vollends num" oder „der machts au nimme lang" oder „der glaubt scheints, der ka uns bscheiße" und „Der ghairt nach Schusseried" für Außenstehende unverständlich.

Die Franken und Alamannen haben sich große Verdienste um die französische Sprache erworben, denn sie haben sie mit den Nasalen beschenkt. Die gibt es nämlich im Lateinischen nicht. Als Gegenleistung nennen die Franzosen sich selbst nach den Franken und alle Deutschen, und zwar alle, auch die Bayern, Sachsen, Preußen, Friesen, nach den Alamannen „les allemands". Darauf können wir Baden-Württemberger stolz sein. Andere mögen sich auf ihr Hochdeutsch etwas einbilden. Aber was hat das Hochdeutsch schon bewirkt? Die schwäbische und fränkische Sprechweise hingegen hat europaweit, ja weltweit Impulse gegeben, auch der portugiesischen Sprache, denn die Sueben sind bis an die Westküste der Iberischen Halbinsel vorgedrungen. Waren es die ständigen Erkältungen oder die Schönheit der Lautmalereien, jedenfalls erwiesen sich die Nasale stärker als das Lateinische, und so erfreuen wir uns an manchem phonetischen Gleichklang zwischen dem Schwäbischen und dem Französischen.

Die traurige Geschichte aus einem Schützengraben im Argonnerwald im Ersten Weltkrieg demonstriert diese klangliche, wenngleich nicht inhaltliche Übereinstimmung. Ein französischer Soldat rief zum deutschen Schützengraben herüber: „La revanche est en marche!" Ein schwäbischer Landsturmsoldat dachte eher an eine schwäbische Formulierung und rief zurück: „Du mi au!“ Heute gibt es solche Grobheiten und Mißverständnisse nicht mehr, denn die Franzosen und wir sind befreundet. Jetzt sollten wir nur noch Französisch lernen, was angesichts der gemeinsamen Nasale und eines französischen Basiswortschatzes – „Paraplü“, „Bottschamber“, „flattieren“ und „eschtimieren“ – in unserem Dialekt gar nicht mehr so schwer ist. Phonetisch gibt es auch Ähnlichkeiten mit dem Englischen. Bei einem Besuch einer schwäbischen Wirtschaftsdelegation wurden nach einer allerdings erfundenen Anekdote die Teilnehmer von dem damaligen amerikanischen Präsidenten empfangen. Dieser stellte sich vor: „Kennedy“. Ein Schwabe verstand „Kenn i Di?“ und antwortete: „I glaub net, I war noch nie in den USA.“

Dialekt und Mundart ermöglichen es, harte Tatsachen deutlicher und bildkräftiger zu beschreiben, als dies das Hochdeutsche vermag, und zugleich ein heimatliches Gefühl zu entwickeln. Dafür ist es hilfreich, wenn man rasch vom antiquierten „Sie“ zum modernen „Du“ findet, wie dies die weltumspannende englische Sprache ohnehin nahelegt. Zum Beispiel rief einmal im Landtag ein Abgeordneter einem Minister zu: „Du Lugebeutel!“ Der Minister verstand ihn nicht recht, weil er nicht von hier war und lächelte freundlich. Wie ihm dann die Bedeutung erklärt wurde, mußte er über das köstliche Wort lachen, und so löste sich alles in Wohlgefallen auf.

Weihnachten

Zum schwäbischen Gemütsleben gehört Weihnachten wie der Senf zur Wurst. Aber in kaum einer Zeit im Jahr ist der Lärm so groß wie vor Weihnachten. Es wird vom Handel geprägt und von der Werbung. Ein New Yorker Kaufmann soll einmal angesichts eines ertragreichen Weihnachtsgeschäfts ausgerufen haben. „What a good friend do we have in Jesus!" Ich will mich über die Prägung der Weihnachtszeit durch den Handel nicht entrüsten. Das wäre pharisäerhaft. Es ist an sich ein schöner Zug des Menschen, daß er zu Weihnachten anderen eine Freude bereiten, das heißt konkret, ihnen etwas schenken will. Und daß Industrie und Handel die Geschenke liefern wollen und zu diesem Zweck die Musik erklingen, die Weihnachtsmänner aufmarschieren und die Engel herbeischweben lassen, ist auch nicht ungewöhnlich.

Bei der Schenkung ist zu unterscheiden zwischen der Freude des Beschenkten am Geschenk und der Freude des Schenkers an der Freude des Beschenkten. Je höher der Lebensstandard ist, desto schwerer fällt es, diese Freuden durch materielle Geschenke auszulösen. Das war in Zeiten des Mangels anders, als ein Gast im Wirtshaus auf die Frage „Was gibt's?" zur Antwort erhielt: „Was gibt's gibt's nicht, höchstens gibt's was? Aber auch das gibt's nicht!"

Ich will den Umsatz beim Weihnachtsgeschäft nicht schmälern. Aber wäre es nicht auch wirkungsvoll, den Nächsten mehr Verständnis, mehr Fairneß, mehr Freundlichkeit, mehr Offenheit zu schenken? Auch das würde sowohl dem Beschenkten wie dem Schenker Freude machen. Solche Vorschläge sind nicht originell. Die meisten Weihnachtspredigten enthalten sie. Aber sie sind wichtig und richtig. Viele Menschen leiden an ihren Mitmenschen, und zwar ohne daß diese das bemerken. Das war wohl schon immer so, aber in der Wohlstandsgesellschaft sind wir empfindlicher geworden. Eine Verfeinerung im Umgang könnte Wunder wirken, was ja gut in die Weihnachtszeit paßt.

Auch sollten wir den Begriff des Nächsten nicht zu eng verstehen. Viel Unheil ist über die Menschheit dadurch gekommen, daß fälschlich unter „Nächster" nur der Gleichgesinnte und Vertraute verstanden wurde und der Andersdenkende, der Fremde nicht. Die christliche Lehre kennt diese Begrenzung nicht. Sie fordert eine menschliche Haltung gegenüber Fremden, ja sogar gegenüber Feinden. Die Asylbewerber sind keine Feinde, aber Fremde. Sie können aber von Christen erwarten, als Nächste angesehen zu werden. Das heißt nicht, das alle, die nach Asyl rufen, hierbleiben können. Das heißt auch nicht, über den Umstand hinwegzusehen, daß über 80 Prozent der Asylbewerber nicht asylberechtigt sind. Wir brauchen deshalb ein wesentlich schneller abzuwickelndes, möglichst europaweit abgestimmtes Prüfungsverfahren, damit nicht durch das Portal des Asyls ein notwendig werdendes Einwanderungsgesetz unterlaufen werden kann. Aber das Recht auf Asyl sollte bleiben. Und auf keinen Fall dürfen in Deutschland jemals wieder Rassenwahn, Rassenhaß und Fremdenfeindlichkeit Fuß fassen.

Die Bundesrepublik hat lange gemeinsame Grenzen mit anderen Staaten und sich bei der Aufnahme von Fremden immer großmütig gezeigt. Ein britisches Regierungsmitglied in der Ära von Lady Thatcher sagte mir in der sich zwischen Scherz und Ernst bewegenden britischen Art, er danke jeden Tag Gott, daß das Vereinigte Königreich aus Inseln bestehe. Unsere besonderen Probleme sind in den befreundeten Ländern also durchaus bekannt. Suchen wir, sie so zu lösen, wie es der weihnachtliche Geist und die Vernunft, mit der uns Gott beschenkt hat, nahelegen.

Originale

Es gibt Menschen, die aus diesem Land stammen, für dieses Land typisch sind und doch als außergewöhnlich, aus dem üblichen Rahmen fallend und deshalb als Außenseiter, als Fremde gelten. Wir Ältere wissen, wie übel es ist, wenn der Staat selbst zum Terroristen wird, und ich schätze den Rechtsstaat, den wir heute haben, hoch. Vielleicht gehen jene, welche die Vorschriften entwerfen und beschließen, in ihrem

Bestreben, das Leben zu ordnen, zu weit. Aber Rechtsetzung ist Konfektion für viele und nicht Maßschneiderei für einen. Manchem paßt die Konfektion nicht so recht. Es gibt Landsleute, die sich nicht ohne weiteres in das Schema der Vorschriften einpassen lassen. Solche Fälle entbehren nicht der Tragik. Inwieweit toleriert unsere Ordnung Originale? Gibt sie ihnen noch Raum?

Seit 1974, als wir beide um das Amt des Stuttgarter Oberbürgermeisters kandidiert haben, kenne ich Helmut Palmer. In Baden-Württemberg ist er bekannt wie ein bunter Hund, der „Rebell aus dem Remstal“, Schriftsteller, Obstbaumexperte, Obst- und Gemüsehändler, Kämpfer gegen Bürokratie und für die Einführung der Schweizer Demokratie in Deutschland, der einst unverwüstliche Kandidat und Wahlkämpfer, der gewaltige Redner. Wo immer er sich befand und befindet, ist er nicht zu übersehen oder zu überhören. Er ist ebenso leicht zu begeistern wie zu erzürnen, und, wenn er erzürnt ist, geht oft ein wahrer Hagel von unfreundlichen Bemerkungen auf seine Kontrahenten nieder, darunter auch solche, die im normalen bürgerlichen Umgang als beleidigend empfunden werden. Strafverfahren liefen gegen ihn, Gerichtsverhandlungen, in deren Verlauf manchmal die Grundlagen für weitere Strafverfahren gelegt wurden. Die Bürger freuten sich über Helmut Palmer und feuerten ihn zu neuen Taten an. Sie waren begeistert, wenn der Palmer den Etablierten und seinen Kontrahenten „den Rost runter tat“.

Zu seinem 70. Geburtstag hatte keiner der Redakteure seiner Heimatzeitung so rechte Lust, einen Geburtstagsartikel zu verfassen, weil sie alle schon Opfer seiner scharfen Zunge gewesen waren. Deshalb baten sie mich, einen Palmer würdigenden Artikel herzustellen. Dies tat ich, voll guter Absichten. Palmer gefiel aber der Artikel nicht, denn ich hatte ihm empfohlen, die Adressaten seiner Kritik nicht als Nazis zu bezeichnen, sondern sich, wenn es schon sein müsse, der landesüblichen unpolitischen Schimpfwörter zu bedienen, weil diese eher ertragen würden. Palmer erklärte, er habe keine Personen als „Nazi“ oder „Freisler“ bezeichnet, sondern die Art des Vorgehens gegen ihn mit in der NS-Zeit üblichen Verhaltensweisen verglichen. Das müsse doch möglich sein.

Palmer ist schon jetzt eine Persönlichkeit der Landesgeschichte. Aber seine Bilanz ist bedrückend. Insgesamt drei Jahre Gefängnis aufgrund von 33 Verurteilungen. Immer wegen Widerstand, Beleidigung und so weiter. Nie ein Delikt aus materiellem Eigeninteresse. Nach meinem Eindruck handelt Helmut Palmer in solchen Fällen aus einem inneren Zwang heraus, der mit Erlebnissen in seiner Jugend zusammenhängt. Ich selbst habe im übrigen nach meiner Erinnerung noch nie jemand wegen Beleidigung angezeigt, weil ich den strafrechtlichen Ehrenschutz für überholt halte. Heute ist Palmer zu alt, um noch als Bürgermeisterkandidat zugelassen zu werden. Aber früher kandidierte er gleichzeitig bei Bürgermeisterwahlen in mehreren Gemeinden und ging dazuhin noch seinem Obst- und Gemüsehandel nach.

Seine Annoncen, in denen er nahtlos die Anpreisung seiner Ware mit politischen Aussagen vermengt, sind ein Stück Volksliteratur. Zuerst seine Angebote auf dem Markt, dann der Hinweis, daß er sich zu einer bestimmten Zeit vor dem Bahnhof mit einem Potschamber (Nachttopf) aufhalten werde, um die Bedürfnisse derjenigen aufzufangen, die darunter leiden, daß die Bahnhofstoilette geschlossen wurde. Im Kampfe gegen Straßenbäume, die Gefahren für Verkehrsteilnehmer darstellen, griff er gelegentlich zu seiner Baumsäge. Alle freuten sich, bloß nicht die zuständige Straßenbehörde. Behörden neigen in solchem Falle nicht zu Humor. Besonders freuten sich viele Bürger über seine drastischen Aussagen: „Der eignet sich für ein Amt wie der Igel zum Arschputzen“, „Der sieht aus wie a schwangere Wanz“ oder „Des war koi Ohrfeig, sondern bloß a Handauflegung. Wenn ich dem eine Ohrfeige gebe hätt, wär dem der Kindlesbrei hochgekommen!" „An dir ghöret krumme Eisenbahnschienen grad geschlagen!"

Als er Geldstrafen, zu denen er rechtskräftig verurteilt worden war, nicht bezahlte, sollte er im Januar 1999 eine Ersatzfreiheitsstrafe antreten. Die mit seiner Abholung betrauten Polizeibeamten rechneten mit seinem Widerstand und lockten ihn mit der Behauptung aus seinem Haus, sie wären an einem Baumschneidekurs interessiert. Da konnte Helmut Palmer nicht widerstehen, Er kam heraus, wurde sofort gefesselt und in die Strafanstalt verbracht. Anfang Februar war er wieder frei, nachdem Mitbürger die Geldstrafe bezahlt hatten.

Bei Bürgermeisterwahlen waren die Bürger regelrecht enttäuscht, wenn Palmer nicht kandidierte. Ein Kandidat, der im Wortgefecht mit ihm einigermaßen bestehen konnte, wurde gewiß auch mit dem Gemeinderat und der unbotmäßigen Bürgerschaft fertig. Freilich mußte ein Kandidat darauf achten, daß er Palmer nicht reizte. Achtete er darauf nicht, konnte er etwas erleben. Errang er aber Palmers Respekt und Sympathie, hatte er einen wichtigen Streitgenossen. Denn bei vielen Wahlen wollte Palmer eigentlich gar nicht gewählt werden, sondern nur dafür sorgen, daß die Sache in der Öffentlichkeit ausdiskutiert wurde. Gewiß war Eitelkeit mit im Spiel (wo nicht?), aber auch ein ausgeprägter Idealismus. Er wollte es erreichen, daß bei uns so diskutiert wird wie seiner Meinung nach in der Schweiz, die er nach dem Zweiten Weltkrieg kennengelernt hatte und deren politische Verhältnisse er als vorbildlich ansah und wohl noch so sieht. Bei meiner zweiten Wahl sprach Palmer auf dem Marktplatz von der Pritsche seines Lieferwagens. Ich fragte ihn, ob ich auch etwas bemerken könnte. Er stimmte zu, und ich forderte die Versammelten auf: „Wenn ihr den Palmer nicht wählen wollet, dann wählet halt mi!" Das gefiel ihm, und ich hatte den Eindruck, daß er gelegentlich mehr für mich als für sich selbst eintrat.

Erwachsene Menschen können sich nicht bei jedem Versagen mit unerfreulichen Erlebnissen in ihrer Jugend entschuldigen. Aber Palmer war als Sohn eines jüdischen Vaters in seiner Jugend Demütigungen und Verfolgungen ausgesetzt, die Spuren hinterlassen haben. Er selbst hat mit mir darüber nie gesprochen. Von Zeitzeugen habe ich gehört, wie Palmer geschlagen wurde, wie sich ein Arzt weigerte, ihn als Halbjuden zu behandeln, und wie ein anderer, von auswärts geholter Doktor ihn ohne Betäubung zusammenflickte. Antisemitische Radikalinskis erschienen im Haus seines Großvaters, um den „Judenbuben abzuholen". Aber der Großvater, ein mutiger Mann, beschützte ihn. Seine Aggressivität im Umgang mit der Staatsmacht, die Leichtfertigkeit im Umgang mit Beleidigungen, sein Empfinden, er müsse sich mit allen Mitteln zur Wehr setzen, haben hier ihre Ursachen und Gründe. Außerdem erträgt er wie viele temperamentvolle Menschen weniger Kritik, als er selbst austeilt. Das beschwichtigt seine Gegner nicht.

Er ist gescheit, tüchtig, verläßlich und wäre durch seine Begabung und seinen Fleiß in seinem Geschäft weitgekommen, wenn er die Finger von der Politik gelassen hätte. Aber im politischen Leben wäre eine Lücke entstanden. Er kämpft trotz seiner schweren Krankeit weiter, jetzt für sein jahrzehntealtes Konzept für die richtige Behandlung von Obstbäumen, vor dem viele Fachleute den Hut ziehen. Alles, was er tut, tut er mit Leidenschaft. In bestimmten Situationen kann Palmer nicht anders, er muß sich drastisch äußern, zumal er den Eindruck hat, daß Beleidigungen, die ihm zugefügt worden sind, strafrechtlich nicht geahndet werden. Viele nehmen solche Beleidigungen von der heiteren Seite. Aber der Fall Palmer ist nicht heiter. Er ist keine Komödie, sondern eine Tragödie.

Gibt es einen Weg, Originale wie ihn, die das politische Leben bunt machen, zu ertragen, ohne auf sie die Kanonen des Strafrechts abzufeuern, die eigentlich für ganz andere Fälle gedacht sind? Wenn es im Rahmen der Meinungsfreiheit zulässig ist, Soldaten als Mörder zu bezeichnen, könnten dann nicht an die Werturteile von Helmut Palmer großzügigere Maßstäbe angelegt werden? Könnte nicht der Umstand, daß ein Mensch, der in seiner Jugend mißhandelt worden ist, auf gewisse Verhaltensweisen wie anschnauzen, anfassen, Befehlston hart reagiert, im Strafprozeß zu seinen Gunsten berücksichtigt werden? Befriedigt es den Rechtsstaat, daß Helmut Palmer 33 mal wegen Lappalien bestraft wurde und drei Jahre im Gefängnis zugebracht hat? Das Recht hat doch sonst Verständnis für den Menschen.

Ein Nachteil für Palmer ist seine ungewöhnliche Robustheit. Er gibt nicht auf, gibt nicht nach. Palmer sagte einmal, seine Devise sei: „Ich weiche niemand." Über 70 Jahre alt, mehrmals wegen Krebs operiert, kämpft er aus Überzeugung für seine Vorstellungen vom richtigen Obstbaumschnitt. Palmer ist nicht Hauptmann Dreyfus. Aber ob seelische Verletzungen, die ein Mensch in seiner Jugend erfahren hat, so rasch ausheilen, wie dies die Gerichte unterstellen, und ob für Originale so viel Freiraum besteht, wie dies wünschenswert wäre, darüber wäre nachzudenken.

ÖKONOMIE UND TECHNIK

Es gibt in Baden-Württemberg eine große Zahl von Sprüchen und Anekdoten, aus denen öknomisches Denken hervortritt. „Agschleckt wirscht und wenn de noch so zapplescht", sagte einst ein Landwirt zu einer Maus, die er an ihrem Schwanz aus einem Milchtopf herausgezogen hatte, in den sie hineingefallen war. Oder der Spruch: „Da ist gut Roß sei, den ganzen Winter durchfuttere lau und im Frühjahr naliege und verrecke!" Dieses Wort wird einem Landwirt in den Mund gelegt, dessen Pferd im Frühjahr, also vor Arbeitsbeginn, verstarb.

Über die Landwirtschaft

In allen Kulturräumen erklärt sich vieles, was man heute nicht mehr versteht, aus der landwirtschaftlichen Vergangenheit. Dazu gehört die Bodenhaftung des Menschen. In Norddeutschland soll sogar die Meinung aufgekommen sein, wer auf eigenem Boden stehend einen Meineid schwöre, müsse mit keiner himmlischen Strafe rechnen. Wenn Landwirte einen schwierigen Eid leisten mußten, hätten sie ihre Schuhe mit Erde vom eigenen Acker gefüllt. Diese Praxis ist technisch problemlos, wenn es sich um sandigen Boden handelt. Ist hingegen der Boden, wie weithin hierzulande, lehmig, entsteht eine große Sauerei. Deshalb entwickelten sich hier andere Formen, um den Folgen von Meineiden zu entrinnen. Schon seit geraumer Zeit ärgert mich, daß mich niemand um Rat fragt, wie unserer Landwirtschaft zu helfen wäre. Denn ich bin weder durch Sachkunde korrumpiert noch durch Praxis verbildet. Ich besitze weder das eine noch das andere und kann mich deshalb als objektiv, lernfähig und damit zum Berater geeignet bezeichnen. Es liegt ein richtiger Gedanke darin, wenn Wählerschaft, Politik und Verwaltung nicht immer jenen als Berater heranziehen oder an die Spitze einer Behörde oder Körperschaft berufen, den das einschlägige Handwerk krummgezogen hat, sondern einen, der von solchen Vorbelastungen frei ist und aufrecht einherschreitet. Im Sachbuchbereich und im Journalismus ist das ähnlich. Mark Twain hat in seinem Essay „Wie ich ein landwirtschaftliches Blatt herausgab“, überzeugend beschrieben, wie günstig der Mangel an Sachkunde für den Absatz eines Blattes sein kann. Wenn eine Sendung Hörer verliert oder die Auflage einer Zeitschrift zurückgeht, beauftragt man am besten Damen oder Herren, diesem Übelstand abzuhelfen, die zwar Phantasie und Selbstbewußtsein besitzen, aber sich das nötige Wissen erst selbst beschaffen müssen. Diese haben nämlich ein Gefühl dafür, was den ebenfalls nichts wissenden Leser wirklich interessieren könnte. Die große Perspektive ist damit sichergestellt.

Diese Perspektive ist gerade auch in der Landwirtschaftspolitik wichtig, wo es darum geht, Landwirtschaft, Verbraucher- und Tierschutz, Naturschutz, Artenschutz und die Politik der Europäischen Union sowie die Pflege der deutschen Beliebtheit zu versöhnen. Ratschläge für ein solches Versöhnungswerk sind weniger von Fachleuten wie dem Landwirt selbst oder einem Professor zu erwarten, der sich zum Beispiel ein Leben lang mit der Aufzucht oder Erforschung von Schweinen befaßt hat, sondern nur von jemand, der über der Sache steht, weil er außer der Sache steht. So einer bin ich. Meine Qualifikation kann ich dadurch beweisen, daß ich mich für die meisten landwirtschaftlichen Arbeiten ungeeignet zeigte. An eine Kuh zum Zwecke des Melkens ließen mich die mir vorgesetzten Landwirte nie heran, weil sie fürchteten, mit dem Tierschutz in Konflikt zu geraten. Während der Heuernte brach ich durch zu großen Arbeitseifer mehrere Rechen ab, bis mich der Landwirt in der Scheuer einsetzte, um das Heu festzutrampeln. Das konnte ich. Mit Schweinen oder Schafen habe ich nie etwas zu tun gehabt, wohl aber mit einem Bullen, den ich am Nasenring festhielt, bis Hilfe kam. Obwohl mein Schwiegervater Mehl-, Futtermittel- und Getreidegroßhändler war, kann ich die Getreidesorten nicht so recht auseinanderhalten. Ich weiß aber, daß sich der Wassergehalt des Getreides messen läßt und daß, wenn dieser hoch ist, ein Abzug von der Preisbasis gerechtfertigt ist. Überhaupt brachte ich den ökonomischen Dingen mehr Aufmerksamkeit entgegen als der praktischen Arbeit, so bei der Züchtung von Stallhasen, die mir, obwohl oder vielmehr weil erfolgreich, von meinen Eltern wieder entzogen wurde. Ich muß aber eingestehen, daß ich einmal Helmut Palmer beim Baumschneiden zugesehen habe. Da mag etwas hängengeblieben sein.

Nun, vielleicht werde ich nicht mehr gefragt, weil ich zu alt bin. In der Landwirtschaft stellt sich die Frage der Überalterung übrigens nur beim Menschen, nicht beim Viehbestand. Im Unterschied zum Menschen ist für das Vieh der Sinn des Lebens und damit dessen Dauer klar: als Nahrung, Wursthülle, Bekleidung und Schuhsohle zu dienen. Für den Menschen hingegen tritt der Sinn seines Lebens nicht so deutlich zutage. Auch lebt er heute länger, so daß er sich mit diesem Gedanken ordentlich quälen kann. Junge politische Kräfte befassen sich nun mit unserer Landwirtschaft. Das wäre auch in Ordnung, wenn diese die Alten häufiger fragen würden. Die könnten ihnen vielleicht sagen, daß die Landwirte Geld verdienen wollen, daß man dafür ein gewisses Verständnis aufbringen sollte und daß es einen europäischen Agrarmarkt gibt, der den Landwirten das Geldverdienen nicht leicht macht. Wie bei der Regelung der ethischen Grenzen für die Embryonenforschung ist auch in der Landwirtschaft die deutsche Möglichkeit, auf die weltweite Entwicklung Einfluß zu nehmen, bescheiden. Ich bin an sich für die ökologische Landwirtschaft, nicht aber im Gegensatz zur ökonomischen, denn ich sehe ein, daß durch Verzicht auf Ökonomie unseren Landwirten zu viel zugemutet wird, nämlich, daß sie ihren Beruf und damit auch die ökologische Produktion aufgeben. Es wäre unerfreulich, wenn, wo heute noch Felder sind, der Urwald wüchse oder Golfbälle flögen und wir möglicherweise nur noch von importierten Lebensmitteln, darunter den gefürchteten Genprodukten, leben müßten. Ökologische Produkte sind zwar beliebt. Aber wenn auf dem Markt Äpfel, die auf ihre ökologische Herkunft durch Verhutzelung und Insektenbefall hinweisen, doppelt so teuer sind wie unökologisch gewonnene, wurmfreie, pralle und in prächtigen Farben leuchtende, dann bedarf es einer ebenso aufgeklärten wie charakterstarken und idealistisch gesinnten Kundschaft, damit diese zu den Hutzeläpfeln greift. Ich würde mich auf die Attraktivität von Hutzelobst nicht verlassen. Auch ich habe jene Bedenken gegen Agrarfabriken, Massentierhaltung und Tiermehl, die dem Fernsehzuschauer zur Pflicht gemacht werden. Daß aber die Landwirte nicht umsonst und auch noch vergebens arbeiten wollen, das begreife ich. Selbst der öffentliche Dienst, dem ich lange angehört habe, erhält eine Vergütung für seine Mühen. Eine rationelle, kostensparende und Ertrag bringende Betriebsführung muß der Landwirtschaft gestattet werden. Es mag sein, daß Schweine, Schafe und Ziegen mit Familienanschluß besser schmeckendes Fleisch liefern und daß die Eier von Hennen, die gelegentlich auf dem Küchenbüffet sitzen dürfen, schmackhafter sind, aber solche Idylle hat keine Zukunft. Sie ist eine Sache für wohlhabende Aussteiger. Die werden immer in der Minderheit sein.

Für jene, die nicht aussteigen, sondern drinbleiben, muß ein Konzept gesucht, durchgesetzt und finanziert werden, daß unsere Landwirtschaft bestehen läßt, auch unter den Bedingungen der Europäischen Union. Das ist eine Arbeit, die Realismus, Nüchternheit und Engagement verlangt. Es mag durchaus sein, daß diese am wirksamsten von einem/r PolitikerIn bewältigt werden kann, der/die noch keine Ferkel aufgezogen, Schafe geschoren und Butter produziert hat. Hoffen wir das jedenfalls.

Die Funktionslust

Bei jeder Art Tätigkeit spielt die in Deutschland und besonders im deutschen Südwesten weitverbreitete Funktionslust eine Rolle, die Freude daran, daß etwas funktioniert ohne Rücksicht auf die Folgen. Goethe meinte, daß der Deutsche eher Unrecht als Unordnung erträgt. Auch in der benachbarten Schweiz ist die Funktionslust häufig anzutreffen. Als während der Französischen Revolution ein Württemberger mit der Guillotine enthauptet werden sollte, das Fallbeil sich aber verklemmt hatte und nicht herunterfiel, soll der Delinquent gerufen haben: „Da lieg I erst drunter, wenn das wieder repariert ist!“ Die Geschichte stimmt gewiß nicht, ist aber beeindruckend. Die Freude am Funktionieren, die Lust am Experimentieren und der Sinn für das Spekulieren wird weitere Wege in Bereiche erschließen, die bislang unbekannt waren. Wahrscheinlich wird in dem Maße, in dem Neues gefunden wird, sich auch das noch Unbekannte vergrößern, so daß der Mensch die Entfernung vom absoluten Wissen eher größer als kleiner empfinden wird. Gerade unter Schwaben gibt es nicht nur den philosophischen, sondern auch den praktischen Typ. Wenn ein junger Mensch die Frage: „Was ist ein Grischt?" dahin beantwortet: „Zwei Leitern und ein Brett" und nicht: „wer an Jesus Christus glaubt!" dann ist er ein praktischer Typ. Zum Politiker eignet sich der philosophische Typ besser. Denn der praktische Typ meint, wo Widersprüche sind, da sei etwas falsch, während der philosophische Typ denkt, wo Widersprüche sind, fangen Philosophie und Politik erst richtig an. Unabhängig vom Typ freuen sich die meisten Schwaben, wenn sie Geld nicht ausgeben müssen; eine Freude, die durch weitere Verzichte auf Ausgaben fast zu elysäischer Glückseligkeit gesteigert werden kann. Die durch Geldausgaben zu erlangenden Freuden dauern meistens nur kurz und können dann in lang andauernden Schmerz über den Verlust des Geldes umschlagen. Die schlichte Freude daran, daß etwas funktioniert, hat für Wirtschaft und Landwirtschaft, für Technik und Wissenschaft große Bedeutung.

Mensch und Technik

Während der Umgang mit Macht und Geld auf der wankenden Grundlage von Vermutungen über den Verlauf des Geschehens beruht und häufig an moralischen Abgründen vorbei oder in diese hineinführt, stehen die Physiker, Chemiker, Mediziner und Techniker auf dem verläßlichen Boden der Naturgesetze. Ihr Selbstbewußtsein beruht auf der Tatsache, daß die Gesetze der Physik, der Mechanik, der Elektrizität, der Mathematik und letztlich auch die Grundlagen der Elektronik nicht vom Menschen, sondern von einer überirdischen Instanz, nämlich von Gott, stammen. Menschen können sie nicht verändern, sondern nur anwenden. Sie können das natürlich auch bleiben lassen.

Baden-Württemberg galt und gilt als ein Land der Grübler und Poeten, aber auch als das Land der Tüftler und Erfinder. Die lauteste und eindrucksvollste Erfindung ist die des Schießpulvers in Freiburg durch den Mönch Schwarz, dessen Existenz zwar bestritten, aber immerhin durch so sorgfältige Menschen wie unsere badischen Landsleute durch Errichtung eines Denkmals bestätigt wurde. Außerdem ist das Pulver da, ein Beweis, daß es jemand entdeckt haben muß. Warum nicht Mönch Schwarz? Die Chinesen hatten das Schießpulver schon vorher besessen, wußten aber mit ihm nichts Rechtes anzufangen. Sie verwendeten es vor allem für Feuerwerkskörper und ähnlichen Firlefanz, während unsere Ahnen ziemlich bald wußten, daß es in Verbindung mit Kanonenrohren, Flintenläufen und Bomben eine große praktische Wirkung haben kann. Hegel äußert sich demzufolge in seiner Philosophie der Geschichte etwas abwertend über die Chinesen, indem er formuliert: „Die Chinesen wollen das Pulver erfunden haben, aber die Jesuiten mußten ihnen erst die Kanonen gießen." Der Volksmund hält den Erfinder des Pulvers für intelligent, denn er sagt über einen Dummkopf: „Der hat das Pulver nicht erfunden!" Erfinder Schwarz wollte, so heißt es, aber gar nicht die Kriegstechnik verbessern, sondern Gold herstellen. Er dürfte enttäuscht gewesen sein, als sein Produkt nicht blinkte und klang, sondern stank und knallte. Die meisten späteren Erfindungen sind keine Zufallserfindungen mehr, sondern Früchte einer Verbindung von Sachkunde, Selbstkritik und Hartnäckigkeit. Dies trifft auch zu auf die zweite große Erfindung, die in Baden Württemberg gemacht wurde, das Kraftfahrzeug, aber auch die Zündkerze oder das Luftschiff.

Wer nichts im Kopf hat, kann nichts erfinden, es sei denn etwas Dummes und Hohles. Dem Erfinder geht eine Frage im Kopf herum. Der Kopf arbeitet weiter, auch wenn der Inhaber des Kopfes das nicht merkt. Gelegentlich hat das die Wirkung, daß plötzlich ein brauchbarer Gedanke in sein Bewußtsein tritt, ein Einfall, ohne daß ihm klar wäre, wie der Einfall zustande kommt. Goethe meinte, jede Erfindung, jeder große Gedanke, stehe in niemandes Gewalt, und der Mensch müsse diese als unverhofftes Geschenk von oben betrachten. Schopenhauer schrieb, Gedanken kämen nicht, wenn *wir*, sondern wenn *sie* wollen. Nietzsche schloß sich dieser Meinung an und erklärte, das bewußt werdende Denken sei nur der kleinste Teil davon, nämlich der oberflächlichste und schlechteste. Freud hat zur spontanen Entstehung des Einfalls eine heute noch gültige Theorie geliefert. Aber Hegel hatte noch das Bibelwort „den Seinen gibt's der Herr im Schlaf" mit dem Kommentar versehen: „Was man im Schlaf bekommt, das ist auch danach!" Jedenfalls setzen die spontanen Einfälle voraus, daß der mit ihnen Beschenkte etwas von ihrem Gegenstand weiß. Sie müssen auf ihre Brauchbarkeit geprüft werden, mit Hilfe des Verstandes und mit der des Experiments. Das Experiment ist eine verhältnismäßig moderne und ziemlich wirksame Methode der Wahrheitsfindung in der physikalischen Welt. Zur Erweiterung des Wissens und Könnens leistet es wesentliche Beiträge. Doch hinter ihm steckt immer menschliche Kreativität. Diese Kreativität entsteht aus einer Kombination von Vernunft, Erfahrung, Initiative, Phantasie, Geduld und Zielstrebigkeit. Wer in diesem Sinne kreativ ist, der ist ein Tüftler. Es heißt zwar oft, es gebe den Tüftler nicht mehr. Aber das stimmt nicht. Im Gegenteil, es ist noch nie so viel und so erfolgreich getüftelt worden wie heute. Dies zeigen der technische Fortschritt und die Patentanmeldungen, die gerade in Baden-Württemberg und Bayern, vor allem in den Räumen München und Stuttgart, besonders zahlreich sind. Allerdings sind Zweck und Bedeutung der Erfindung meistens nicht mehr so anschaulich wie früher. Unter einer Gummisohle, Kuckucksuhr oder einer Thermosflasche kann sich jeder etwas vorstellen, nicht aber unter besseren oder neuen Werkstoffen, neuen Verfahrenstechniken und verbesserter Hard- oder Software. Auch sind die Forscher und

Erfinder, die für sich allein in der Küche, in der Garage oder im Keller ihres Wohnhauses arbeiten, neben beziehungsweise über sich die besorgte Familie, die fürchtet, daß wieder einmal etwas explodiert, seltener geworden. Aber die Zahl jener, die im Team arbeiten, in besonderen Forschungsstätten, hat sich enorm erhöht.

Die Meinung, daß die gegenwärtig im Berufsleben Stehenden nicht so tüchtig seien wie frühere Generationen und daß deshalb Unheil drohe, ist eine bekannte Form des Pessimismus, die fast in jeder Generation in Erscheinung tritt. Dasselbe gilt für die Vermutung, die moderne Welt schade dem Geist des Menschen und zerstöre jene guten Eigenschaften, deren sich die ältere Generation im nachhinein rühmt („Da waret mir scho andere Kerle!“). Die Befürchtung grassiert, dem modernen Menschen ginge die Kreativität verloren, weil er sich eher passiv als aktiv verhalte. Er sei mehr auf Konsum als auf Produktion orientiert. Das übrige besorge das Fernsehen, welches – absichtlich oder auch unabsichtlich – die Volksverdummung betreibe. So gehe die Kreativität verloren. Ich bezweifle das. Es ist nicht einmal ausgemacht, daß das Fernsehen die ihm nachgesagte schädliche Wirkung ausübt. Dasselbe gilt für den Umgang mit dem Internet. Vielleicht wirken die vielen Impulse und Eindrücke gar nicht abstumpfend, sondern sogar anregend auf die Kreativität. Warten wir es ab, und verhalten wir uns nicht wie die Königin in „Alice im Wunderland“, die zuerst das Urteil fällte und danach erst den Schuldspruch.

Die sich beschleunigende Zunahme menschlichen Wissens und Könnens ist ein deutlicher Hinweis auf wachsende Kreativität. Auch die zunehmende Zahl der Patentanmeldungen ist ein solcher Hinweis. Im Stuttgarter Raum wurden im Jahr 1995 2539 Patente angemeldet, im Jahr 2000 bereits 3653. Die Zahlen für München: 1995 erfolgten 1981 Anmeldungen, 2000 bereits 3091. Bei den Pro-Kopf-Raten nimmt die Stuttgarter Region mit 141,5 Patentanmeldungen je 100 000 Einwohner den ersten Rang ein, gefolgt von München mit 129,3. Bundesdurchschnitt 49,2 und Berlin 34,4 Anmeldungen. Das ist der Beweis: Der schwäbische Tüftler ist nicht ausgestorben. Aber wie bereits bemerkt, die Erfindungen geschehen zunehmend in Bereichen, die gerade noch fachlich einschlägigen Experten zugänglich sind und die zu betreten ein normaler Mensch wie ich längst aufgegeben hat. Ich weiß nicht einmal, wie ich die Motorhaube meines Mercedes 190E öffnen soll, ich brauche das auch nicht zu wissen, weil ich nicht wüßte, was ich tun soll, wenn sie offen ist. Ich wüßte nicht einmal, wie ich sie wieder zumachen kann. Das Wissen ist im Besitz einer technischen Elite. Es ist überdies an die Elite der kommenden Generationen vererbbar. „Was du ererbt von deinen Vätern hast, erwirb es, um es zu besitzen!" – aber das fällt bei einer so umfangreichen, vielseitigen und komplizierten Erbschaft nicht leicht. Die Gefahr in unserer Zeit liegt weniger darin, daß die Befähigung zum Tüfteln aufhört, sondern daß die Sicht des Ganzen verlorengeht. Hegel hat nämlich recht, wenn er immer wieder darauf hinweist, daß die Wahrheit im Ganzen liegt. Die im Ganzen liegende Logik sollte einigermaßen erkennbar bleiben. Bei zu viel Verwirrung entsteht eine Art Geheimsphäre, ein Nährboden für Mystik und Ideologien. Das ist gefährlich, denn was dem Intellekt offensteht, das sollte auch vom Intellekt besetzt werden. Die Technik wird immer besser und vielseitiger. Wie im deutschen Märchen die Heinzelmännchen von Köln nimmt sie dem Menschen auf immer mehr Tätigkeitsfeldern die Arbeit ab, im doppelten Wortsinne: „Abnehmen" als „entlasten" und als „wegnehmen". Ein Problem taucht auf: Wie fließt ein ausreichender Teil des Geldes, das die Maschinen verdienen, wieder in die Taschen jener, die deren Produkte kaufen sollen, aber von den Maschinen aus Arbeit und Lohn verdrängt worden sind?

Zum Glück wird es auch in der Zukunft Tüftler geben. Informationen werden nanosekundenschnell über den ganzen Globus verbreitet und mit ihnen Anregungen für weitere Forschungstätigkeit. Es wird jedenfalls weitergehen, aber nicht unbedingt so wie bisher, hoffentlich in die richtige Richtung. Wir brauchen Menschen, die eine Freude daran haben, etwas Neues zu finden und zum Funktionieren zu bringen. Bei den Beratungen zur großen Finanzreform 1968 mußte viel gerechnet werden, um die Auswirkungen der einzelnen Vorschläge zu ermitteln. Um zu multiplizieren brauchten wir damals noch mehrere Kilo schwere Maschinen. Heute kann man die halbe Mathematik in einem Rechner von der Größe einer Scheckkarte mit sich führen. Und dieser Rechner ist auch noch billig. Hut ab vor den Tüftlern, die das zuwege gebracht haben. Wenn mit diesen Rechnern auch noch einigermaßen richtig gerechnet wird, auch dann, wenn unangenehme Ergebnisse befürchtet werden müssen, und aus den Ergebnissen die Folgerungen gezogen werden, dann läßt sich eine gute Zukunft eigentlich nicht verfehlen. Oder doch?

Verkehr und Ortsveränderung

Daß irgendwo auf Erden etwas bewegungslos verharrt, ist nur eine Illusion. Die sogenannte tote Materie besteht aus Energiekonzentrationen, welche sich ständig wellenförmig bewegen. Auch die Lebewesen bewegen sich, besonders der Mensch. Schon in grauer Vorgeschichte erfüllte ihn der Drang nach Mobilität. Als Jäger und Sammler war er ständig unterwegs, um Körner, Wurzeln, Beeren zu sammeln, Tiere zu erschlagen, in Schlingen zu fangen, Frauen aufzuspüren, zu verhindern, daß er selbst aufgespürt wird. Waren in einem Revier keine Körner, Wurzeln und so weiter mehr da, begab er sich in das nächste Revier, um auch dort rastlos umherzustreifen. Heute wird dem Menschen mehr gebracht als früher, sogar Unterhaltung, die ihm Funk, Fernsehen und Internet in das Haus bringen. Es ist schwer vorauszusagen, in welchem Umfang der Mensch künftig seine Aktivitäten über die Kommunikationstechnologie, also ohne körperliche Ortsveränderung entfalten wird. Arbeitsplatz zu Hause, Online-banking, virtuelles Kaufhaus, virtuelles Rathaus und Finanzamt. Virtuelle Schule und Hochschule, Bildung und Fortbildung. Das alles kommt auf uns zu.

Der Geist bewegt sich, auch wenn der Körper bleibt, wo er ist. Immanuel Kants Mobilität zum Beispiel war spirituell und nicht körperlich, denn nur sein Geist durcheilte das Universum, während sein Körper daheim in Königsberg verweilte. Auf den Spuren von Platos Ideenlehre schreitend meinte Kant, der Mensch könne nicht die Welt so erkennen, wie sie ist, sondern nur so, wie sie ihm erscheint. Er schied folgerichtig zwischen dem Ding an sich und der Erscheinung. Der Verkehr gehört eindeutig den Erscheinungen an. Das reicht aber auch. Wenn ich in der Erscheinung eines Staus stecke, braucht es nicht auch noch der Stau an sich zu sein. Letzterer kommt gelegentlich auf der Autobahn Stuttgart-Karlsruhe vor.

Klarheit ist zwar ein für die Philosophie verdächtiger Zustand, aber jedenfalls erscheint klar, daß ein Verkehrsteilnehmer eine Ortsveränderung vornimmt, es sei denn, er steckt im Stau. Der Stau erlaubt in der Regel eine langsame Ortsveränderung, erlaubt er gar keine, dann sind die in ihm Gefangenen weniger Verkehrsteilnehmer als Verkehrsopfer. Der Stau ist bezogen auf die Ortsveränderung etwas Negatives. Politisch wird er nicht überall negativ empfunden. Einige Extremisten des öffentlichen Nahverkehrs freuen sich über den Stau, solange in ihm nicht auch die Busse und die Bahnen steckenbleiben. Ihre Idealvorstellung ist: Der Individualverkehr steckt im Stau, und der öffentliche Personennahverkehr, angefüllt mit glücklichen Fahrgästen und gelenkt von einem schadenfroh dreinblickenden Personal, fährt flüssig an diesem vorbei. Dann würden dem öffentliche Personennahverkehr die Kunden zuströmen und er richtig aufblühen. Die Philosophie kann aber solche Freuden nicht teilen, denn sie muß das Ganze denken, weil die Wahrheit im Ganzen liegt. Wer das beherzigt, erkennt rasch, daß es nicht Aufgabe des öffentlichen Nahverkehrs sein kann, den Verkehr zu verhindern, sondern ihn zu ermöglichen. Es ist nicht damit getan, daß die eine Verkehrsart absichtlich erschwert wird, damit die andere funktioniert. Das Problem des Individualverkehrs läßt sich weder lösen, indem ihm Tür und Tor geöffnet wird, noch dadurch, daß er abgeschafft wird. Der regionale Wirtschaftsverkehr, besonders der Schwerverkehr läßt sich nur zum Teil über die Schiene abwickeln. Er ist deshalb auf die Straße angewiesen. Je zuverlässiger die Transporte am richtigen Ort zur richtigen Zeit ankommen, desto besser ist das für Standortgunst, Investitionen und Arbeitsplätze. Der Regionalverkehrsplan für den Stuttgarter Raum vom Februar 2001 rechnet bis 2010 mit einer Zunahme des Verkehrs von 20 Prozent und einem Finanzbedarf für Verkehrsinvestitionen von 12 Milliarden DM. Es ist aber so gut wie sicher, daß so viel Geld nicht dasein wird. Es müssen Schwerpunkte gebildet werden.

Nur in bescheidenem Umfang ist es möglich, den Berufsverkehr vormittags und nachmittags auf längere Zeiträume zu verteilen, um die Kapazitäten der Verkehrswege günstiger auslasten zu können. Auch ist es kaum möglich, wie in den Zeiten der Planwirtschaft wichtigen von weniger wichtigem Verkehr zu unterscheiden und den ersten dadurch zu fördern, daß der zweite erschwert wird. Was für ihn wichtig ist, muß der Bürger selbst bestimmen. Die Hälfte der Verkehrsleistung soll Freizeitverkehr sein. Wer den als unnötig bezeichnet, handelt wie einer, der den Bürgern die Mittel für Reisen, Alkohol oder Kosmetika wegnehmen will, um mit ihnen eine Bildungsreform zu bezahlen. Solche abwegigen Vorschläge gibt und gab es. Auch eine Bevorzugung des Wirtschaftsverkehrs zu Lasten des übrigen Verkehrs ist, wenn überhaupt, nur in engen Grenzen möglich. Wie ließe sich das praktisch durchsetzen? Unsere Städte sind so gebaut, daß viele Bürger darauf angewiesen sind, den Pkw zu nutzen. Ob es in einer demokratischen Gesellschaft möglich ist, in größeren Städten die private Anschaffung und Nutzung von Personenkraftwagen grundsätzlich zu verbieten, wie das zum Beispiel in Moskau versucht wurde, ist mehr als fraglich. Schon die Beschränkung der städtebaulichen Erweiterung auf sogenannte Entwicklungsachsen mit bestmöglicher Bedienung durch den Öffentlichen Nahverkehr und kompakter, bahnhofnaher Aufsiedlung war gegen die Dynamik der kommunalen Politik nicht durchzusetzen, obwohl sie die Landesplanung seit Jahrzehnten empfohlen hat.

In der Stuttgarter Region wurde während der letzten Jahrzehnte ein Nahverkehrssystem ausgebaut, das im weltweiten Vergleich vorzüglich ist. Obwohl hierdurch die Abwanderung aus der Kernstadt in das Umland gefördert wird, war das Nahverkehrssystem nötig, um den Verkehr einigermaßen flüssig zu halten und dadurch die Standortgunst zu stärken. In der Logik der Konzeption liegt allerdings, daß in gut vom Nahverkehr erschlossenen Räumen die Zahl der Parkplätze für Berufspendler eingeschränkt wird. Den PKW-Verkehr durch Verteuerung des Treibstoffs einschränken zu wollen ist problematisch. Betroffen sind nach Adam Riese am härtesten jene Autofahrer, die am wenigsten verdienen. Unter dem grünen Mantel verbirgt sich der soziale Pferdefuß. Auch in der regionalen Verkehrspolitik zeigte sich ein dialektischer Prozeß: These, Antithese und Synthese. Die These ist die autogerechte Stadt, die Antithese ist der Verzicht auf den PKW und die Synthese die Politik der richtigen Mitte. Diese geht davon aus, daß das Gesamtproblem nicht gelöst, sondern nur gemildert werden kann. Sie besteht aus verschiedenen ineinander greifenden Maßnahmen, die für sich gesehen anfechtbar sein mögen, aber in ihrem Zusammenhang Sinn ergeben.

Die Philosophie sucht auch dort einen Sinn, wo keiner ist, manchmal so lange, bis sie meint, es sei doch einer da. Ein so schmerzliches und quälendes Unternehmen läßt sich auch in

Fragen der Verkehrspolitik beobachten, ist aber bei einer so praktischen Materie besonders unangebracht. Eine praktische Sache muß auch praktisch behandelt werden. Ich empfehle die Ausrichtung nach der Philosophie des Briten und Empiristen John Locke. Dieser hat als Daumenregel die These aufgestellt, Gedanken seien um so wertvoller, je langfristiger sie angelegt seien; der langfristigste Gedanke des Menschen sei der an das Jenseits und an den Aufenthaltsort, der ihm dort einmal zugewiesen werde. Es würde manchen Verkehrsteilnehmer retten, wenn er sich den Überlegungen von John Locke öffnete. Darauf verweist eindrucksvoll eine Erinnerungstafel an einen Unfall, ein sogenanntes Marterl, welches lautet:

„Der Weg in die Ewigkeit
ist nicht sehr weit.
Um acht Uhr fuhr er fort,
um neun Uhr war er dort."

Absolute Gerechtigkeit ist vielleicht in der himmlischen Ewigkeit, nicht aber in der irdischen Zeitlichkeit möglich. Auf Erden ist bereits viel gewonnen, wenn nicht der höchste Grad möglicher Ungerechtigkeit verwirklicht ist. Die praktischen Begrenzungen, denen das Streben nach Gerechtigkeit unterliegt, zeigen sich bei Versuchen, den Verkehr auf Hauptverkehrsstraßen zu bündeln und dadurch die übrigen Straßen zu beruhigen. In Stuttgart gibt es 240 verkehrsberuhigte Zonen und 490 km Hauptverkehrsstraßen. Deren Anwohner fühlen sich weniger gleich behandelt, trotz des auf ihren Straßen verwendeten Flüsterasphalts, der allerdings bald zu flüstern aufhört und so laut wird wie anderer Asphalt. Aber es geht nicht anders. Geschieht gar nichts, würde die Beherrschung des öffentlichen Verkehrsraums durch das Kraftfahrzeug nach der Formel „gleich ist gleich schlecht" hingenommen. Dann aber siegt die Theorie über die Realität, und die Politik läuft

Gefahr, zu denken wie der verspottete Philosoph Buridan (14. Jahrhundert), der die Frage aufgeworfen hat, ob ein Esel, der von zwei gleich großen Heuhaufen gleich weit entfernt sei, verhungern müsse, weil die Anziehungskraft beider Haufen auf ihn gleich sei.

Aus praktischem Grunde scheitert auch eine gerechte und angemessene Ausstattung der Stadtbezirke mit Anliegerparkplätzen, die im Interesse der Wohnqualität erwünscht wäre. In Stadtbezirken, die es bereits vor der Entwicklung des Autos zum Massenverkehrsmittel gegeben hat, ist die Ausgangslage ungünstiger als in anderen. Überdies bedeutet Parkplatzgerechtigkeit noch lange nicht Gesamtgerechtigkeit. Der Bürger braucht nicht nur Parkplätze, sondern auch Arbeitsplätze, Handwerksbetriebe, Ärzte, Restaurants. Es nützt ihm nichts, wenn zwar seine Aussichten, einen Parkplatz zu bekommen besser, dafür aber seine Aussichten, die Hilfe eines Arztes oder Handwerkers zu erlangen oder Kinder in Schule oder Kindergarten bringen zu können, geringer sind. Eine möglichst sachgerechte Lösung zwischen den Extremen ist auch das Optimum an irdischer Gerechtigkeit.

Hegel befaßt sich eingehend mit dem sogenannten Qualitätssprung. Von einem Qualitätssprung ist dann die Rede, wenn die Veränderung einer Quantität plötzlich eine Qualität verändert. Wenn in einer Stadt oder auch in einem Land durch eine autogerechte Politik die Straßen so breit und der Parkraum so groß werden, daß für andere Nutzungen zu wenig übrigbleibt, dann findet ein doppelter Qualitätssprung statt: Erstens nach oben: Man kann zügig fahren. Und zweitens nach unten: Man weiß nicht mehr, wohin und warum. Wenn eine autofeindliche Politik den Straßen- und Parkraum über ein vernünftiges Maß hinaus einschränkt, springt die Qualität ebenfalls nach unten, denn Standortgunst wird zur Standortungunst, von den negativen finanziellen und sozialen Folgen eines verminderten Absatzes von Kraftfahrzeugen ganz abgesehen. Qualitative Erfordernisse lassen sich nicht immer durch quantitative Maßnahmen erfüllen. Zum Beispiel hängt die auch für den Individualverkehr wichtige Attraktivität des Nahverkehrs stark von Qualitäten ab wie Pünktlichkeit, sichere Anschlüsse, Bequemlichkeit und Sicherheit. Es ist längst allgemeine Erkenntnis, daß sich in den Verdichtungsräumen die Verkehrsverhältnisse um so besser ordnen lassen, je höhere Anteile des Personenverkehrs mit S-Bahnen, U-Bahnen, Bussen und Taxis abgewickelt werden. Damit dies gelingt, sollten die Bahnen und Busse möglichst eigene Fahrwege erhalten sowie im Verkehrsmanagement sinnvoll bevorzugt werden. Die Subvention des öffentlichen Nahverkehrs ist eine Investition in die Standortqualität und zur Pflege der Steuerkraft. Er kann nicht ohne Zuschüsse auskommen. Das schließt betriebswirtschaftliches, besonders kostenorientiertes Denken nicht aus.

Ähnliche qualitative Überlegungen erfordert der europäische Fernverkehr. Allein durch Ausbau der Straßennetze entsprechend der prognostizierten Zuwachsraten – wovon wir meilenweit entfernt sind – läßt sich der Fernverkehr nicht bewältigen, er überwältigt dann eher uns. Es liegt im europäischen Interesse, daß ein höherer Anteil des Personen- und Frachtverkehrs auf die Schiene verlagert und der Containerverkehr verbessert wird. Diese Aussage ist weder originell noch neu, aber richtig und wahr. Es mangelt an der beharrlichen Realisierung. Die politische und wirtschaftliche Einheit Europas erfordert ein europäisches Verkehrssystem. Zusätzliche Bahntrassen sind nötig für europäische Lösungen. Das Schienennetz vom Bahnbetrieb zu trennen ist sinnvoll, wenn, etwa durch eine LKW-Maut, langfristig und kontinuierlich beachtliche Mittel für die Schiene bereitgestellt werden. Es geht um Standortsicherung und Standortverbesserung und damit auch um soziale Ziele. Und es geht um Vorsorge für eine nicht unbedingt ferne Zukunft, in der das Öl für den Treibstoff unserer Autos nicht mehr so reichlich fließen könnte, wie das heute noch der Fall ist. Ich hoffe, daß dann die im

Slogan „kein Blut für Öl“ ausgedrückte Bereitschaft zu Verzicht und Einschränkung tatsächlich besteht.

Vor vielen Jahren – von Glasnost und Perestroika war damals noch nicht die Rede – erzählte mir der Vorsitzende der Transportarbeitergewerkschaft Novosibirsk, ein Busfahrer und ein Pope seien gemeinsam am Himmelstor eingetroffen und dort von Petrus in Empfang genommen worden. Petrus habe aber zuerst den Busfahrer begrüßt und ihm sehr freundlich seinen Platz angewiesen. Dann habe er sich etwas mürrisch dem Popen zugewandt, der aber war beleidigt und meinte: „Mein ganzes Leben habe ich von Gott gesprochen und nun wird dieser Busfahrer bevorzugt!“ Aber Petrus habe erwidert: „Wenn du von Gott gesprochen hast, ist deine Gemeinde eingeschlafen, aber wenn der seinen Bus gefahren hat, dann haben alle Passagiere zu Gott gebetet!“ Ich bin mir aber fast sicher, daß auch jene Busfahrer gute Aussichten haben, in den Himmel zu kommen, deren Fahrstil die Fahrgäste nicht veranlaßt, Gott anzurufen. Aus der Nachkriegszeit erinnere ich mich allerdings noch an Busfahrten, welche die Aufnahme solcher Kontakte nahelegten. Ein Busfahrer fragte bei einer nächtlichen Italienfahrt plötzlich: „Wo sind mir denn?“ daraufhin die Antwort: „In Verona!“ Dann der Busfahrer: „So ist's recht, i hab nämlich grad a kleins Schläfle gemacht!“

Ich bewundere Busfahrer, weil sie, nur mit Hilfe des Spiegels, rückwärts einparken können, weil sie die Ordnung im Bus aufrecht zu erhalten vermögen, weil sie auch zu Unfreundlichen freundlich sind, weil sie mit ihren großen Fahrzeugen mit dem Verkehr zurechtkommen und weil man sie einfach braucht, denn ohne sie würde der Verkehr eher einem Stillstand als einer Bewegung ähneln. Ohne sie hätten Stadtbahnen, U-Bahnen und S-Bahnen zu wenig Fahrgäste und würden noch höhere öffentliche Zuschüsse erfordern. Oder die Fahrgäste müßten längere Fußmärsche antreten, um zu den Haltestellen der Bahnen zu gelangen. Als in Moskau wegen Geldmangel einige Buslinien geschlossen werden mußten, sagte mir ein russischer Politiker: „Die meinen wohl, es gäbe nichts Gesünderes als ein längerer Spaziergang in der russischen Winternacht!" Bei uns wird darüber gestritten, ob an den Haltestellen Buchten oder Buscaps eingerichtet werden sollen. Der Autofahrer will lieber Buchten, weil er dann an haltenden Bussen besser vorbeikommt. Aber Fahrgäste, Busfahrer und für den Betrieb Verantwortliche bevorzugen Buscaps, weil diese einen zügigeren, den Fahrplan besser einhaltenden Betrieb ermöglichen. Und den Fahrplan trotz der Bedrängungen durch den LKW- und PKW-Verkehr einzuhalten, bleibt das Ziel. Denn der Fahrgast ist betrübt, wenn ihm die Bahn oder der Bus, die er erreichen wollte, vor der Nase wegfährt. Anstatt mit eiskaltem Mut dem Verhängnis in die Augen zu sehen, verwünscht er in solchen Situationen gerne die Stadt und ihren Verkehrsbetrieb, ja selbst vor dem Bürgermeister und sogar vor dem Vorstand macht sein Zorn nicht halt. Eine pünktliche Einhaltung des Fahrplans erfordert nicht nur geeignete Haltestellen und virtuose Busfahrer, sondern wo möglich mehr Busspuren und eine Bevorzugung der Busse bei Ampelschaltungen. Manche Pkw-Fahrer ärgern sich über eine solche Bevorzugung. Aber sie liegt auch in ihrem Interesse. Denn je pünktlicher der Fahrplan eingehalten werden kann, je zuverlässiger die Anschlußbahnen oder Busse erreicht werden können, desto mehr Fahrgäste bekommt der öffentliche Nahverkehr und desto stärker kann dieser zur Flüssigkeit des Verkehrs beitragen.

Zauberformeln, die den Verkehr in idealer Weise ordnen, werden zwar von der Politik immer wieder gesucht, aber, im Vertrauen gesagt, es gibt keine. Was hilft, ist ein Bündel von wohlüberlegten, aus praktischen Erfahrungen gewonnenen Maßnahmen. Eine Formel lautet: Keine Konkurrenzstrecken ausbauen, damit nicht die eine Investition die Wirkung der anderen Investition beschädigt oder zerstört. Zum Beispiel ist es problematisch, in einem gut vom Nahverkehr erschlossenen Gewerbegebiet oder in der City eine hohe Zahl von Parkplätzen zuzulassen. Auf der anderen Seite sollte beachtet werden, daß Konkurrenz nur um dieselbe Kundengruppe stattfinden kann. Der Bus ist kein Konkurrent des LKW, weil mit diesem zum Beispiel Schweine oder Betonplatten transportiert werden, die zu befördern ein Bus weder geeignet noch gewillt ist.

Die Busse werden immer schöner und bequemer. Früher waren einige von ihnen, wie man im Schwäbischen sagt, blitzwüscht und unbequem für die Fahrgäste, besonders, wenn diese nur einen Stehplatz hatten und bei jedem Bremsvorgang befürchten mußten, daß ihnen der Nachbar auf die Zehen tappt oder sie selber auf dem Schoß einer strickenden Dame landen. Es war damals schon eine sportliche Leistung, in den Bus hinein- und aus ihm wieder hinauszugelangen, zu der nicht trainierte, ältere und behinderte Menschen nur bei großem Zeitaufwand imstande waren. Das war für die Einhaltung des Fahrplans wenig dienlich. Heute spaziert man mühelos in den Niederflurbus. Vorüber ist die Misere und Romantik des früheren Nahverkehrs, als man die eine Hand zum Festhalten, die andere Hand für die Tasche und die Zähne zum Vorweisen der Fahrkarte brauchte.

DAS ERLERNEN DER HEITERKEIT

Daß Heiterkeit gelernt werden kann, wird ebenso bezweifelt wie, daß man sie erlernen sollte. Aber ich zweifle daran nicht. Was soll uns der ernsthafte Mensch, der vor allem sich und seine Vorurteile ernst nimmt? Er ist undurchsichtig – im günstigsten Falle. Denn ist er auch noch durchschaubar, dann erschrecken seine Mitmenschen. Man soll nicht über alles lachen, aber weit mehr Gedanken, Verhaltensweisen, Bestrebungen, als wir es wahrhaben wollen, geben Veranlassung zur Heiterkeit. Heiterkeit lockert Versteifungen und mildert Erstarrungen. Sie erlaubt ein Lebensgefühl, daß ich allen wünsche.

Die Verhältnisse – gar nicht so übel

Jeden Tag Berichte über Affären, Skandale, Fäulnis im Jammertal. Viele Bürger gehen nicht mehr zu den Wahlen, andere gehen zwar noch hin, aber als Protestwähler und wählen nicht die Partei, der sie vertrauen, sondern die, über welche sich die traditionellen Parteien am meisten ärgern. Solche Protestgesinnung beruht auf einem Mißverständnis. Die Vertrauenswürdigkeit eines Staates und einer Gesellschaft ergibt sich nicht aus dem Mangel an schlechten Nachrichten, sondern aus dem Umfang, in dem Kritik erlaubt ist, also das Negative gesagt, gesendet und geschrieben werden darf. Wo nur positive Meinungsäußerungen zugelassen sind, also nur Lobpreisungen dessen, was geschieht und der Personen, die es herbeiführen, bleibt Negatives unbeanstandet und deshalb bestehen. In Wahrheit sind die Verhältnisse und die Politiker im heutigen Deutschland im Vergleich mit vergangenen Zuständen gar nicht so übel. Das muß selbst ich als Pensionär in einem Alter zugeben, in dem man dazu neigt zu glauben, früher sei alles besser gewesen. Ein zu Träumen geneigtes Volk, das seine Ruhe haben will, vor allem vor der Politik, und Kritik als störend empfindet, geht große Risiken ein. Für die Demokratie gilt der schwäbische Spruch: „Nicht geschimpft ist gelobt genug." Das ist etwas ruppig, dafür aber solide.

Kritik ist manchmal überzogen. Aber was nicht laut ist, wird überhört. Sie ist auch manchmal falsch. Das Recht der Meinungsfreiheit gilt jedoch nicht nur für richtige, sondern auch für falsche Meinungen. Anders funktioniert die Meinungsfreiheit nicht. Kritik läßt sich leichter und wirkungsvoller formulieren als Lob. Nach meinem Eintritt in den Ruhestand stellte mich ein Fernsehbeitrag außerordentlich liebenswürdig dar. Das gefiel mir. Aber Freunde riefen spontan meine Frau an und erkundigten sich, ob mir etwas passiert sei, weil sie solche Medienfreundlichkeit für einen noch nicht Verstorbenen oder Sterbenden für unmöglich hielten. Die Medien bevorzugen in der Regel konkrete, leicht faßbare Informationen gegenüber abstrakten, nicht ohne weiteres eingängigen. Der Mensch wird eher motiviert sich zu engagieren durch das Konkrete, Lebendige, Emotionale und Anschauliche als durch abstrakte Informationen und Argumente, die sich mehr an den Verstand als an das Gefühl wenden. Immer mehr Gewicht in den Medien hat das bewegte und unbewegte Bild, während der Einfluß des Wortes abnimmt. Das hat Vor- und Nachteile. Früher nahmen jene, die nicht unmittelbar betroffen waren, Nachrichten von Kriegsschauplätzen ziemlich gelassen zur Kenntnis. Heute ist das anders. Früher las man in der Zeitung, daß, sagen wir, 10 000 Menschen umgekommen waren. Naja, wo gehobelt wird, da fallen Späne, dachte der Leser. In der heutigen Zeit sieht er ein verstümmeltes oder verbranntes Kind, und er wird schlagartig zum Gegner eines Krieges, den er zuvor für berechtigt gehalten hatte. Die Darstellung des Einzelschicksals wirkt stärker auf das Gemüt als Argumente und Zahlen. Das hat Vorteile, aber auch Nachteile. Von Nachteil ist, daß eine vorwiegend emotionale Reaktion leicht übersieht, daß Moral auch Vernunft und Einsicht erfordert und nicht nur Gefühlssache ist.

Wann sollen wir lachen?

Als ich in Tübingen studierte, fand es ein Hausgenosse lustig, mein Lispeln nachzumachen. Um mich zu rächen, stopfte ich in die Spitzen seiner Schuhe Watte, um ihn glauben zu machen, daß seine ohnehin ziemlich großgeratenen Füße immer noch wüchsen. Daß er das schließlich glaubte, erfreute mich so sehr, daß mir seine Darbietungen nichts mehr ausmachten. Solche Versuche, Humor durch Gegenhumor aufzuheben, haben vielleicht therapeutischen, aber keinen ethischen Wert. Ethisch wertvoll wird es erst dann, wenn man über sich selbst lacht oder wenn man die Aggressivität von Mitmenschen heiter nimmt, sie dadurch mildert oder gar erlöschen läßt. Dieser Gedanke hat etwas mit der anderen Wange zu tun, die dem Beleidiger darzubieten Christus empfiehlt.

Auf Initiative des Bildungszentrums der evangelischen Kirche im Stuttgarter Hospitalhof, das einen Humorkongreß mit Wissenschaftlern veranstaltete, war Stuttgart zweimal deutsche Humorhauptstadt. Dem Protestantismus württembergischer Provenienz wird nachgesagt, daß er den Christenmenschen eher durch Drohungen und ziemlich abstrakte Verheißungen auf den rechten Weg zu bringen versuchte als durch Heiterkeit und Frohsinn. Diese Vorstellung entspricht nicht ganz der Wirklichkeit. Besonders unter den durch Strenge und Ernsthaftigkeit herausgeforderten protestantischen Pfarrern sind viele mit Humor begabt. Als ich vom Leiter des Bildungszentrums, Helmut Müller, aufgefordert wurde, bei der Eröffnung auch etwas zu sagen, hoffte ich allerdings eher aus dem Schriftgut unserer katholischen Glaubensbrüder und Schwestern Honig saugen zu können. Die Bibel ist mit Empfehlungen zu lachen zurückhaltend („Trauern ist besser als lachen“ Pr.7,3). Ich nahm Zuflucht zu Abraham a Santa Clara, Hofprediger in Wien, berühmt wegen seines Wortwitzes, seiner bunten, plastischen Barocksprache, Landsmann und Vorbild für die Kapuzinerpredigt in Schillers „Wallenstein“ („Das deutsch Reich ist geworden ein deutsch Arm“).

Doch Abraham begegnet dem Lachen mit Mißtrauen: „Lach, du leichtsinniger Mensch, lach, daß du das Maul aufreißt wie eine offene Fuhrmannstasche, lach, daß du schepperst wie ein verdorbener Zinkenbläser; lach, daß dein ganzer Leib zittert, als täte man einen Birnbaum schütteln; lach, lach – aber ach, ach wird bald darauf folgen; den Spöttern und Auslachern ist die Strafe Gottes vor der Tür!“ Das ist eine recht harte Position. Papst Johannes XXIII. jedenfalls empfiehlt wenigstens eine Prise Humor. Gewiß hat der Humor Grenzen, besonders wenn er in Form des Spottes auftritt, aber diese sind nicht so eng, daß kein Humor mehr möglich ist. Das Leben verlangt vom Menschen, daß er etwas aushält und nicht nur austeilt. Der Göttinger Philosoph Lichtenberg behauptete schon im 18. Jahrhundert, in Deutschland lerne man die Nase eher zu rümpfen als zu putzen. Es gibt Überempfindliche bei uns, die sich geradezu danach sehnen, gekränkt sein zu dürfen. Auf diese kann man zwar Rücksicht nehmen, sie können aber nicht erwarten, daß ihretwegen aus dem Lande der Humor entweicht und nur noch Verdrossenheit und Langeweile übrigbleibt. Humor geht meistens auf Kosten von irgend jemand: Alte, Handwerker, Frauen, Beamte, Politiker, Kranke, Schwaben, Türken, Badener. Diese müssen das ertragen. Der gute Geschmack, der sich in einer für Humor offenen Gesellschaft leichter bildet als in einer dem Humor verschlossenen, wird die Grenzen markieren.

Es kommt darauf an, wie, über wen und worüber man lacht. Ein schadenfrohes Lachen ist meistens bedenklich. Wer lachen muß, wenn einer die Treppe herunterfällt und sich ein Bein bricht, ist deswegen nicht mit Humor begabt. Wer über sich selbst lachen kann, ist auf einem guten Weg, weil er das Klima sofort aufhellt und meistens auch die anderen dazu bringt, die eigene Meinung etwas gelassener zu sehen, es sei denn, sie verwechseln Selbstironie mit einem Schuldgeständnis oder nehmen das, was im Spaß gesagt wird, ernst. Dann wären an sich Hinweise nötig wie: „Was ich jetzt sage, ist nicht ernst gemeint!" Aber solche Hinweise wirken dumm. Es ist besser, Mißverständnisse in Kauf zu nehmen als den Witz durch plötzliche Ernsthaftigkeit zum Erlöschen zu bringen. Wer sich über andere lustig macht, sollte sich gelegentlich fragen, ob er den Witz auch lustig fände, wenn er auf ihn angewendet würde.

Der Humor kann das Leben leichter machen, auch für Benachteiligte, Kranke und Behinderte, selbst für Politiker. Wer lacht oder das Lachen ermutigt, schafft Distanz zu Problemen, über die der Mensch gerne grübelt, gleich ob sie vor ihm oder hinter ihm liegen. Besonders virtuos verwenden den Humor die Nordamerikaner und die Briten. Erstens reden sie nicht so lange wie wir, und zweitens versuchen sie zu unterhalten. Der frühere Oberbefehlshaber der NATO, General Galvin, der einige Jahre in Stuttgart gelebt hatte, erzählte im Rahmen einer Rede im Großen Haus der Württembergischen Staatstheater, daß er als Grundschüler in einer überwiegend von Mädchen gebildeten Klasse war.

Eines Tages mußte bei einer Schulfeier jede/r ein Gedicht vortragen. Die Mädchen traten vor, machten einen Knicks und sagten ihr Gedicht auf. Der Knicks verwirrte Jack Galvin. Als die Reihe an ihn kam, entschloß er sich, es den Mädchen gleichzutun und begann sein Gedicht mit einem Knicks, was große Heiterkeit auslöste. Der General und Nato-Chef demonstrierte das auf der Bühne. Das vermittelte selbst Kritikern die Überzeugung, daß die NATO ein Instrument des Friedens ist und gewiß auch bleibt.

Früher gab es den fröhlichen Schwaben und den mürrischen Schwaben. Der Erste ist zumeist katholisch und feiert Fasnet, Fasching oder Karneval, der Letzte ist zumeist evangelisch und feiert nicht. Diese Unterscheidung traf in den zwanziger und dreißiger Jahren noch einigermaßen zu. Heute ist sie überholt. Als ich noch kein Oberbürgermeister war, entzog ich mich den meisten närrischen Ereignissen. Beim jährlichen Empfang der Narren durch den Ministerpräsidenten in der Villa Reitzenstein verschloß ich meinen Schreibtisch, um dort nicht am anderen Tage Dinge vorzufinden, die ich nicht brauchen konnte, und verschwand. In das Finanzministerium kamen sowieso keine Narren. Aber als ich Oberbürgermeister wurde, gab ich meine Zurückhaltung auf. Zunächst hielt ich meine närrische Mitwirkung für eine Dienstpflicht. Aber schließlich ging ich gerne hin. Ich wurde in den Prunksitzungen und bei sonstigen Gelegenheiten mit Orden überhäuft. Wenn ich eine Rede hielt oder mich sogar in die Bütt begab, wurde auf Wink des Präsidenten auch dort ein Tusch geblasen, wo dafür eigentlich kein Anlaß bestand.

Ab dem jeweiligen 11.11. steigen die Redner des Landes in die Bütt, nachdem sie mit Müh und Plag zusammengetragen haben, was sich da vortragen läßt. Tätätätätä. Die Herrschenden werden kritisiert. Das geschieht freilich während des ganzen Jahres, nur fehlt es außerhalb der Fastnachtszeit am Publikum, nämlich den versammelten Närrinnen und Narren.

Die großen Umzüge finden wieder statt, teilweise mit öffentlichen Geldern subventioniert, teilweise nicht. Gardemädchen zittern in der Kälte. Elferräte und Prominente hüllen sich in dicke Mäntel. Die Menschen versuchen die Bonbons zu erhaschen, die von den Festwagen geschleudert werden. Ärzte, Apotheker, Zahnärzte werden die geschäftsbelebenden Wirkungen verspüren. Ein sozialer Zwang fordert Fröhlichkeit. Ausreden, um sich der Fröhlichkeit zu entziehen, werden nicht akzeptiert. Auch Funk, Fernsehen und Zeitungen müssen fröhlich sein. Fröhlichkeit und Frohsinn verfolgen den Menschen regelrecht. Das Fernsehen, sonst bestrebt, den Zuschauern die Liederlichkeit dieser Welt täglich bewußt zu machen, überträgt die närrischen Sitzungen und streut den Frohsinn wie Konfetti unter das Volk. In meinem Alter fühlt man sich zwar eher von Sendungen über das Leben im Krankenhaus wie „Für alle Fälle Stefanie“ angesprochen. Aber man war schließlich auch einmal jung und hielt sich auch danach noch ziemlich lange dafür. So stimmt man halt in den Frohsinn ein. Obwohl ich selbst evangelisch bin, halte ich den Fasching oder die Fastnacht inzwischen für eine gesellschaftliche Notwendigkeit. Im Sinne unseres früheren Bundespräsidenten Herzog bedarf es eines Rucks, der uns zum Frohsinn zwingt. Die Frage: „Verstehen Sie Spaß?“ wird zum Härtetest. Aber den besteht der Praktiker wegen seiner dicken Haut. In der närrischen Zeit – Tätä, tätä, tätä – begegnen uns auf allen Fernsehkanälen das Narrentum und die Politiker. Die Politiker werden gebraucht als Zielscheibe des Spottes, als Ursache der Lustigkeit und als Initialzündung des Frohsinns. Ohne die Politiker wären Karneval, Fasching und Fasnet nicht möglich. Sie liefern den Stoff für die Büttenreden. „Wollet mir ihn reilosse?“ Die Bedeutung der Politiker wird noch zunehmen, da die Erotik im Zeichen der rasch fortschreitenden Frauenemanzipation immer mehr in den Hintergrund tritt. Wenn sie schlau sind, kommen Politiker zu den Prunksitzungen, um so zu tun, als lachten sie über sich selbst. Die Narren haben das Recht, der Welt den Spiegel vorzuhalten. Und Lichtenberg hat über den Spiegel bemerkt: Wenn ein Affe hineinblickt, kann kein Apostel herausschauen (das gilt für alle Arten von Spiegeln). Der Spiegel ist zwar ein Hilfsmittel der Eitelkeit, aber auch ein Instrument der Ernüchterung. „Spieglein, Spieglein an der Wand, wer ist die Schönste im ganzen Land?“ Der Spiegel antwortet: „Geh mal zur Seite, ich kann ja gar nichts sehen!“

Die Faschings-, Fasnets- oder Karnevalszeit fördert jene Leichtfertigkeit beim Geldausgeben, welche zur Belebung der Binnenkonjunktur gewünscht wird. Selbst der evangelische Altwürttemberger kann gegenüber solchen Versuchungen nur mit Mühe an seinen Prinzipien festhalten, die lauten: „Mir brauchet nix Neus, mir hend am Alte gnug“, „da sind mir aber froh, daß wir all des net brauchet“ und „des geht au so rum!“ Sind Kinder in der Familie, wird sogar Geld ausgegeben. In der Neujahrsnacht hingegen kommt das eindrucksvolle Feuerwerk am Stuttgarter Himmel auch ohne eigenen Beitrag und die mit ihm verbundenen Kosten zustande. Manche verkleiden sich sogar. Das ist in Stuttgart allerdings im Unterschied zu anderen Städten und Orten im Land nicht üblich. Eine Pappnase ist schon das Äußerste, was man sich in der Landeshauptstadt leisten kann. Früher rümpften auch prominente Vertreter der Presse über die Fasnet die Nase. In den dreißiger Jahren hatte eine Zeitung über den Stuttgarter Fastnachtsumzug geschrieben: „Ein Trauerkondukt hätte nicht würdiger empfangen werden können.“ Die Badener haben hieraus hergeleitet, daß es bei ihnen bei einer Beerdigung fröhlicher zugehe als bei uns in der Fasnet. Aber wenn wir Schwaben ernsthaft entschlossen sind, lustig zu sein, dann sind wir nicht zu bremsen. Stuttgart holt auf und leuchtet. Selbst unser Fasnetsumzug wird von Jahr zu Jahr besser. Mainz werden wir nicht sofort erreichen, aber wir sind auf dem Wege. Vielleicht müßten wir noch unseren Dialekt aufgeben. Der Dialekt aus der Pfalz oder aus Hessen ist zweifelsfrei fasnetsgerechter.

„Die Fasenacht hat mich mächtig verdrosse
schier hätte ich vollgemacht meine Hosse.
Da hab ich die schönsten Witze gerisse,
doch mußt ich ganz den Applaus vermisse.
Die Zuhörer wollen partout nicht lache
wie ich hab mei Büttered vorgetrache.
Als ich war bei der 13. Stroffe,
war die Hälfte im Saal bereits eigeschloffe.
Doch als ich dann stolperte über die Stuffe,
da haben die Narren noch „Zugab“ geruffe.“

Aber die scharfen Konsonanten beziehungsweise Zischlaute des pfälzisch-hessischen Dialekts sind nicht jedermanns Sache. Gebißträger, Lispelnde und Betrunkene können sie nicht so recht artikulieren, im Unterschied zum Schwäbischen, in dem man notfalls fast ohne Konsonanten auskommt. Es wäre daran zu denken, zugunsten der Narren die Bannmeile der Parlamente aufzuheben. Das Ausland, das uns für humorlos hält, würde eines Besseren belehrt. Auch wir Bürger wären beruhigt, wenn verbissene Bundestags- und Landtagsdebatten dadurch entkrampft würden, daß die Narren mit Humba Humba Täterä mit ihren Präsidenten einziehen und die Leitung der Sitzung übernehmen. Die Arena des Streits wäre in einen Zirkus des Wohlwollens und Wohlgefallens verwandelt. „Bei klingendem Spiel überwand der Mensch noch jeden Schmerz“ (Nietzsche). Alle würden sich fühlen, als ob sie am Rosenmontag geboren wären. „Wir verkaufen unser Oma ihr klein Häuschen“ würde angestimmt. Die Solidarität der demokratischen Parteien wäre da.

ZEITVERTREIB

Es gibt eine Arbeitszeit und eine Freizeit. Die eine Zeit schließt meistens die andere aus, aber nicht immer. Der Mensch kann in der Freizeit arbeiten, zum Beispiel den Garten umgraben, er kann aber auch während der Arbeitszeit so tun, als ob es sich um Freizeit handelte, nämlich schlafen, einen Roman lesen, Briefmarken einordnen. Der moderne Mensch zerfällt in zwei sich extrem unterscheidende Typen: Der eine setzt Freizeit mit Leerlauf gleich und ärgert sich darüber, daß der Mensch durch die Freizeit von der Arbeit abgehalten wird. Der andere Typ betrachtet die Notwendigkeit zu arbeiten, als Zumutung, für die er den Staat, das Kapital und so weiter verantwortlich macht. Er ist nur als Konsument nützlich.

Von den Kosten des Reisens

Es gibt Reisen während der Arbeitszeit und in der Freizeit. Erstere bezahlen andere, letztere zahlt man selbst. Die Schwaben reisen gerne. Aber manche zügeln ihre Lust, aus guten Gründen. Jeweils im Sommer und Winter bricht trotz allen gesellschaftlichen und politischen Unbehagens ein erheblicher

Teil des deutschen Volks zur Urlaubsreise auf und behandelt die Frage der Kosten als zweitrangig. Das ist bedenklich, denn die Ermittlung und Beachtung der Kosten gehört eigentlich zu einer anständigen Lebensgestaltung. Zunächst geht es um die eigentlichen Reisekosten, ausgedrückt in Geld. Das Geld ist nach der Reise, deren Dauer begrenzt ist, für immer weg. Wäre man nicht verreist, wäre es immer noch da. Sodann geht es um die ökologischen Kosten: In der Regel trägt der Reisende sowohl, indem er den Reiseweg zurücklegt, als auch sich am Reiseziel aufhält zur Belastung der Umwelt bei. Dies gilt für die Autoreise, die Flugreise und die Zugreise, es sei denn, man tröstet sich in den letzteren beiden Fällen damit, das Flugzeug wäre ohnehin geflogen und der Zug ohnehin gefahren. Das aber ist ein windiges Argument, das fundamentalistisch denkende Menschen nicht zufriedenstellen kann. Es läßt sich aber von einem gesellschaftlichen Nutzen des Reisens reden. Dieser Nutzen besteht vor allem in der durch das Reisen anschaulich werdenden Erkenntnis, daß die Welt weit größer ist als Deutschland. Von dieser Erkenntnis her bedarf es nur eines kleinen logischen Schritts, um zu begreifen, daß, wenn wir Deutsche uns etwas ausdenken, zum Beispiel auf die Kernenergie oder auf die Gentechnik zu verzichten, noch lange nicht gesichert ist, daß die Welt uns das nachmacht. Wie absurd solche Erwartungen sind, ließe sich natürlich auch einem Größenvergleich Deutschlands mit dem Rest der Welt in einem Atlas entnehmen. Aber Reisen beweisen, daß die Länder wirklich da und so groß sind, wie sie der Atlas beschreibt. Das beeindruckt weit mehr.

Ökonomisch scheint einiges dafür zu sprechen, daß man zu Hause bleibt. Aber dies gilt nur für die Ökonomie des Privathaushalts. National- und globalökonomisch ist ein solches Verhalten von Nachteil. Denn in viele Länder, die unsere Reiseziele sind, können wir Deutsche nur exportieren, wenn diese durch unsere Auslandsreisen etwas verdienen. Könnten wir nichts exportieren, würden wir weniger verdienen und es fehlte uns Geld zum Reisen. So einfach ist das. Auch der ökologische Einwand gegen das Reisen überzeugt nicht. Was nützen die Schönheiten dieser Welt dem Menschen, wenn er sie nicht erleben darf? Halt, könnte darauf erwidert werden, es kommt nicht auf den Nutzen für den Menschen, sondern auf die Natur an, die man vor dem Menschen schützen müsse. Aber ist der Mensch wirklich ein Fremdkörper, eine Art zweibeiniger Sperrmüll, der die ökologische Pflicht hätte, aus der Natur zu verschwinden? Der Begriff „Umwelt" verlöre dann seinen Sinn und ginge in dem Begriff „Welt" auf. Oder gehört der Mensch und das, was er herstellt, auch zur Natur? Die Ähnlichkeit mancher Mitmenschen mit anderen Geschöpfen sollte uns zu denken geben, denn sie deuten darauf hin. Aber viele gescheite Vertreter des Menschengeschlechts haben grundsätzliche Zweifel an dessen Qualität geäußert. Mark Twain beispielsweise behauptete, Gott habe den Menschen geschaffen, weil er vom Affen enttäuscht war. Danach habe er weitere Versuche eingestellt. Trotz dieser Skepsis war Mark Twain ein begeisterter Tourist. Halten wir es wie er. Und reden wir weiter über die Natur, auch wenn wir bei deren Definition Probleme haben.

Die schwäbische Küche

Im Zentrum der schwäbischen Küchenkultur stehen die Spätzle, die oft fälschlich als Nudeln bezeichnet werden. Ihnen folgen die Maultaschen, die keine Nudeln sind und – mit Abstand – die Bubenspitzle, die als Nudel umstritten sind (sie werden eher unter die Beilagen sui generis eingeordnet). Es folgen dann noch Unterarten wie Krautspätzle, Kässpätzle, gekochte und gebratene Maultaschen sowie die bunte Reihe der Suppen. Aus diesen ragt heraus die Flädlessuppe (Rinderbrühe mit hineingeschnittenen Stücken von Pfannkuchen), die neuerdings als „Hochzeitssuppe" bezeichnet wird, was wohl auf das mangelhafte Vermögen eines Nichtschwaben zurückgeführt werden muß, das Wort „Flädlessuppe" zu schreiben. Früher war die Hirnsuppe beliebt, da sie im Rufe stand, dort, wo die Not am größten war, hilfreich zu sein. Doch seit den vielen Veröffentlichungen über BSE ist sie von der Kartoffelsuppe verdrängt worden, die zwar nicht gescheit macht, aber ungefährlich ist. Ich bin in Fragen der Küche ziemlich unerfahren. Das ist kein Nachteil. Wieviel Vorurteil, Befangenheit, Zurückhaltung und Ängstlichkeit entsteht durch die Erfahrung! Der Geist des Menschen, der sich erheben will, wird aufgehalten durch praktisches Wissen, das ihn an den Boden der Wirklichkeit fesselt. Die Fürsten unter den Nudeln sind die Spätzle. Eigentlich sind dies, wie oben bemerkt, keine Nudeln, aber da Heinrich Heine sie als solche bezeichnet hat (in Atta Troll CAPUT XXII, der in einen Mops verwandelte Dichter: „wenn man Nudeln kocht in Stukkert"), will ich diesen Begriff hingehen lassen. Die Unsitte, Spätzle mit Hilfe einer Spätzlesmaschine herzustellen, das heißt, den Spätzlesteig durch Löcher zu pressen, ist durch Regierungspräsident Professor Dr. Manfred Bullings Fortentwicklung einer derartigen Maschine gleichsam geadelt worden. Aber eigentlich müssen die Spätzle von einem Spätzlesbrett herunter von kundiger Frauenhand in kochendes Wasser hineingeschabt werden. Hausfrauen, die Verantwortung für eine vielköpfige Familie tragen, sehen danach mit ihrem geröteten Antlitz und ihren gekräuselten Haaren allerliebst aus: verdienter Lohn für viel Arbeit.

Auswärtigen Besuchern habe ich früher erzählt, die Kunst der Spätzlesherstellung sei ein römisches Erbe. Die alten Germanen hätten die Römer beim Verzehr ihrer Makkaroni und Spaghetti voll Bewunderung beobachtet. Sodann hätten sie mit ihren dicken Wurstfingern versucht, diese ebenfalls herzustellen, und, als das nicht gelang, den Teig einfach mit ihren Schwertern in das kochende Wasser geschabt. Schließlich hätten sie diese mühsame Arbeit den Damen überlassen. Die

Wahrheit ist das nicht. Vielmehr sind die Spätzle aus China nach Italien und von dort nach Süddeutschland gekommen. China ist das Ursprungsland der Nudel. Wie alle großen Küchen, auch die schwäbische, ist die chinesische die Kunst der Resteverwertung. Was in dem Urzustand nicht mehr gegessen wird, kommt in anderer Form auf den Tisch und wird dann anstandslos verzehrt. Solchen Resteverzehr gewährleistet die Maultasche. Unter ihrem Teigmantel verborgen finden sich die übriggebliebenen Speisen der Vortage wieder. Durch kunstvolle Mischung und Beimengung werden Geschmacksnuancen erreicht, die, mit entsprechenden Gewürzen behandelt, geradezu exotische Qualität haben können. Bleiben dennoch Maultaschen übrig, werden diese mit Eiern oder Schinken in der Pfanne gebraten. Seit einiger Zeit werden Luxusmaultaschen hergestellt, die mit Lachs, Gänseleber und weiß der Teufel was sonst noch gefüllt sind. Das sind Degenerationserscheinungen. In China, nämlich in Xiang, gibt es vielleicht 20 oder auch 40 Arten von Maultaschen, die von der chinesischen Küche im Rahmen von Menus mit über zehn Gängen serviert werden. Bei uns ist die emsige Hausfrau schon nach drei Gängen halb tot. Wie kommt das?

Der Grund ist die Unsitte des ständigen Geschirrspülens. Diese wird uns durch eine Geschirrspülmittelwerbung regelrecht aufgezwungen. In der alten Kulturnation China bekommt man meistens einen Napf, in dem nach wohlüberlegten Gewohnheiten eine Speise nach der anderen verzehrt wird. Bei uns sollen ständig frisch gespültes Geschirr und blitzende Gläser angeboten werden. Bei zwölf Gängen und 12 Gästen wären das 144 Teller. Wer hat so viel Geschirr? Ständig zu spülen ist schwierig, wenn im Topf die Spätzle sprudeln und in der Pfanne die Bubenspitzle brutzeln, der Kartoffelsalat noch nicht angemacht ist und es auch noch nach angebrannten Zwiebeln riecht. Auch hinsichtlich des Geschirrs lasse man sich von der chinesischen Kultur belecken, und neue Möglichkeiten werden sich der schwäbischen Küche eröffnen. Schupfnudeln beziehungsweise Bubenspitzle enthalten auch Kartoffeln. Ohne Entdeckung Amerikas könnten wir sie nicht herstellen. Woher der Name „Bubenspitzle" kommt, kann sich jeder selbst denken; wenn nicht, frage er seine Tischnachbarin oder seinen Tischnachbarn. Er wird dann auch einige Anzüglichkeiten zu hören bekommen, die er weitererzählen kann. Die Kartoffel ist auch Grundsubstanz des gleichnamigen schwäbischen Salats. Aber bleiben wir bei den Nudeln. Es gibt weitere Nudelsorten, vor allem die landespolitisch berühmt gewordenen Eiernudeln, die, von manchem Verdacht gereinigt, sich heute wieder eines glänzenden Rufs und allgemeiner Beliebtheit erfreuen. Es gibt dünne und dicke Nudeln. Dünne Nudeln mit einer dünnen Sauce, dazu noch Kartoffelsalat, sind ein sicheres Mittel, um Krawatten und Oberhemden zu ruinieren und den Weg zu entsprechenden Neuanschaffungen freizumachen. So dient eines dem anderen. Auf Neues nicht begierig, am Gewohnten festhaltend, betrachteten die Schwaben während Jahrhunderten als das optimale warme Essen die Kombination von Schweine-, Kalb-, Rinds- oder Sauerbraten mit Spätzle und Kartoffelsalat. Die fundamentalen Veränderungen aller Werte, Gewohnheiten und Verhältnisse, deren Zeugen und Opfer wir sind, stellen jetzt auch diese Tradition in Frage. Aber wer weiß, wozu das gut ist. Was wäre aus den Römern geworden, wenn sie schon zu ihrer Zeit Spaghetti und Makkaroni mit Tomatensauce gehabt hätten? Wem es schmeckt, ist nicht kriegerisch gesinnt. Wer friedlich gestimmt ist, nimmt keine Entbehrungen und schlechte Marschverpflegung in Kauf, um zu erobern, sondern riskiert eher, daß er erobert wird.

Mein Verhältnis zum Fußball

Bewegt haben sich die Schwaben immer, allerdings in früheren Zeiten selten spielerisch. Soweit die Kräfte des Körpers sich nicht im Beruf erschöpften, wurden sie im Weinberg, im Garten, auf dem Feld sowie beim Transport der Erträge, also nützlich, eingesetzt, bis Alter und Krankheit der Tätigkeit ein Ende setzten. Wanderung und Spaziergang wurden erst verhältnismäßig spät üblich. Und plötzlich kam der Sport hinzu, die feiwillige Bewegung von Körpern und Gliedmaßen, meistens nach bestimmten Regeln. Der Stuttgarter Verein für Bewegungsspiele, der VfB, ist der Gipfel einer Entwicklung, die zur Befreiung des Menschen führte: Von harter Arbeit hin zum müßigen Aufenthalt auf der Tribüne des Gottlieb-Daimler-Stadions. Im ganzen Land verlief die Entwicklung ähnlich, erreichte aber nirgends jene Höhen, zu denen sich der VfB gelegentlich emporschwang.

Als der VfB Stuttgart am 14. Juni 1997 in Berlin gegen Energie Cottbus das Pokal-Endspiel gewann und damit Pokalsieger 1997 wurde, war ich nicht dabei. Man hatte mich nicht aufgefordert, und ich wäre auch nicht hingegangen. Denn ich bringe dem VfB Unglück. Er verliert, wenn ich da bin, hat aber auch schon verloren, wenn ich nicht da war. Der VfB hat Stuttgart zwar manchmal blamiert, aber meistens Ruhm und Ehre gebracht und dazuhin – jedenfalls früher – die Stadt fast nichts gekostet. Zwar hat er wiederholt Versuche unternommen, die Stadt zu finanziellen Leistungen zu bewegen, doch sind diese Versuche alle an dem unbändigen Optimismus der Landeshauptstadt gescheitert, der VfB werde es schon aus eigener Kraft schaffen. Und in der Tat, so war es. Es ist schwer zu sagen, wie sich der Himmel zum Sport einstellt. Es gibt in der Heiligen Schrift zwei Aussagen, eine kritische und eine positive: Die eine steht in Timotheus 4,8 und lautet: „Denn die leibliche Übung ist wenig nütze, aber die Frömmigkeit ist zu allen Dingen nütze." Die andere deutet sogar an, daß im Himmel Sport getrieben wird, denn bei Maleachi 3,20 lesen wir: „Ihr werdet Freudensprünge machen wie die Kälber, die man aus dem engen Stall auf die Weide läßt." Wem fällt da nicht der Verein für Bewegungsspiele ein? Das in Fußballkreisen weitverbreitete angebliche Bibelwort „Jesus stand im Tor und die Jünger abseits", kommt in der Heiligen Schrift nicht vor. In Stuttgart gibt es zwei Fußballclubs mit gewichtiger Tradition: Die Blauen, das sind die Kickers, und die Roten, das ist der VfB. Sie sorgen dafür, daß die Emotionen in unserer nüchternen, geschäftsmäßigen Welt angeregt werden und erhalten bleiben. Die Kickers sind in der Fußballhierarchie ziemlich weit unten, der VfB ist ziemlich weit oben: Der VfB hat eher zu fürchten, die Kickers haben mehr zu hoffen. Je weiter jemand oben ist, desto tiefer kann er sinken, und je weiter er unten ist, desto höher kann er steigen.

Der evangelische Altwürttemberger läßt im allgemeinen seinen Leidenschaften keinen freien Lauf, weil diese ihm verdächtig sind. Er preßt sie in sein Inneres hinein und überläßt es seinem Unterbewußtsein, mit ihnen fertig zu werden. Dort schaffen sie im stillen weiter, um schließlich irgendwann in Form von unmotivierten Einfällen wieder nach außen zu kommen. Der Fußball hat die Wirkung, daß selbst der Altwürttemberger seine inneren Sperren durchbricht und, ermutigt durch Söhne und Töchter anderer deutscher Stämme, sowie durch italienische, griechische, serbische, bosnische und türkische Stuttgarter, geradezu enthemmt seine unterdrückten Leidenschaften herausläßt. Er kommt voll innerer Zwänge ins Stadion und er geht, von den Zwängen befreit, man könnte auch sagen: entsorgt, wieder heim, natürlich nur, wenn der VfB gewonnen hat. Und das alles ohne Honorar für den Psychotherapeuten. Hat der VfB nicht gewonnen, ist er betrübt, aber er weiß wenigstens warum. Schon der Anmarsch zum Stadion ist eindrucksvoll: Rotweißrote Mützen und Schals überall, auch kleine Fähnchen und Wimpel. Vau Eff Be-Rufe ertönen aus tausend Kehlen, Gesang erklingt, bricht wieder ab, wie im Kino, wenn es zu einer Schlacht geht. Jawohl, es ist ein patriotisches, wenn auch lokalpatriotisches Ereignis, das bevorsteht. Es geht um Prestige, um Ehre. Wessen Ehre? So genau läßt sich das nicht definieren. Ein Spitzbube, wer am Sieg zweifelt. „Mir gewinnet, des isch glasklar!“ Dann geht's ins Stadion. Wieder wird gesungen. Diesmal im Chor: „Immer wieder, immer wieder, immer wieder Vau Eff Be!“ oder: „Jetzt geht's lohos, jetzt geht's lohos!“ Ein elementares, archaisches Bedürfnis tritt hier zutage. Wie wir von Tacitus wissen, haben sich die alten Germanen durch Liedvorträge, die sie Barditus nannten, zum Kampfe Mut gemacht. Es heißt in der „Germania“: „Je nachdem der Gesang mutig oder zaghaft aus ihren Reihen ertönt, flößt er den Feinden oder ihnen selbst Furcht und Schrecken ein, und er ist für sie mehr ein gemeinsamer Schlag ihrer tapferen Herzen als ein Zusammenklang ihrer Stimmen. Hauptsächlich kommt es ihnen auf Rauheit des Tones und auf dumpf dröhnenden Widerhall an.“

Der Fußball hat weiteres Liedgut hervorgebracht, das sich für den kollektiven Vortrag im Daimlerstadion weniger eignet. Zum Beispiel jenes Lied, das etwas Düsteres hat. Es lautet:

„Und wenn ich mal gestorben bin
dann trägt man mich zum Friedhof hin,
und um die kalte Brust gespannt,
das rot-weiß-rote Fußballband.“

Die Badener singen auch, wenn der Karlsruher SC oder der SC Freiburg spielt oder gewinnt. Meistens stimmen sie, wenn ihr Verein gewonnen hat, das Badenerlied an. Wenn ein Schwabe einem solchen Ereignis beiwohnt, ist er gut beraten, wenn er sich nicht als solcher zu erkennen gibt etwa dadurch, daß er Worte wie „so,so“, „hano!“ „Wann goht denn mei Zügle?“ verwendet. Am besten ist es, er sagt gar nichts und geht still von dannen. In Württemberg ist solcher Nationalismus unbekannt. Man kann sich ohne weiteres als Karlsruher, Freiburger oder Lörracher zu erkennen geben, die Stuttgarter sind stolz darauf, wenn von so weit her Menschen hierher kommen. Lediglich unseren bayerischen Freunden rate ich zur Zurückhaltung, wenn der FC Bayern aus München nach Stuttgart kommt, denn die Bayern sind ein Angstgegner. Aber trotz der Existenz des FC Bayern hat es der VfB viermal zum Deutschen Meister gebracht, zuletzt 1984 und 1992. Der Verein für Bewegungsspiele ist eine feste Säule, auf der das gesellschaftliche Leben in Stuttgart ruht. Das hundertste Jubiläum des VfB im Jahr 1993 wurde zu Recht bei Anwesenheit von viel Prominenz feierlich begangen. Die Grußwortredner drängten regelrecht zur Bühne. Jeder versuchte, so lang wie möglich zu sagen, wie es ihm ums Herz war, beziehungsweise, was in seinem Manuskript stand. In allen Manuskripten, die zur Verlesung kamen, stand in etwa dasselbe, ein ermutigendes Zeichen dafür, wieviel Einigkeit es in unserem Volke gibt, wenn es sich um Fußball handelt. Lange mußte der Festredner, der damalige Präsident des Bundesverfassungsgerichts und spätere Bundespräsident Professor Dr. Herzog warten, bis er endlich das Wort ergreifen konnte.

Der Präsident des Bundesverfassungsgerichts war mit gutem Grund bei dem hundertsten Jubiläum des VfB anwesend. Nichts fördert so sehr das Bewußtsein für Vorschriften und Regeln wie der Sport. Beim Hochsprung oder Stabhochsprung kann niemand unter der Latte hindurchspringen und frech rufen: „Ich habe gewonnen". In Politik, Wirtschaft und Gesellschaft passiert das jeden Tag. Die Regeln für den Fußball sind kompliziert und schwer zu erlernen, zumal der Unkundige von den Wissenden während des Spiels, wenn überhaupt, nur eine unwirsche Auskunft erhält. Mit dem Begriff „abseits" schlage ich mich bis zum heutigen Tage herum. Früher glaubte ich, abseits liege schon dann vor, wenn jemand am Tor vorbeischießt. Um in der Gemeinschaft der Fans nicht wie ein Holzklotz herumzusitzen, sondern eine gewisse Anteilnahme zu zeigen, rief ich deshalb jedesmal, wenn der Ball am Tor vorbeiging: „Abseits!" Das erregte das

Erstaunen, ja man kann schon sagen, Befremden meiner Nebensitzer, woraus ich schloß, um es juristisch auszudrücken, daß dieser Vorgang den Tatbestand des Abseits nicht erfüllt.

Der Fußballneuling erkundige sich zunächst einmal diskret, welches die eigene Mannschaft ist, damit er sich nicht während der ersten Halbzeit darüber freut, wenn die gegnerische Mannschaft Tore schießt. Sodann präge er sich ein, daß der dunkelgekleidete Herr im Spielfeld im allgemeinen nicht mitspielt, weil er der Schiedsrichter ist. Dieser Herr sieht ins Innere der Spieler hinein. Er weiß zum Beispiel, ob ein Spieler aus eigenem Ungeschick über die Füße eines Spielers der gegnerischen Mannschaft gestolpert oder von dem Gegner mit Absicht zu Fall gebracht worden ist. Der Schiedsrichter ist sehr empfindlich und leicht zu beleidigen. Beim geringsten Anlaß zieht er gelbe oder rote Karten hinaus und zeigt sie einzelnen Spielern, die, wenn die Karte rot ist, meistens verärgert das Spielfeld verlassen.

Stuttgart – teure Heimat

In Stuttgart bin ich geboren. Ich habe dort insgesamt 50 Jahre gelebt und war 22 Jahre lang Oberbürgermeister. Stuttgart ist meine Heimat. Diese Stadt drängt sich ihren Bürgern nicht auf. Sie läßt sie in Ruhe, zwingt sie nicht zu ständiger Aktivität und Hektik, um gesellschaftlich auf der Höhe zu bleiben. Genaugenommen gibt es keine gehobene Gesellschaft in dieser Stadt, die jemand nötigt, in die Luft zu hüpfen, um größer zu erscheinen. Stuttgart hat im Vergleich zu München nur eine bescheidene Schickeria. Man kann seine Kleider auftragen. Wer sich in teuren Designeranzügen und Modellkleidern zeigt, hüte sich vor dem Verdacht, er sei kreditbedürftig, aber nicht würdig. Ein teures Auto darf man fahren, schon wegen dem Daimler. Es gibt sogar Wohngegenden, wo Verdacht erregt, wer nicht mindestens einen Mercedes, BMW oder Porsche fährt. Ich hatte früher einen gelben VW 1600. Bei einer Einladung parkte ich diesen vor einer Villa. Die Hausherrin erkannte sofort, daß dieses Fahrzeug fremd oder deplaziert wirkte und rief die Polizei an in der Sorge, es gehöre in den Dunstkreis der RAF. Diese fand aber rasch heraus, daß der Wagen nicht in irgendeinen Dunstkreis, sondern mir gehörte. Ein ordentliches Haus darf der Schwabe haben, vor allem, wenn er auch die Gartenpflege entweder selbst vornimmt oder von kompetenten Personen vornehmen läßt. Aber darüber hinaus war früher und ist auch noch heute Zurückhaltung geboten im Sinne der Devise: Man hat Geld, aber zeigt es nicht. Diese Haltung ist vom Protestantismus geprägt, wird aber auch von Katholiken eingenommen. Näheres liest man beim berühmten Max Weber, einst Professor in Freiburg und Heidelberg. Niemand unterliegt dem Mode- und Kulturzwang. Man kann, aber man muß nicht. Die Mode früherer Jahre tut es auch, wenigstens bei Männern. Manche Männer lassen sich von teuren Schneidern ihre Anzüge so machen, daß sie aussehen, als seien sie beim Schlußverkauf von der Stange gekauft worden. Das ist Bescheidenheit! Wer nicht in der Kulturszene in Erscheinung tritt, wird nicht wegen Kulturlosigkeit verachtet, sondern von dem heißt es: „Der hat halt viel zum do, der kommt/goht nirgends na!“ Aber die Kulturszene ist respektabel und hält dem Vergleich mit anderen Großstädten stand. Manche Künstler und Poeten fühlen sich verpflichtet, in Stuttgart unglücklich zu sein und werden das auch, wenn sie sich längere Zeit darum bemühen. Glück und Zufriedenheit sind übrigens nicht der Boden, auf dem große Kulturleistungen entstehen. Wenn Herzog Carl Eugen Schiller so geliebt und verhätschelt hätte wie König Ludwig II. von Bayern Richard Wagner, vielleicht wäre das große deutsche Genie geistig verkümmert. So aber wurde Schiller groß und bedeutend, auch wenn er sich zeitweilig nach „völliger Entschwäbung“ sehnte.

Viele Stuttgarter stammen nicht von Schwaben ab. Fast ein Viertel der Bürger hat keinen deutschen Paß. Stuttgart kommt mit dieser Internationalität gut zurecht. Wir sehen es als unsere Pflicht an, die Eingewanderten, Zugezogenen oder von diesen Abstammenden im Sinne der Kehrwoche und Hausordnung in die Gesellschaft zu integrieren. Wer solchen gutgemeinten Bemühungen nicht gänzlich widerstrebt, wird schließlich als Stuttgarter und Schwabe anerkannt. Stuttgart könnte eine Millionenstadt sein, wenn das Land nicht die dazu nötigen Eingemeindungen verhindert hätte. Aber es ist auch so recht.

GESCHICHTE ALS LERNPROZESS

In Stuttgart steht nun ein Haus der Geschichte, das schon heute als großer Wurf bezeichnet werden kann. Seine Errichtung und das ihr zugrundeliegende Konzept ist der Weitsicht und Beharrlichkeit von Erwin Teufel zu verdanken. Geschichte ist durchdachte Vergangenheit, Produkt und Grundlage der Kultur, die Summe der Erfahrungen, Fundgrube für Literatur und Politik. Es liegt Symbolik darin, daß das Haus der Geschichte benachbart ist dem Landtag, aber auch wichtigen Kulturinstitutionen wie Staatsgalerie, Staatsarchiv, Landesbibliothek, Staatstheater, Musikhochschule.

Die deutsche Geschichte, vor allem die der Neuzeit, ist nicht nur schwer zu verstehen, sondern auch schwer zu ertragen. Dies bedeutet aber nicht, daß der am besten fährt, der von ihr nichts weiß oder sie nur als die Summe des Fehlverhaltens der früheren Akteure betrachtet. Bekanntlich zweifelt Hegel in seiner Philosophie der Geschichte daran, ob sich aus der Geschichte für die Politik etwas lernen lasse. Er schreibt: „Man verweist Regenten, Staatsmänner, Völker vornehmlich an die Belehrung durch die Erfahrung der Geschichte. Was die Erfahrung aber und die Geschichte lehren, ist dieses, daß Völker und Regierungen niemals aus der Geschichte gelernt und nach Lehren, die aus dieser zu ziehen wären, gehandelt hätten. Jede Zeit hat so eigentümliche Umstände, ist ein so individueller Zustand, daß in ihm aus ihm selbst entschieden werden muß und allein entschieden werden kann.“ Danach könnten Politiker eigentlich auf das Studium der Geschichte verzichten. Aber Hegel selbst meinte sogar, die der Geschichte innewohnende Dialektik erkannt zu haben, so daß sich nicht nur die Vergangenheit erklären, sondern auch künftige Resultate in etwa voraussagen ließen. Der amerikanische Philosoph Santayana schrieb den bemerkenswerten Satz: „Wer aus der Geschichte nichts lernt, ist dazu verurteilt, sie zu wiederholen.“ Das fürchte ich auch. Wir sollten uns eher auf uns selbst als auf den Weltgeist verlassen. Möge das Haus der Geschichte den Sinn für das Ganze schärfen, den die Verantwortung voraussetzt, die in einer Demokratie jeder Bürger trägt.

Deutsche Geschichte ist nicht geeignet zur Aufwärmung nationaler Gefühle, sondern eine Ermutigung zum kritischen Denken und zur Entwicklung des Tatsachensinns. Johann Wolfgang von Goethe war der Meinung, daß die Geschichte Enthusiasmus erzeuge. Dieser ist im Dienste einer guten Sache durchaus etwas Positives. Leider kann der Enthusiasmus auch in den Dienst einer schlechten Sache treten. Diktaturen werden groß durch Terror und Enthusiasmus. Sie wecken und pflegen den Enthusiasmus durch Propaganda und Unterbindung der Kritik, und sie reden ihren Untertanen ein, die Pflicht zu schweigen und zu gehorchen sei wichtiger und hochwertiger als das Recht der freien Meinungsäußerung. Die Medien dienen in einer Diktatur nicht der Information, sondern der Desinformation. Sie sollen nicht die Wahrheit suchen und verbreiten, sondern verhindern, daß sie bekannt wird. Vor 70 bis 60 Jahren, als der Einflußbereich der Medien nicht so global war wic hcutc im Zeichen von Internet und Satellitenfernsehen, funktionierte diese seltsame „Propaganda und Volksaufklärung“ fast perfekt. Die Anhänger einer Diktatur fühlen sich nicht versklavt, sondern frei, weil sie sich nicht mit Andersdenkenden herumschlagen müssen. Enthusiasmus kann blind machen. In der Politik ist er selten dort anzutreffen, wo es um etwas Praktisches und Nützliches geht.

Mit unserer Geschichte sollten wir uns nüchtern und kritisch auseinandersetzen, aber auch selbstkritisch. Was hätte ich damals in gleicher Situation getan? In der modernen Geschichte gibt es genug deutsches Anschauungsmaterial, welches belegt, daß das Ausbleiben der Kritik an der Politik eine euphorische und betäubende Wirkung haben kann. Kam es zum Krieg und zu ersten militärischen Erfolgen, wurde in der Regel die Bindung an das Regime enger. Gehorsam aus vermeintlicher Einsicht in das angeblich Notwendige. Die ersten Gefallenen verringerten nicht die Bereitschaft, den Krieg fortzuführen, sondern fachten sie noch an – zunächst. Dann wurden die Siege rar. Die Niederlagen häuften sich. Aber die Folgen eines verlorenen Kriegs erschienen fürchterlich. Die Einsicht in das von der eigenen Seite begangene Unrecht ließ den Enthusiasmus erlöschen. Was blieb, war Verzweiflung. Aber auch die Verzweiflung war ein starkes Motiv, um weiterzukämpfen bis zur abschließenden Katastrophe. 1944 gelang es weder, Hitler von dem Versuch abzuhalten, die Deutschen in sein eigenes Grab mitzunehmen, noch der herausragenden Tat des Grafen Stauffenberg, Hitler zu töten und sein Regime zu beseitigen. Es gelang auch nicht, an der Normandiefront die Kämpfe einzustellen und die Amerikaner, Briten und Franzosen einmarschieren zu lassen.

In Westdeutschland erfuhren die Überlebenden nach 1945 eine wundersame Errettung. Die westlichen Siegermächte vernichteten Deutschland nicht, wie befürchtet, sondern gründeten es neu als Demokratie, zusammen mit deutschen Frauen und Männern, die dem NS-Terror entgangen waren. Im Großen Haus der Württembergischen Staatstheater hielt der amerikanische Außenminister Byrnes bereits 1946 seine Rede der Hoffnung, die Deutschland die Rückkehr in die Gemeinschaft der Nationen in Aussicht stellte. 1996 gedachten wir in Anwesenheit des amerikanischen Außenministers dieser noblen politischen Haltung. Die Generation, welche die NS-Zeit und die Erlösung von ihr selbst erfahren hat, wird in den nächsten zwanzig Jahren abtreten. Aber ihre Erfahrung muß im Bewußtsein kommender Generationen erhalten bleiben. Dies schon deshalb, weil vor dem finsteren Hintergrund des NS-Staates Nutzen und Segen des demokratischen Staatswesens deutlicher hervortreten. Das Recht zur Kritik erscheint heute selbstverständlich, es ist aber nicht selbstverständlich. Es ist eine Errungenschaft, die gepflegt und verteidigt werden muß. Wenn kritisiert wird, ist das weniger ein Beweis dafür, daß die Verhältnisse schlecht sind, sondern eher ein Hinweis darauf, daß sie ohne Kritik noch weit schlechter wären. Es gilt, das Engagement für die Demokratie am Leben zu halten. Dieses Engagement kann nicht von außen eingeimpft werden. Es muß sich aus dem Inneren des Bürgers entwickeln als ein Stück Lebenskultur. Zu dieser Kultur gehören auch Stil, Form, Fairneß, Großzügigkeit, Übereinstimmung hinsichtlich der ethischen Grundfragen. Selbst wenn gar kein Geld mehr dawäre, gäbe es noch viel zu tun in Politik und Gesellschaft.

Geschichte und Zukunft

Damit eine Demokratie Bestand hat, reichen Vorschriften nicht aus. Auch die Kritik allein genügt nicht. Das positive Engagement der Bürger für die Demokratie muß am Leben bleiben. Dieses Engagement muß sich im Inneren des Bürgers entwickeln als ein Stück Lebenskultur. Wer sich mit Geschichte befaßt, gewinnt Maßstäbe und Prüfsteine, die der in der Demokratie verbreiteten Versuchung, schwarz zu sehen, entgegenwirken. Die Darstellung unserer Geschichte muß das

Wissen davon vermitteln, wie es in der NS-Diktatur zugegangen ist und wie diese funktioniert hat. Sie muß aber auch darstellen, wie es dazu kam, daß die durchaus erfolgreiche deutsche Demokratie unterging und von Hitlers Diktatur abgelöst wurde, obwohl die NSDAP bei keiner Reichstagswahl einschließlich der vom 5. 3.1933 die absolute Mehrheit bekam. Und es muß auch die Erinnerung daran bewahrt bleiben, wie es gelang, in der Bundesrepublik eine neue Demokratie aufzubauen, das Vertrauen in sie wieder herzustellen und die Nachbarstaaten und Siegermächte und den Staat Israel als Freunde und Partner zu gewinnen. Dankbarkeit ist nicht eine liebenswürdige Schwäche oder sentimentale Anwandlung, sondern eine Tugend mit vertrauensbildender Wirkung. Freundschaft ist ein kostbares und zerbrechliches Gut. Freunde gewinnt eher, wer ihnen hilft, wenn sie ihn brauchen, als wer nur nach ihnen ruft, wenn er sie braucht.

Die Schwierigkeiten, mit denen sich die demokratischen Politiker in der Weimarer Zeit herumschlagen mußten, übersteigen unser Vorstellungsvermögen. Im Vergleich zu ihnen sind unsere heutigen Probleme klein. Wir sollten Mut fassen zur Lösung der weit weniger dramatischen Gegenwartsaufgaben und den dazu nötigen Zusammenhalt der Demokraten sicherstellen. Reichskanzler Heinrich Brüning, eine bedeutende und tragische Persönlichkeit in der deutschen Geschichte, versuchte durch seine Deflationspolitik die Einstellung der deutschen Reparationszahlungen nach dem Versailler Vertrag zu erreichen. Schließlich hatte er Erfolg. Die letzten Reparationszahlungen wurden im Juli 1932 geleistet. 1929 bis 1932 mußte der staatliche Aufwand in Württemberg von 161,5 Millionen RM auf 118, 3 Millionen 1932 gesenkt werden, das heißt um 27 Prozent. In Baden gab es ähnliche Kürzungen. Die Weimarer Demokratie, repräsentiert von SPD, Zentrum und DDP, wurde bedrängt, bekämpft und ruiniert von zwei großen Gruppierungen, von denen eine links und die andere rechts von der Demokratie einen anderen Staat suchte. Die Arbeitslosigkeit nahm während der Weltwirtschaftskrise weltweit zu, auch in den Siegerstaaten. In Deutschland meinten jedoch viele, das ganze Elend sei eine Folge des harten Friedensvertrags von Versailles; dieser Vertrag eine Folge des Waffenstillstands vom November 1918 und der Waffenstillstand ein Werk der sogenannten Novemberverbrecher. Als solcher wurde vor allem unser Landsmann Matthias Erzberger diffamiert. In Wirklichkeit hatte Erzberger durch den Waffenstillstand das Deutsche Reich vor der totalen Katastrophe gerettet, nachdem das große Hauptquartier – viel zu spät – den militärischen Konkurs erklärt hatte. Zum Dank wurde Erzberger dann von Rechtsradikalen 1921 ermordet. Viele aufrechte Gegner der Diktatur sollten ihm folgen. Theodor Eschenburg schenkte mir 1979 sein Buch „Matthias Erzberger“ mit einer Widmung, die lautet: „Zur Auffüllung einer unverschuldeten Bildungslücke.“

Die Niederlage 1918 war eine Tatsache, die aber von vielen nicht zur Kenntnis genommen wurde. Die deutschen Juden, die im Ersten Weltkrieg prozentual mehr Opfer gebracht hatten als die übrigen Deutschen, wurden zu Sündenböcken, mit schrecklichen Konsequenzen. Heute wundern wir uns darüber, wenn Israel auf Mord und Terror hart reagiert. Als Reichspräsident Ebert starb, wählte das Volk 1925 den alten Feldmarschall von Hindenburg zu dessen Nachfolger anstatt des tüchtigen Zentrumspolitikers und Kandidaten der demokratischen Parteien Wilhelm Marx. Die KPD zog ihren eigenen Kandidaten Ernst Thälmann nicht zurück und trug dadurch zum Sieg Hindenburgs bei. Kiesinger erzählte gerne eine Anekdote aus jener Zeit. Marx habe sich nach seiner Niederlage in einer katholischen Gegend erkundigt, weshalb so viele Hindenburg gewählt hätten. Eine alte Zentrumswählerin habe ihm geantwortet: „Wir wissen schon, daß Sie ein guter Christ sind, Herr Marx. Aber der Herr mit der Kerze in der Hand, der ist gewiß auch kein Heide!“ Die Kerze war der Marschallstab.

In seiner Philosophie der Geschichte hat Hegel gelassen das berühmte Wort ausgesprochen: „Die Weltgeschichte ist nicht der Boden des Glücks. Die Perioden des Glücks sind leere Blätter in ihr, denn sie sind die Perioden der Zusammenstimmung, des fehlenden Gegensatzes.“ Diese Aussage hängt mit der ebenso berühmten These Hegels zusammen: „Die Weltgeschichte ist der Fortschritt im Bewußtsein der Freiheit“, denn wo man sich einig und einigermaßen zufrieden ist, hat es der Fortschritt schwer, voranzukommen. Ich kann mit dem jüdischen Sprichwort „Gott behüte uns vor interessanten Zeiten“ mehr anfangen! Was aber Hegel zur Bewertung der einzelnen Akteure schreibt, ist nicht von der Hand zu weisen, so: „Für einen Kammerdiener gibt es keinen Helden, sei ein bekanntes Sprichwort. Nicht aber darum, weil dieser kein Held, sondern weil jener der Kammerdiener ist.“ Das empfinde ich als tröstlich. Es gibt eben doch Helden. Sie fallen nur nicht so auf.

Nicht nur Hegels Weltgeschichte, sondern das historische Interesse insgesamt macht sich eher an solchen Zeitabschnitten fest, in denen etwas falschgelaufen ist. Politiker, die für Fehler verantwortlich oder ihr Opfer waren, können sich darauf verlassen: Die Geschichte nimmt von ihnen wenigstens Notiz. Politiker hingegen, die in glücklichen Zeiten an der Spitze sind, werden rasch vergessen. Die Erinnerung an Persönlichkeiten mit Format verblaßt schnell in der Demokratie, was aber nicht heißt, daß es keine Persönlichkeiten mit Format gegeben hätte. Im Gegenteil: Fritz Erler, Carlo Schmid, Gebhard Müller, Reinhold Maier, Kurt Georg Kiesinger, Alex Möller, Robert Gleichauf, Fritz Ulrich, Walter Krause – um nur einige bereits Verstorbene aus diesem Land zu nennen. Sie alle hatten ein Format, das mancher in den Geschichtsbüchern Erwähnte nicht hatte. Die Geschichte will nicht nur die Wahrheit zutage fördern, sondern auch ein Publikum unterhalten. Das hat sie mit der Presse gemeinsam.

Wir brauchen die Geschichte für die Zukunft, und zwar die ganze Geschichte. Es hat keinen Sinn, Teile von ihr, zum Beispiel die deutsche Wehrmacht im Zweiten Weltkrieg, auszublenden und für Personen unter 74 Jahren als ungeeignet zu erklären. Es läßt sich nicht alles, was mit der Wehrmacht zu tun hat, von der Jugend fernhalten. Denn das Thema kommt immer wieder auf uns zu, auch von den Siegermächten, die schon für ihre Militärgeschichte auf Gegner nicht verzichten können. Zur Militärgeschichte dieses Landes, die ja irgendwie auch dazugehört, ist anzumerken, daß das Zusammenwirken des Hauses Baden mit dem Haus Württemberg ungewöhnlich eng und freundschaftlich war, wenngleich auf dem Schlachtfeld nicht immer erfolgreich.

Was vergangen ist, läßt sich nicht mehr ändern. Was sich ändern läßt, ist das Geschichtsbild. Je realistischer es ist und je wahrhaftiger, desto besser. Das Innenleben des Menschen erschließt sich der Geschichtsforschung schwer. Seine Vorstellungen und Einstellungen ändern sich. Vor wichtigen Entscheidungen schwankt er zwischen Furcht und Hoffnung. Das kommt in den Akten, wenn überhaupt, nur unzulänglich zum Ausdruck. Die amtlichen Akten, eine wichtige Quelle für den Historiker, enthalten selten Äußerungen des Gemüts. Amtliche Briefe und Denkschriften wurden von dem einen geschrieben, vom anderen unterschrieben, unter glücklichen Umständen vom Unterzeichneten vorher gelesen. Wer aus der Gegenwart in die Vergangenheit zurückblickt, neigt zu der Ansicht, was er im nachhinein erfahren hat, hätte die alte Generation schon von vornherein wissen können. Alles erscheint einfach und leicht. In der preußischen Kriegsakademie wurden die napoleonischen Feldzüge durchgesprochen. Ein forscher Oberleutnant erklärte, er hätte anstelle des Kaisers Napoleon in der Schlacht von Jena und Auerstedt anders und besser disponiert. Der ergraute Oberst, der den Kurs leitete, sagte nur: „Ja ja, der Napoleon, ein dummes Luder, aber jutmietig!“ Die List der Vernunft bewirkte, daß Napoleon mehr für die deutsche Einigung getan hat als ein Dutzend deutsche Kaiser.

„Das gesellschaftliche Sein bestimmt das Bewußtsein" – ganz im Unrecht war Marx mit dieser These nicht. Im NS-Staat vor 60 Jahren war es lebensgefährlich, sich als Demokrat zu bekennen. Heute ist das ganz leicht und schwer, keiner zu sein. Wie der Jurist weiß oder wissen sollte, wird im Strafrecht zunächst die Kausalität geprüft, dann die Rechtswidrigkeit und erst danach die Schuld. So sollte man es auch bei der historischen Bewertung halten. Die Unterstellung, daß in Moral, Kultur und Kunst von Generation zu Generation ein Fortschritt stattfände, der den Schuldspruch der späteren Generation über die frühere legitimiert, steht auf tönernen Füßen. Ich halte es in dieser Frage mit Leopold von Ranke, der einen vererbbaren Fortschritt bei Moral, Kultur und Kunst verneint, im Unterschied zu Naturwissenschaften und der Technik. Wenn die Menschheit auf diesen Gebieten etwas erreicht hat, wird sie es nicht mehr los.

Lots Gattin

Wenn wir heute Falsches besser erkennen als frühere Generationen, dann liegt das wesentlich daran, daß wir seit Jahrzehnten in einer Demokratie leben. Das Dritte Reich hätte sechs Wochen Meinungs- und Pressefreiheit nicht überstanden. Aber dieses Grundrecht wurde nach dem Reichstagsbrand durch Verordnung vom Februar 1933 aufgehoben, eine Regelung, die erst nach Kriegsende beseitigt wurde. Die Geschichte zeigt, daß auch oder sogar gerade der moderne Mensch verführbar ist und daß Abgründe in seiner Seele liegen. Deshalb ist eine demokratische Konstitution so wichtig, damit, wenn auch nicht immer das Gute, so doch nicht das absolut Schlechte geschieht.

Kurt Georg Kiesinger hat vor fast drei Jahrzehnten die von Plato erhobene Forderung, daß Philosophen die Könige sein sollten, untersucht und Bedenken geäußert. Kiesinger bewegte sich hier auf der Linie des Plato-Schülers Aristoteles, der im Unterschied zu seinem Meister die Politik vor den Philosophen und die Philosophie vor den Politikern geschützt sehen wollte. Philosophen, Nietzsche, Hegel zum Beispiel, haben jedoch großen Einfluß auf die Politik gehabt, manchmal auch in einer Richtung, die sie nicht vorausgesehen hatten. Karl Marx las Hegel und stellte dessen Lehre von der geschichtlichen Wirkung des Geistes vom Kopf auf die Füße. Mit einigem Mut zur Vereinfachung, an dem es einem früheren Bürgermeister nicht fehlt, läßt sich sagen: Ohne Hegel keinen Marx, ohne Marx keinen Lenin, ohne Lenin keinen Gorbatschow und ohne Gorbatschow keine Wiedervereinigung.

Lots Gattin ist zur Salzsäule erstarrt, als sie sich nach den brennenden Ortschaften Sodom und Gomorrha umdrehte. Wir sollten den Rückblick nicht fürchten, solange wir eines wissen: Wo immer die Zukunft liegt, in der Vergangenheit liegt sie nicht. Nostalgie, also die Fähigkeit, darüber zu trauern, daß es nicht mehr so ist, wie es früher nie gewesen ist, führt nicht zu vernünftigen Zielen und wirkt entmutigend. Ich erinnere Freunde, die solche nostalgischen Gefühle haben, an die früher üblichen barbarischen Methoden der Medizin und besonders der Zahnmedizin und frage sie dann, ob sie trotzdem in die Vergangenheit wollen. Livius klagt in seinem Vorwort: „In unserer Zeit können wir weder unsere Fehler noch die Mittel gegen sie ertragen." In meiner Rede zur Einweihung des Hauses der Geschichte am 13.12.2001 schloß ich mit folgenden Sätzen: „Für solchen Pessimismus besteht heute kein Anlaß. Im Gegenteil, alles spricht für Optimismus, denn wir haben immer noch, erstmals in der Weltgeschichte, die Chance eine Welt des Friedens, der Menschenwürde und des Wohlstands zu errichten. Diese solche Möglichkeit sollte eigentlich Mut machen." Trotz der großen Veränderungen in der politischen Landschaft, die sich seither vollzogen haben, möchte ich es auch heute bei diesem Schluß belassen.

KULTURBEWUSSTSEIN UND KUNSTSINN

Es ist schwer, ein Problem zu finden, das nicht auch einen kulturellen Aspekt hat. Dies trifft sogar auf die Mathematik zu: Eine richtige Rechnung ist nicht nur besser, sondern auch schöner als eine falsche.

Politische Kultur und Etikette

In den fünfziger Jahren erregte ein Buch über Etikette von Erica Pappritz in Zusammenarbeit mit Karlheinz Graudenz großes Aufsehen, das den überholten „Knigge" ablösen sollte. Es ging um zivilisiertes Benehmen. In der Erinnerung haften blieb die Empfehlung, auf der Toilette die Spülung zu betätigen, um unerwünschte Geräusche zu übertönen. Heute erfüllt diese Aufgabe ein mit einiger Lautstärke geführtes Gespräch über das Handy. Aber das Anliegen von Pappritz und Knigge war natürlich umfassender: Durch zivilisiertes Benehmen sollte das gesellschaftliche Leben kultiviert werden. Frau Pappritz empfiehlt für die Konversation, eher zuzuhören als selbst zu reden und den Gesprächspartner ausreden zu lassen. Wie entsetzt wäre sie, wenn sie heute einer

Talkshow über ein politisches Thema beiwohnen würde! Mehrere reden gleichzeitig. Das spart zwar Zeit, mindert aber die Verständlichkeit. Aber gerade das ist der Zweck der Übung. Versierte Talker oder Chatter folgen offensichtlich dem bei einer Schlammschlacht bewährten Grundsatz: „Es kommt nicht darauf an selbst zu treffen, als nicht getroffen zu werden“, also nicht, sich selbst Gehör zu verschaffen, sondern zu verhindern, daß die anderen gehört werden. Folgender Dialog kann das illustrieren: Müller: „Äh, aber...“ Maier: „Meine Partei hat schon...“ Müller: „Aber, äh, ich meine...“ Maier: „Unterbrechen Sie mich doch nicht dauernd... Darauf hingewiesen, daß...“ Müller: „daß die Mittel begrenzt...“ Maier: „Sie unterbrechen mich schon wieder!...“ Müller: „Also äh, ich meine...“ So nicht! Frau Pappritz würde den Verkehr mit solchen Leuten stark einschränken.

Diente es der Politik und ihrem Ansehen, wenn Form und Stil des Verkehrs unter Politikern auf ein höheres Zivilisationsniveau gehoben würde? Spielraum gibt es. Menschen, die im privaten Umgang liebenswürdig und freundlich sind, befleißigen sich im Umgang mit politischen Gegnern eines rüden Tons, dessen sie im Privatleben selbst im betrunkenen Zustand unfähig wären. So wird der jeweiligen politischen Konkurrenz vorgeworfen, sie sei korrupt, verlogen, kinderfeindlich, arbeitnehmerfeindlich, unanständig und so weiter fort. Diese zahlt dann mit gleicher Münze zurück. Woran liegt das? Eine Folge des Strebens nach Wahrheit ist dieses rüde Verhalten wohl nicht, trotz des Goethewortes, im Deutschen lüge man, wenn man höflich ist. Das trifft nur auf den zu, der unhöflich denkt. Im Zustand großer Erregung denkt der Mensch fast gar nicht, aber er meint in diesem bedauernswerten Zustand, alles was er sagt, sei wahr. Aber meistens erkennt er später, wenn er sich beruhigt hat und das Gehirn wieder arbeitet, daß das nicht stimmt. Auch in ruhiger, gelassener Seelenlage werden Politiker manchmal pampig und unhöflich. In den eigenen Reihen löst das meistens

Applaus aus. Berühmte Polemiker enttäuschen ihre Zuhörer bitter, wenn sie sachlich bleiben.

Oh, Bürger, rümpfe angesichts dieses Benehmens nicht die Nase! So liebevoll und sanft, wie es in einer vom christlichen Geist erfüllten Gemeinschaft ist oder sein sollte, können die Umgangsformen der Politiker nicht sein. Wenn es jemals so würde, dann wären Mißtrauen und Vorsicht geboten. Denn in der Demokratie sollte zwar über die großen Fragen der Verfassung Übereinstimmung bestehen, im übrigen aber regiert der Wettbewerb. Kritik und Streit sind normal. Eintracht ist die Ausnahme, als Regel eher ein verdächtiger Zustand. Denn je größer die Eintracht, desto weniger wird nachgedacht. Es klingt zwar so sympathisch, wenn jemand zur Einigkeit auffordert. Aber der Fordernde meint meistens, die anderen sollten seine Meinung übernehmen und ihre eigene aufgeben. Dann besser Zwietracht. Bleiben wir also kritisch und streitlustig. Es lohnt sich. Auch in der Politik ist nichts so schlecht, daß es nicht noch schlechter werden könnte, und nichts so gut, daß eine weitere Verbesserung unmöglich wäre. Seien wir Optimisten, bemühen wir uns um Letzteres.

Aber in welcher Weise soll man in der Politik kritisieren und streiten? Noch immer ist die Meinung verbreitet, ein Politiker, der Polemik meide und seine Gegner nicht attackiere, wohlmöglich sogar zu ihnen freundlich sei, gelte beim Wähler als Leisetreter und sei ungeeignet für ein politisches Amt. Der Respekt vor der Polemik ist eine Realität. Wer einmal eine Rede eines begabten Polemikers erlebt hat – und deren gab es und gibt es ja in Deutschland einige –, der kennt ihre Wirkung und weiß, wieviel Mut und Können notwendig sind, um durch eine Gegenrede die Stimmung wieder umzudrehen. Geringere Lautstärke, Witz und Spott sind wirksamer als Polemik. Das war nicht immer so. Früher mußte ein Redner brüllen, wenn er gehört werden sollte. Heute ist die Technik der Beschallung so weit fortgeschritten, daß auch leiseren Tönen Gehör verschafft werden kann. Aber Witz und Spott müssen einem erst einmal einfallen, und oft geschieht das erst nach der Veranstaltung. Der rhetorische Knüppel jedoch liegt stets bereit. Das Bedürfnis, die anderen zu beschimpfen, nimmt zu, je geringer die Unterschiede in der Sache sind. Das ist logisch. Wo sich Meinungen grundsätzlich unterscheiden, braucht man nicht zu schimpfen. Es genügt zu argumentieren. Wenn aber die Unterschiede fehlen, kann man den Konkurrenten schließlich nicht umarmen. Irgend etwas muß man gegen ihn vorbringen.

Es gibt Wettbewerbsverhältnisse, so in Wirtschaft und Gesellschaft, die sich regeln, ohne daß die Wettbewerber pampig werden. Ein Firmenchef oder ein Beschäftigter muß schon ein starker Christ sein, um seine Konkurrenten in sein Nachtgebet einzuschließen. Aber er wird in der Regel jedenfalls nach außen die Formen und die Gebote der Fairneß wahren. Auch in der Politik wäre eine Verbesserung von Regeln und Umgangsformen geboten, schon um dem schleichenden Ansehensverlust der Politikerklasse entgegenzuwirken, also auch aus sehr praktischen Erwägungen. Viele Wähler sind nicht sonderlich robust. Sie werden durch zu viel Polemik und Beschimpfung vergrämt und gehen nicht zur Wahl, und das in einer Gemütslage, die mit dem schwäbischen „Da hast du de Dreck!“ gut beschrieben wird. Lassen wir ruhig die anderen ausreden, wenn wir diskutieren, wie Frau Pappritz das empfiehlt. Meistens verwirrt sie das.

Hajek und die Kunst

Otto Herbert Hajek ist – sagen wir es ruhig – ein großer Künstler. Er hat auch dazu beigetragen, daß Sinn, Verständnis, Interesse und Engagement für moderne Kunst in unserer Region nicht abgenommen, sondern zugenommen haben. Wer die Bedeutung der Kunst für die Bildung und Entfaltung der Persönlichkeit kennt, kann einigermaßen ermessen, wie hoch seine Leistung einzuschätzen ist. Er ist ein Mensch mit einer beachtlichen Dynamik, einer, der etwas gestalten, der Erfolge sehen will, und schließlich ein pädagogisches Talent. Seine in der ganzen Welt zu findenden Kunstwerke, in Stuttgart die permanente Ausstellung eigener Plastiken in und vor seinem Grundstück in der Hasenbergsteige, aber auch Platzmale und vor allem das von ihm künstlerisch gestaltete Leuzebad, die Spardabank sowie das große Bild an dem Gebäude des Südwestrundfunks sind in erster Linie Denkanstöße und allenfalls nebenbei Dokumente des künstlerischen Erfolgs. Der große und kräftige Mann ist eine Kämpfernatur. Er weicht keiner Auseinandersetzung aus, sondern argumentiert. Ich habe ihn natürlich schon früher gekannt, aber er hat wohl von meiner Existenz erst Kenntnis genommen, als ich 1974 um das Amt des Oberbürgermeisters der Landeshauptstadt kandidierte. Hajek setzte sich für meinen Konkurrenten Conradi ein, was aber ein freundliches und schließlich freundschaftliches Verhältnis zwischen uns nicht behinderte. Ich habe viel von ihm und durch ihn gelernt, denn meine Beziehung zur modernen Kunst war zwar entwicklungsfähig, aber doch ziemlich oberflächlich, was aber den meisten Gesprächspartnern, da mit ähnlicher Unzulänglichkeit behaftet, verborgen blieb. Überdies kann sich der Schwabe, wie erwähnt, durch die Worte „au wieder“ jederzeit neu orientieren, wenn er sich einmal vergaloppiert hat. Während der Bundesgartenschau wurden auch Plastiken von Gegenwartskünstlern ausgestellt, unter ihnen eine Plastik von Freimann, die aus einigen einander zugeordneten Stahlelementen bestand. Als ich mich mit Herbert Hajek auf dem Marktplatz unterhielt, erkannte mich ein Bürger, trat auf uns zu und sagte: „Wann räumet Sie den Schrott wieder weg?“ Ich wußte zunächst nicht, was er meinte, bis sich schließlich herausstellte, daß das Freimannsche Kunstobjekt Ursache seines Ärgers und Ziel seiner Kritik war. Anstatt mich mit ihm in einen Streit einzulassen, machte ich ihn mit

Herbert Hajek bekannt, der ihn aufklärte, was generell von Kunst und speziell von Freimanns Werk zu halten sei. Der vormalige Kunstkritiker wurde wesentlich freundlicher und aufgeschlossener, ließ durchblicken, daß er Hajek nicht erkannt habe und schloß sich nach einem „so ist es na au wieder“ dessen Meinung an.

Es heißt, bei uns im Stuttgarter Raum sei seit jeher das Verhältnis zur bildenden Kunst nicht so positiv gewesen wie in anderen Landschaften. Man sagt, dem Württemberger liege eher das Wort, noch eher aber die Musik und weniger das Bild und die Form, und das alles habe der württembergische Protestantismus, besonders der Pietismus zu verantworten. Wofür muß der Protestantismus nicht alles herhalten. Ich will diese Meinung weder teilen noch sie zu widerlegen versuchen. Aber es ist wahr, daß es bei vielen Mitbürgern auf Bedenken stößt, wenn für moderne Kunstwerke höhere, aber angemessene Preise gezahlt werden. Der Ärger darüber ist weit verbreitet, daß ein nicht gegenständliches Kunstwerk in seiner Aussage nicht so verständlich und zugänglich ist, wie ein Verkehrsschild, während man sich bei einer gemalten Gans damit zufrieden gibt, daß die Aussage des Bildes sich auf den Hinweis beschränkt: „Dies ist eine Gans!“ Überhaupt schätzen noch heute viele ein Kunstwerk um so höher ein, je ähnlicher es einer natürlichen Vorlage ist: „Das Naturschöne als die erste Existenz des Schönen.“ Aber zur Zeit Hegels, von dem diese Formulierung stammt, der dieser Aussage aber widerspricht, waren solche einengenden Vorstellungen schon überholt. Hegel befaßt sich in seinen ästhetischen Betrachtungen mit Begriffen wie regelmäßig, symmetrisch, gesetzmäßig und harmonisch und stellt entgegen früherer Vorstellungen das Kunstschöne über das Naturschöne. Die den Menschen grundsätzlich verborgenen platonischen Ideen finden Erwähnung, die nach Auffassung einiger Philosophen in die reale Welt zu transportieren und dort sichtbar werden zu lassen allenfalls der Intuition des Künstlers gelingt.

Die Kunst ist jedenfalls nicht darauf beschränkt, die Natur nachzuahmen oder zu idealisieren. Wenn wir von dieser These ausgehen, erhebt sich die Frage: Was ist Kunst? Das Bundesverfassungsgericht hat den Begriff der Kunst definiert, weil die Freiheit der Kunst von dem Grundgesetz besonders geschützt wird. Es ist verständlich, daß Juristen wissen wollen, um wen es sich bei dem Schutzbefohlenen eigentlich handelt. Aber der Begriff der Kunst, ebenso wie die Begriffe „Freiheit", „Vernunft", „Natur" und auch „Sport" lassen sich durch Definition nur schwer einfangen. Das gilt auch für den Sport, denn als „Spitzenleistung ohne Erwerbszweck" läßt er sich angesichts der beachtlichen Einkünfte vieler Spitzensportler nicht beschreiben. Auch steht die körperliche Leistung nicht immer im Vordergrund, zum Beispiel beim Motorsport. Allenfalls läßt sich sagen, daß die Leistung nicht erbracht werden darf, damit ein wirtschaftlich relevantes Produkt entsteht. So ist das Ausschachten einer Grube, um Leitungen zu verlegen, zwar anstrengend, aber kein Sport. Ebensowenig läßt sich die Herstellung eines Einkaufskorbs oder die Bemalung eines Verkehrsschildes als Kunst bezeichnen, weil der praktische Zweck keinen anderen neben sich duldet. Oder doch? Verwirrung ist durch die art trouvé entstanden, durch die nicht mit künstlerischer Absicht hergestellte, sondern gefundene Kunst. Eine solche gefundene Kunst kann durchaus ein Einkaufskorb oder ein Verkehrsschild sein, wenn ein Künstler sie dazu erklärt. Können aber Einkaufskorb oder Verkehrsschild auch dann Kunstwerk bleiben, wenn sie weiter dem praktischen Zweck dienen, für den sie ursprünglich hergestellt worden sind? Und wer ist überhaupt ein Künstler? Wer Kunst macht. Und was ist Kunst? Was von einem Künstler dazu erklärt wird. So beißt sich die Katze in den Schwanz. Etwas Ähnliches wie eine elektromagnetische Welle ist gegeben: Die Entstehung eines magnetischen Feldes erzeugt ein elektrisches Feld und die eines elektrischen Feldes ein magnetisches usw. usw.

Otto Herbert Hajek malt keine Gänse und Enten, und er weiht auch keine Einkaufskörbe zu Kunstwerken. Er stellt nach seinen Vorstellungen Kunstwerke her, die sich auf den Raum beziehen oder zusammen mit dem Raum wirken sollen. Er äußert sich durch unzählige Variationen von Formen und Farben so virtuos, daß selbst ein von des Gedankens Blässe angekränkelter Jurist wie ich ein von ihm geschaffenes Kunstwerk unter Hunderten anderer auf den ersten Blick herausfindet. Das ist Stil, der ein Charakteristikum großer Meisterschaft ist. Es wäre verwunderlich, wenn er nicht kritisiert würde. Gelegentlich äußert sich die Kritik aber in einer Weise, daß sie vom Kritiker nicht beabsichtigte Heiterkeit auslöst, welche bei der Erörterung von Fragen der Kunst im allgemeinen nicht erwünscht ist. Als die Landeshauptstadt Herbert Hajek bat, das von den Architekten Geier und Geier umzubauende Leuzebad künstlerisch zu gestalten, behauptete ein Kritiker, die Hajeksche Kunst sei bereits überholt, während ein anderer Kritiker den Anblick der von Hajek verwendeten Farben für gesundheitsschädlich erklärte und forderte, darüber ein Freiburger Institut zu befragen. Bislang ist wegen der Farben noch niemand zu Schaden gekommen.

Daß über Farben gestritten wird, ist nicht ungewöhnlich. Goethe war auf seine von der Lehre Newtons abweichenden Farbenlehre so stolz, daß er nicht nur Kritik, sondern leisen Zweifel an ihr übelnahm. Dies mußte sein Sekretär Eckermann erfahren, als er durch eigene Versuche zu etwas anderen Ergebnissen kam und diese Ergebnisse dem Olympier mitteilte in der Meinung, der werde sich freuen. Der freute sich aber gar nicht, denn er wollte nicht die Wahrheit, sondern Bestätigung und Anerkennung. Des Meisters Gemüt verfinsterte sich, so daß Eckermann nichts mehr sagte, was in derartigen Situationen das Beste ist. Obwohl Newton recht hatte, war die künstlerische Autorität Goethes so groß, daß zwei so entgegengesetzte und querköpfige Naturen wie Hegel und Schopenhauer dessen Lehre annahmen. Sonst hatten die beiden nichts gemeinsam. Schopenhauer schimpfte über Hegel, und Hegel tat so, als kenne er Schopenhauer nicht.

Einen Fortschritt von Generation zu Generation in dem Sinne, daß Wissen und Können vererbt werden können und das jeweils Neueste das Beste ist, gibt es in der Naturwissenschaft und der Technik, nicht aber in der Moral und Kunst. Dort muß jede Generation das ihr mögliche Niveau erreichen. Das Barock ist eine andere Kunstepoche, aber deshalb keine höherwertige als die Renaissance. Gewiß gibt es auch in der Kunst einen Prozeß der Aktion und Reaktion, wenn man so will, der Dialektik. Aber der russische Philosoph Gulyga sagte bei der Besichtigung einer Kunstausstellung, es sei ein Irrtum anzunehmen, daß die Dialektik immer nach oben führe. Künstler wie Kunstfreund unterliegen zwar dem Einfluß des Wandels im Kunstverständnis, sind aber letztlich auf sich allein gestellt. Wer von der Kunst etwas haben will, der mache es sich nicht zu leicht. Schlagworte wie „deutsch ist, eine Sache um ihrer selbst willen zu tun“ oder „Kunst ist um der Kunst willen da“ bringen nicht weiter. Das sind Formeln, die Denken und Befragungen erschweren sollen. Wenn etwas seltsam klingt, ist dies kein Beweis dafür, daß es gut ist. Hindemith soll während seiner Stuttgarter Zeit bei einer Probe zu seinem Orchester gesagt haben: „Es klingt zwar falsch, ist aber trotzdem nicht richtig.“ Fragen nach Sinn, Funktion, Bedeutung, Zusammenhängen sind immer zulässig, auch wenn sie manchmal mehr aussagen über Unzulänglichkeiten des Fragestellers als zur Klärung beitragen. Das macht nichts. Denn eine Beziehung zur Kunst, das Interesse an ihr, die Fähigkeit, sich mit ihr auseinanderzusetzen und der eigenen Erlebniswelt größere Räume zu öffnen, das alles stellt sich in der Regel nur dann ein, wenn man sich mit der Kunst befaßt, also auch: Fragen an sie richtet. Herbert Hajek hat sich solchen Fragen gestellt. Er hat vielen die Augen geöffnet für die Vision, die Botschaft oder die Herausforderung, die in dem Kunstwerk stecken oder mit ihm zusammenhängen. Der

Rang der Stuttgarter Region als Kulturort wird nicht nur durch die Künstler, sondern auch durch das Publikum bestimmt. Die Qualität des einen stützt die Qualität des anderen. Herbert Hajek hat wichtige Kunstereignisse nach Stuttgart gebracht. Ich erinnere mich an einen großen Kongreß im Kunstgebäude, bei dem Minister Helmut Engler und ich ein Grußwort zu sprechen hatten und Professor Dr. Hans Küng das Hauptreferat hielt. Nach der Bühnenweisheit „was gestrichen ist, kann nicht durchfallen" faßten Engler und ich uns so kurz wie möglich. Küng hingegen sprach fast eine Stunde, ohne gestört zu werden, was zeigt, daß die Kunst mit sich reden läßt, wenn der Redner etwas zu sagen hat.

Der Betrachter eines Kunstwerks soll durchaus seine eigene Vorstellung entwickeln. Er tritt in einen Dialog mit dem Künstler ein, wird aber nicht bevormundet. Er sollte aber etwas von dem Künstler wissen, weil dieses Wissen ihm Zugänge öffnet, die andernfalls verschlossen bleiben. Kunstverständnis zu heucheln, kann hilfreich sein. Denn wer lange vorgibt zu sein wie er nicht ist, kann schließlich so werden, wie er zu sein vorgibt. Nur sollte vom Künstler nichts Unmögliches verlangt werden. Jede Kunstform – Literatur, Musik, bildende Kunst, Theater, Oper – hat Möglichkeiten, etwas auszudrücken, was in der Sprache anderer Kunstformen nicht oder nur unzulänglich ausgedrückt werden kann. Ein Musikstück kann kein Gemälde beschreiben und ein Gemälde kein Musikstück, und die Literatur kann kein Musikstück so schildern, daß man es in Noten setzen könnte. Auch Bilder oder Plastiken lassen sich nicht mit Worten erklären. Wer das von einem Künstler verlangt, fordert zu viel. Es geht hier nicht um Spielkarten, die ihre klare Bedeutung haben. Immer wieder versuchen Kunstgelehrte, die Vorträge bei der Eröffnung von Kunstausstellungen halten, nicht nur die Grundposition, sondern auch das, was der Künstler bei Herstellung seiner Werke gedacht hat, in Worte zu fassen. Kunst hat auch etwas mit Intuition und Inspiration zu tun.

Man sieht es dem Mienenspiel des Künstlers an, daß er hofft, nicht selbst zum gleichen Thema befragt zu werden.

Herbert Hajek hat viel für die Kunst getan. Sein Werk ragt über sein eigenes künstlerisches Schaffen hinaus, denn er hat sich wie wenig andere für Versöhnung und Verständigung der Völker eingesetzt, mit besonderem Nachdruck für die Freundschaft zwischen Deutschen und Tschechen. Diese Beziehung soll nicht verdunkelt werden von den Schatten der Vergangenheit. Die kann niemand mehr ändern. Sie soll ermutigt werden durch das Ziel einer gemeinsamen europäischen Zukunft.

Ironie und Wirklichkeit

Den Bericht in der Stuttgarter Zeitung über ein Symposium mit dem Thema „Geschichte der Ironie" war zu entnehmen, daß die Ironie demnächst aus der Mode kommen könnte. Das wäre traurig, auch für die Wahrheitsfindung, weil vieles so ernst ist, daß es sich nur im Spaß sagen läßt. Aber so groß ist die Gefahr nicht, denn die größte Ironikerin ist die Wirklichkeit. Ein neuer Beweis hierfür ist, daß die PDS an der Regierung der deutschen Hauptstadt beteiligt ist, 12 Jahre nach dem Fall der Mauer und der Wiedervereinigung. Es ist vielleicht nützlich, sich wieder mit Marx und Engels zu befassen und die einschlägige Literatur im Bücherschrank wieder in die erste Reihe zu stellen. Bekanntlich muß zwischen dem jüngeren und dem älteren Marx unterschieden werden. Der jüngere ist eher optimistisch, der ältere eher pessimistisch. Einige seiner Äußerungen deuten darauf hin, daß er die Verwirklichung seiner Prophezeiung nicht erleben wollte. Diese Verwirklichung ist nach wie vor nicht zu erwarten. Andere Fragen stehen im Raum.

Der jüngere Karl Marx schreibt in seiner „Deutschen Ideologie", die kommunistische Gesellschaft werde die allgemeine

Produktion regeln und es dadurch jedem möglich machen, heute dies und morgen jenes zu tun, wie er gerade Lust hat. Wie aber, wenn alle Lust haben, ihr Mittagessen einzunehmen und niemand Lust, es zu kochen? Die Frage scheint sich heute durch den Hinweis auf die expandierenden Fähigkeiten und Tätigkeitsfelder der Maschinen zu beantworten. Die Maschinen dienen dem Menschen immer mehr und immer besser. Sie können das, was er nicht kann. Die Sorge taucht auf, daß der Mensch schließlich mehr im Dienst der Maschinen steht, als diese in seinem.

Am Beginn der Industrialisierung stand die Erkenntnis, daß die Hände unter gewissen Voraussetzungen um so schneller arbeiten, je weniger der Verstand sie dabei stört. Sodann versuchte man, den Herstellungsprozeß in leicht faßbare Teilpartien zu zerlegen. Auch dies gelang, wie der Mensch überhaupt beim Zerlegen tüchtiger ist als beim Zusammensetzen. Solche für behende Hände geschaffene Arbeitsplätze wurden den Menschen angeboten und von diesen mangels besserer, nämlich vielseitigerer, angenommen. Aber nun entstand das Problem der Entfremdung: Nicht der ganze Mensch wurde mehr gebraucht, sondern nur seine Hände. So wurde der Mensch seinem Produkt, seiner Arbeit und sich selbst entfremdet. Das ist unwürdig. Daraufhin wurden Maschinen entwickelt, die den Menschen in jenen einfachen Tätigkeiten ersetzen sollten. Das gelang weithin. Aber in dem Maße, in dem diese Entwicklung fortschreitet, wird nicht nur die Menschenwürde wieder hergestellt, sondern auch die Zahl der Arbeitsplätze vermindert.

Zunächst regte sich darüber niemand auf. Alle trösteten sich mit der Meinung, zum Denken werde der Mensch gebraucht, weil die Maschinen dazu unfähig seien. Aber die Fähigkeiten der Maschinen wurden unterschätzt. Heute denken sie in wachsenden Arbeitsfeldern immer besser, schneller und zuverlässiger als der Mensch. Zuerst erleichtert die Maschine dem Menschen die Arbeit. Dann ersetzt sie ihn. Er wird zwar noch gebraucht, als Impulsgeber, zum Teil noch als Konstrukteur, im übrigen eher als Konsument und weniger als Produzent. Aber wie kommt das Geld, das der Mensch braucht, um zu konsumieren, in seine Tasche, wenn die Maschine produziert und Geld verdient, er aber nicht? Das ist eine der großen Fragen. Ein zwar nicht immer bewährtes, aber naheliegendes Mittel scheint sich anzubieten: Das Geld den Maschinen oder deren Eigentümern wegnehmen und es an jene verteilen, die es brauchen. Aber der globale Markt macht einen Strich durch diese Rechnung. Und der ist kein Programm, sondern eine Tatsache, die einzelne Staaten nicht ändern können.

Durch Teilen wird man nicht reich, allenfalls weniger arm. Der Weg zum Reichtum führt auch künftig über die Arbeit. Aber die bezahlte Arbeit wird knapp. Das kann teuer werden. Wer den ganzen Tag arbeitet, hat einen geringeren Geldbedarf als einer, der sich den ganzen Tag dem Müßiggang hingibt. Da Arbeitsplätze noch knapper werden, wird der Wettbewerb um sie immer schärfer. Das führt dazu, daß immer bessere Arbeitnehmer zum Zuge kommen. Je besser diese sind, desto besser werden die Maschinen sein, die sie erfinden. Je besser die Maschinen sind, desto mehr Arbeitsplätze gehen verloren, desto besser werden die Arbeitnehmer, was wiederum zu immer besseren Maschinen führt. Die Verbesserung zeigt sich auch in der Erleichterung der Bedienung. Lauert auch insoweit die Maschine darauf, um an die Stelle des Menschen zu treten? Aber vielleicht sind das unnötige Sorgen. Hoffen wir es.

Beim Wettbewerb geht es um die Qualität der Produkte und um die Spanne zwischen Herstellungskosten und Verkaufspreis. Das Bestreben, sich aus dieser Spanne ein Stück herauszuschneiden, ist so groß, daß die Marktwirtschaft bessere Ergebnisse erzielt, als jede Form von Planwirtschaft, die je nach der Radikalität der ihr zugrunde liegenden Philosophie die Spanne ganz beseitigen oder jedenfalls kleiner machen möchte. Die Marktwirtschaft wirkt in zwei Richtungen: Sie will die Qualität verbessern sowie durch Erhöhung der Arbeitsproduktivität die Herstellungskosten senken. Und sie will die Menschen davon überzeugen, daß sie Produkte und Dienste brauchen, an die sie früher nicht gedacht haben. Das erste Ziel ist wegen der verlorenen Arbeitsplätze nicht unproblematisch, während das zweite eher positiv beurteilt werden müßte, wenn man die Ökologie außer Betracht läßt. Aber die Ökologie soll sich selbst zu Wort melden. Aus dem Nebel, der uns die Zukunft verhüllt, treten Konturen hervor, die Lösungen erfordern. Wir sehen deutlicher, was falsch ist, als was richtig wäre. Soll die Politik versuchen, das gesellschaftliche Leben so kompliziert zu machen, daß dadurch mehr Arbeitsplätze entstehen, als durch Steigerung der Arbeitsproduktivität wegfallen? Bislang hat sie hier schon einiges geleistet. Sie könnte aber, wenn sie diesen Weg konsequent und bewußt verfolgte, die Kompliziertheit noch erheblich steigern. An Experten, die dazu willens und fähig sind, fehlt es nicht.

Schwäbische Urgründe von Dichtung

In Südwestdeutschland, besonders unter den Schwaben, gibt es auffallend viele Dichter und Philosophen. Der spöttische Literat und Poet Paulus würdigte diesen Umstand durch folgende hierzulande weithin ernst genommene Verse:

„Der Schelling und der Hegel
der Uhland und der Hauff,
das sind bei uns die Regel,
das fällt uns gar nicht auf.“

Das hier verbreitete Dichten und Schreiben hat mehrere Gründe: Erstens eine sorgfältige, stark vom Protestantismus geprägte christliche Erziehung, die es fast ausschloß, alles, was Dichter gerne beschreiben, tatsächlich zu praktizieren. So blieb nur die Sublimierung. Zweitens die Herausforderung durch eine moderate, im Einzelfall auch recht heftige Unterdrückung durch den Staat. Drittens der hiesige Wein, der zwar oft etwas trocken, aber doch geeignet ist, den Menschen zu enthemmen und Bedenken, die ihn sonst heimgesucht hätten, zum Schweigen zu bringen. Vieles von dem, was geschrieben und gedichtet wurde, ist unter Alkoholeinfluß entstanden, was die heutige kulturelle Unfruchtbarkeit als Folge der immer schärferen Anforderungen an den Blutalkoholgehalt der Verkehrsteilnehmer erklärt. Viertens – ein Gesichtspunkt, an den bislang außer mir noch niemand gedacht zu haben scheint – die in der schwäbischen Sprache gegenüber dem Hochdeutsch erheblich erweiterten Möglichkeiten, einen Reim zu finden. Ich will hier nicht nur auf die Möglichkeiten, Konsonanten einfach wegzulassen, abheben. Zum Beispiel nach „Klee“ oder „Weh“ einfach „Kein Schätzele meh“ und nicht „mehr“, was an dem traurigen Sachverhalt zwar nichts geändert, aber den Reim und damit das ganze Lied zerstören würde. Die Vokale „e“ und „ä“ – zum Beispiel „äwig“ oder „Sähle“ – klingen in etwa gleich. Dasselbe trifft auf „ö“ und „e“ (alle Vegel sind schon da) zu, sowie auf „eu“ und „ei“ (Du bist trunken, lieber Eugen, drom wird ich dir den Ausgang zeigen), ebenso auf „ü“ und „i“ (Es wäre mir wesentlich lieber, ginge es hier nicht drunter und drüber). Schiller macht von diesen schwäbischen Möglichkeiten eifrig Gebrauch. In seiner „Bürgschaft“ reimt er: „Die Stadt vom Tyrannen befreien“ auf „Das sollst du am Kreuze bereuen“. Sodann „gebeut“ auf „befreit“, „Freund“ auf „vereint“ „Mühe“ auf „Knie“, „Hüter“ auf „Gebieter“ und „zweie“ auf „Treue“. In seinem „Handschuh“ heißt es: „Zwischen den Tiger und Leuen mitten hinein“. Schillers Gedichte würden in sich zusammenbrechen, wenn man aus ihnen den Dialekt entfernte.

Nicht nur das Blühen der Dichtkunst, sondern auch die Verehrung von Wald und Baum haben ihre Ursache in günstigen Möglichkeiten, Reime zu finden. Wie ich in meinem Buch „Holzwege zur Wirklichkeit" bewiesen habe, ist der Umstand, daß sich im Deutschen, und zwar auch im Hochdeutschen, auf Wörter wie „Wald" oder „Baum" ziemlich viel reimt, für die dichterische Überhöhung des Waldes in der deutschen Literatur und auch in der deutschen Politik verantwortlich.

Ein Boden, der nicht umgepflügt wird, wird unfruchtbar. Ein Kulturschatz, der nicht ständig umgewendet, zerlegt und zusammengesetzt, neu bearbeitet, gekürzt und mit neuem Sinn und Inhalt versehen wird, vertrocknet, verstaubt, verrottet, verschwindet. In vielen Familien werden die ererbten Klassiker nur noch als Versteck von Geldscheinen und geheimen Papieren verwendet, weil so gut wie sicher ist, daß kein Familienmitglied sie zur Hand nimmt. Auch das Theater macht ständig aus Altem etwas Neues. Die Klassiker werden als Trümmerhaufen angesehen, aus denen man sich holt, was zu brauchen ist, und in denen man den Rest liegen läßt. Nur in der Architektur ist das Kulturbewußtsein noch nicht so weit fortgeschritten. Dort wird das Alte noch verehrt, allerdings nicht nachgeahmt, es sei denn im Rahmen der Postmoderne. Dies hängt mit dem Anspruch der Architekten zusammen, in ihren Bauwerken weiterzuleben, während dem Juristen der Gedanke, in seinen Akten weiterzuleben, gar nicht erst kommt. Sie denken sich, wenn ich die alten Gebäude ehre, wird man auch meine Bauten respektieren und sie als Kleinod ehren. Klein sind die heute erstellten Gebäude meistens nicht. Je gewaltiger sie sind, desto größer das Risiko, daß sie schon zu einem Zeitpunkt zum Denkmal erklärt werden, in dem der Beton noch nicht trocken ist. Gedichte hingegen führen ein verborgenes Leben. Sie dürfen alles sein, aber nicht lang. Manchmal sind sie bereits halbtot, wenn sie von einem Studenten der Germanistik, der eine Diplomarbeit schreibt, wachgeküßt und wiederbelebt werden.

Es tut not, das deutsche Gedicht und das deutsche Liedgut aus der Vergessenheit herauszureißen und die Jugend zu ermutigen, sich mit diesem Schatz nach Aussonderung des unbrauchbar Gewordenen Kopf und Herz zu füllen, damit sich dort nichts Unrechtes einnistet. Noch schöner wäre es, wenn die Jugend selbst wieder zu dichten anfinge. Anfängern könnte ein Reimlexikon die mühsame Suche nach dem Reim ersparen. Entgegen einem weitverbreiteten Vorurteil ist es nicht nötig, in ein Gedicht einen Sinn hineinzulegen. Es muß sich eben reimen. Eine griechische Frauenfigur ist aus sich heraus schön und nicht deshalb, weil sie Funktionen erfüllt, wie zum Beispiel durch ihren ausgestreckten Arm den Weg in das Speisezimmer zu weisen. Überall die Sinnfrage aufzuwerfen grenzt an Unsinn. Bernard Shaw läßt in seiner „Heiligen Johanna" (Jungfrau von Orleans) einen Soldaten über das Volkslied sagen: „Musik direkt aus dem Herzen des Volkes bedeutet überhaupt nichts, aber läßt es marschieren." So hat meine Generation das Liedgut auch erlebt. „Wissen wir auch nicht, wohin es geht, wenn nur die Fahne vor uns weht." Die Fahne hat es offensichtlich auch nicht gewußt. Jedenfalls kann sich ein Leser meiner Gedichte darauf verlassen, wenn er beim ersten Durchlesen keinen Sinn findet, dann ist auch keiner drin.

Das Dichten entwickelt ästhetische Empfindsamkeit. Diese wendet sich zum Beispiel gegen die an sich berechtigte Tendenz, in der Sprache jeweils neben der männlichen auch die weibliche Form anzuführen, zum Beispiel: „Der Einsatzleiter/In (Feuerwehrhauptmann/hauptfrau)" Oder: „Der Gänserich/die Gans verschlang schnatternd einen Frosch/Fröschin, während der Bauer/die Bäuerin dabeisaß und sich auf den Gänserich/Gansbraten freute, den er/sie zu verspeisen gedachte." Bei normalen Prosatexten mag diese Darstellungsform noch hingenommen werden. Aber Texte in gebundener Rede, besonders Gedichte, leiden unter ihr erheblich. Da nach meiner Auffassung die gesamte Literatur modernisiert, gestrafft und von Versuchen, alles auf einmal zu sagen, gereinigt werden muß, wenn sie der Jugend wieder erschlossen werden soll, müssen für die Lyrik andere Wege gegangen werden. Welche Wege das sein können? Ich fand heraus, daß das Problem der Gleichstellung der Frauen vor allem in der zu häufigen Verwendung männlicher Wörter liegt und habe vorgeschlagen, die deutsche Literatur umzuschreiben. Zum Beispiel könnte das Gedicht Goethes „Über allen Gipfeln ist Ruh", das fünf männliche Wörter und ein weibliches enthält, umgeschrieben werden in eines mit fünf weiblichen Wörtern und nur einem männlichen Wort. Mein schon in meinem ersten Gedichtband (Engelhorn/DVA, jetzt 13. Auflage) unterbreiteter Vorschlag lautete:

„Über allen Spitzen ist Ruh
Bei aller Hitzen spürest du
kaum eine Brise
Die Tauben schweigen im Walde
warte nur, balde
kommst auch du in die Krise!"

Blutrünstigkeit und Umweltsündhaftigkeit

Es geht ja nicht nur um die peinliche Mißachtung der Frauen. Es geht auch darum, die zum Teil erschreckende Blutrünstigkeit zu mildern, die Anschaulichkeit zu vergrößern, durch schludrige mündliche Überlieferung entstandene Sinnlosigkeit zu beseitigen und mit der Verharmlosung von Umweltsünden ein für allemal Schluß zu machen.

Die Ballade „Des Sängers Fluch" ist zwar bekannt, aber schwer zu finden, denn man sucht sie bei Schiller. Sie stammt aber von Uhland. Die Ballade ist sehr blutrünstig und würde im Fernsehen nur Zuschauern, die älter als 16 Jahre sind, zugemutet. Der Sohn des Sängers, der bei einem Burgkonzert die zweite Stimme singt, wird vom Hausherren in der Wut umgebracht. Dieser meint nämlich, der junge Mensch hätte seiner Gattin und diese diesem zugeblinzelt. Der Sänger beendet das Konzert abrupt und verflucht den Hausherrn und seine Burg, worauf diese zusammenbricht. Ich habe die gräßliche Bluttat dadurch eliminiert, daß bei mir der Sohn gar nicht mehr vorkommt. Meine Version können auch Schulkinder lesen, ohne dadurch Zweifel an der moralischen Qualität der weltlichen Obrigkeit, also Kanzler, Ministerpräsident und Bürgermeister, zu bekommen. Statt dessen habe ich die Länge musikalischer Darbietungen thematisiert.

Der Barde

„Es ritt einmal ein Barde
auf seinem wackren Roß
und seiner alten Harfe
hinein ins Königsschloß.

Obwohl der König schmerzlich
im Mittagsschlaf gestört
verfügte er großmütig:
Heut abend Hofkonzert.

Am Abend hat der Barde
erstmalig aufgeführt
ein längeres Musikstück,
das er selber komponiert.

Der König voller Grause
sah gar kein Ende mehr.
Er warf den Barden hinause
und die Harfe hinterher.

Rumbum, klirrklirr, so klang es
den steilen Hang entlang.
So kommt's wenn ein zu langes
Musikstück im Programm."

Eine aus ökologischen Gründen verachtenswerte und kriminelle Tätigkeit ist das Schnitzen eines Herzens, der Initialen oder eines Hinweises auf die eigene Anwesenheit in eine Baumrinde hinein. Diese Tätigkeit literarisch mit einem positiven Gefühlswert auszustatten ist nicht angebracht. Die erste Strophe des vielgesungenen Liedes „Am Brunnen vor dem Tore" sollte zwei Ergänzungsstrophen erhalten, die das klarstellen.

Am Brunnen vor dem Tore (alt)

„Am Brunnen, vor dem Tore
da stand ein Lindenbaum.
Ich träumt in seinem Schatten,
so manchen süßen Traum.
Ich schnitzt in seine Rinde
so manches liebe Wort.
Es zog in Freud und Leide
zu dir mich immerfort."

Strophe 1a (neu)
„Ich bin kein Ökologe.
Drum wußt' ich's besser nicht.
Als besser ich's dann wußte,
bereut' ich's fürchterlich.
Wie konnt' ich Rindvieh schnitzen
in des Baumes dicke Haut?
Wenn immer ich dran denke,
es vor mir selber graut."

Strophe 1b (neu)

„Die Landschaftsschutzverordnung
verbietet solche Tat.
Erklärt den zum Kriminellen,
der sie begangen hat.
Mein Schweizer Taschenmesser
warf ich ins tiefe Meer,
und bald stürz' ich mich selber
mit Kopfsprung hinterher."

Sinn und Unsinn

Nach Hegel haben Volksweisen etwas Lugubres und Ziehendes. Die Volksweise „Drei Lilien" demonstriert das. Überdies wurde sie durch schludrige Wiedergabe verstümmelt. Nimmt man sie wortwörtlich, übernimmt die Leiche selbst die Grabpflege und beschimpft den Grabräuber. Solch einen Kokolores sollte man den Privatsendern überlassen.

Drei Lilien

„Drei Lilien, drei Lilien,
wuchsen still auf einem Grab,
da kam ein frecher Biker
und brach sie einfach ab.

Er wollt der Liebsten bringen
wohl einen Blumenstrauß
und dacht' für ein paar Blumen,
geb ich kein Bargeld aus.

Doch wer sich heut kann leisten,
eine BMW zu fahrn,
der kann auch für ein Stäußchen
sich ein paar Cents ersparn.

Das knatternde Motorrad
stört schwer die Friedhofsruh,
es hielten selbst die Toten
sich beide Ohren zu.

Was soll mir denn ein Biker,
der Friedhofsblumen klaut,
und dem's bei solchem Diebstahl
nicht vor sich selber graut?

Die Liebste, die so dachte,
war voller Grimm und Groll
und sagte zu dem Biker,
das Maß ist nunmehr voll.

Jetzt schnüre nur dein Bündel,
du frecher Blumendieb,
und mach, daß du verschwindest,
erloschen ist die Lieb!"

Was in Schillers Ballade „Der Taucher" ganz abgesehen von ihrer unnötigen Länge stört, ist die Ernsthaftigkeit, mit der sie abgefaßt ist, obwohl sie doch das unsinnige Benehmen verwirrter Menschen behandelt, also etwas, worüber unsere Spaßgesellschaft vor dem Fernsehapparat stundenlang lachen kann: Ein König wirft einen goldenen Becher ins Meer, und der Taucher stürzt hinterher und holt ihn wieder herauf. Dem König gefällt das, und er wirft den Becher noch einmal hinein und verspricht dem Taucher, wenn er ihn noch einmal heraufholt, die Hand seiner Tochter. Ob er die vorher gefragt hat, geht aus dem Text nicht hervor. Natürlich ertrinkt der Taucher. Was einmal gelingt, gelingt deshalb noch lange nicht zweimal. Wer dem zuwiderhandelt, ist entweder dumm oder lächerlich. Von Tragödie keine Spur. Das muß deutlicher zum Ausdruck kommen.

Variationen zu Schillers „Der Taucher“

„Ein König einst
im Übermut
warf einen Becher
in die Flut.

Wer tauchend trotzt
des Meeres Gewalten
und findet den Becher,
der kann ihn behalten.

Nach des Königs Erklärung
haben sich viele entfernt,
denn keiner von ihnen hatte
das Schwimmen gelernt.

Nur ein Ritter blieb,
ein wahrer Helde
und erklärte, daß er als Taucher
sich freiwillig melde.

Das wilde Meer
könne ihn nicht erschrecken,
sofern das Wasser nicht tiefer
als im Nichtschwimmerbecken.

Der König meinte
so müßt' es wohl sein,
da hüpfte der Ritter
ins Wasser hinein.

Doch tat er dieses unter
Verlust seines Lebens.
Auf den goldenen Becher
wartet der König vergebens."

Das Nibelungenlied – erträglich gemacht

Um das Jahr 1200 herum schrieb ein Autor oder mehrere Autoren das Nibelungenlied. Die Autorennamen sind in Vergessenheit geraten, das Lied nicht, „leider", fügen manche hinzu. Das Lied war Rohmaterial zur Herstellung verschiedener Kunstprodukte, unter denen Richard Wagners „Ring des Nibelungen" besonders hervortritt. Der „Ring" ist eine Oper, deren Text im Stabreim verfaßt ist. Das merkt der Opernbesucher aber nicht, denn er versteht in der Regel nicht den Text, sofern er sich kein Textbuch kauft. Aber wer tut das schon? Es gibt dann noch Texte zum Thema „Nibelungen" von Hans Sachs, Fouqué, Raupach, Geibel, Hebbel, Wilbrandt, Ipsen und Uhland. Wie andere Autoren ist auch Uhland an dieser Aufgabe erlahmt. Daran ist er selbst schuld. Denn er schrieb so lange Verszeilen, daß ihm sein Vorhaben schon bald auf die Nerven gehen mußte. Das Nibelungenlied gehört zum deutschen Kulturgut, weil sich so viele Autoren an ihm die Zähne ausbissen und weil sich auch der Film seiner angenommen hat. Es tut so, als brächte es des Schicksals Glocken zum Läuten. Aber es ist, wenn man die Allmachtssprüche wegdenkt, eine Mischung von Sex und Crime. Siegfried, zunächst die Hauptperson, Drachentöter und Held, läßt, was das andere Geschlecht anlangt, nichts anbrennen.

Er glaubt, sich das erlauben zu können, denn er ist stark, schön und reich. Sein unverfrorenes Betragen beeindruckt selbst Rentner und Pensionäre, die durch täglichen Fernsehkonsum von vier Stunden abgestumpft sind. Hier genügt der Hinweis, daß Siegfried, der ursprünglich anderweitig, nämlich an Brunhilde gebunden war, plötzlich behauptete, die Dame gar nicht zu kennen, und Kriemhilde ehelichte – ein starkes Stück. Hagen, ein Mann von Recht und Ordnung, durchbohrte ihn daraufhin mit einem Speer, vorsichtshalber von hinten. Die zur Witwe gewordene Kriemhilde heiratete den mächtigen Hunnenkönig Etzel, aber nicht aus Liebe, sondern zum Possen. Sie wollte sich nämlich mit seiner Hilfe an den Nibelungen rächen. Listig lud sie zu einem Familientreffen ins Hunnenreich ein. Die Nibelungen kannten Kriemhildens etwas zur Exzentrik neigenden, nachtragenden Charakter. Trotzdem schlugen sie mehrere Warnungen in den Wind und den Weg zu Etzels Residenz ein. Dort erwartete sie eine große Halle, in der sie ganz ordentlich bewirtet wurden. Bald fingen sie den bei den Germanen üblichen Streit an, was schon deshalb unklug war, weil die Gastgeber in der Mehrzahl waren. Jedenfalls starben sie alle. Auch Kriemhilde starb, weil man ihr den Kopf abschlug. Das war zu viel für sie. In meiner Nachdichtung habe ich eine beachtliche Verdichtung erreicht und zum Teil auch den durch Richard Wagners Übertünchungen in den Hintergrund getretenen Urtext wieder in den Vordergrund gebracht. Teilweise habe ich noch die Wagnersche Version belassen, so für die Zeitspanne zwischen Drachenmord und Burgunderhof. Andere sollen auch etwas tun. Jedenfalls handelt meine Fassung das Thema in weit kürzerer Zeit ab als der Urtext, von Richard Wagners Ring ganz zu schweigen.

Das Nibelungenlied in Kurzfassung

Siegfrieds Herkunft und Karriere

„Höchst selten man im Walde findt'
ein ausgesetztes Wickelkind.
Ein Schmied namens Mime
hat das erlebt;
er hätte sonst wesentlich länger gelebt.

Mime hatte nicht so richtig bedacht,
daß ein Knabe
wird grob und rüpelhaft,
und in der Pubertät, seien wir ehrlich,
da wird er beinahe lebensgefährlich.

Die Erziehung wird zum Problem.
Die Frage bleibt offen:
Wer folgt denn wem?
Diesen Knaben hatte
man Siegfried getauft,
weil er stets, statt geschafft,
hatte lieber gerauft.
Er siegte auch
in der Erziehungsfrage,
und Mime blieb nur noch
die stumme Klage.

Noch weit mehr
wurde Mime verstört
durch Siegfrieds
großes, scharfes Schwert,
das er übungshalber
täglich schwang,
bis ihm manch guter
Hieb gelang.

Nicht weit von Mime,
eine Stund ungefähr,
lebte ein Drache
als Pensionär
mit seinem Nibelungenhort,
den ehrlich er erworben.
Schier unzugänglich
war der Ort,
an dem er dann gestorben.

Als Siegfried nämlich
von dem Schatz erfuhr,
setzt er sich auf
des Drachen Spur,
fand die Höhle des Drachens
und rief ihn heraus,
schlug zu mit dem Schwert,
mit dem Drachen war‘s aus.

Als blutend der Drache
am Boden lag,
fiel Siegfried ein,
daß heut Badetag.
Er badet im Blut,
eine Hornhaut wächst ihm,
weder Schwert noch Pfeil
von nun an verletzt ihn.
Doch eine Stelle blieb frei,
hinten, gleich unter dem Kragen,
durch die hat ihn dann Hagen
später erschlagen.

Siegfried allein
nun der Schatz gehört.
Papa Mime ihn jetzt nur noch stört.

Doch ein Schwertstreich
mit geübter Hand
befreit ihn vom Familienband.
Frohgemut zog Siegfried dahin,
kein böser Gedanke
trübt ihm den Sinn,
bis er voll Verblüffung stand
vor einer hohen Feuerwand.

Er legt auf den Boden
Schwert und Schild,
sprang mutig durchs Feuer
und stand vor Brunhild,
mit der er sofort eine Familie gründet.
Doch prüfe,
wer sich ewig bindet.
Gerade das unterblieb,
man schwor sich zwar Treue,
doch bald hatte Siegfried
bereits eine Neue."

Siegfrieds Verrat und Tod

„Siegfried war
mit Brunhilde versprochen,
doch hat er das
Verlöbnis gebrochen,
indem er die jüngere
Kriemhilde gefreit.
Man schüttelt den Kopf
bei solcher Gemeinheit.

Siegfried, der tat so,
als ob alles nicht stimmt.
Das hat die Brunhilde

erst richtig ergrimmt.
Sie konnte den Ärger
nicht mehr ertragen
und beklagte sich bitter
beim biederen Hagen.
Hagen, der Freund
von Recht und Ordnung,
entschloß sich sofort
zu Siegfrieds Ermordung.

Des toten Siegfrieds Schätze
warf Hagen in den Rhein.
Wär gewesen der ein Schwabe,
hätt' er dies lassen sein.

Der tote Siegfried
lag auf dem Schragen,
da huben die zwei Witwen
an mächtig zu klagen,
daß der muntere Held
so früh schon gestorben.
Das hatte ihnen gründlich
die Laune verdorben.

Wenn einer mal tot,
läßt sich daran nichts ändern.
Doch die zwei liefen rum
in schwarzen Gewändern
und gönnten sich nur
zur Fastenzeit
ein kleines bißchen Heiterkeit.

Daß Siegfried tot war,
war niemand mehr recht,
und Kriemhilde schrie,

das wird noch gerächt!
Dann freite sie Etzel,
den mächtigen Hunnen,
doch der Krug geht nur,
bis er bricht, zum Brunnen."

Der Nibelungen Ende

„Ein paar Jahre lebte Kriemhild
im Ehestand
mit König Etzel
im Hunnenland.
Doch grübelte sie
bei Tag und bei Nacht,
weil man den Siegfried
hatte umgebracht.
Schließlich lud sie
die Nibelungen ein,
an Etzels Hof ihre
Gäste zu sein.

Dem Hagen hatte gleich
Böses geschwant,
drum hatte er die Reise
als Feldzug geplant.
Über Kriemhilds Charakter
war er durchaus im Bilde.
Er wußte, die Dame,
die führt was Übles
im Schilde.

Ins Hunnenland marschierte
das Nibelungenheer.
Bis heute wird gewartet
auf seine Wiederkehr.

Die Donauhexen riefen:
„Bald werdet ihr umkommen,
bis auf den letzten Mann,
der Pfarrer ausgenommen."

Doch der grimme Hagen packte
den Pfarrer bei dem Kragen.
„Jetzt wollen wir mal sehen,
ob dich die Wogen tragen!"

Ein riesengroßer Platscher,
da lag er in der Flut.
Doch stellte sich heraus,
der Pfarrer schwamm recht gut.

Kein einziger in der Truppe
hatte davon einen Schimmer,
daß der Heerespfarrer war
diplomierter Rettungsschwimmer.

Der gelangte so ans Ufer
und schrie ganz laut herüber:
„Ihr zieht in das Verderben.
Daheim bleib ich da lieber!"
Doch der grimme Hagen ließ
sein Ochsenhorn erschallen
und brüllte laut: „Wer umkehrt,
ist meinem Schwert verfallen!"

„Denn was da einst beschlossen,
auch wenn es noch so dumm ist,
das wird jetzt auch gemacht,
bis daß der Feldzug rum ist!"

Die verwirrten Anverwandten
erreicht kein einz'ger Feldpostbrief.
Da begann man sich zu fragen:
‚Ging da wohl etwas schief?'

Nibelungen in Etzels Burg

„Als das Heer bei Etzel
war angekommen,
wurde zunächst es freundlich
in Empfang genommen
und in eine große
Halle geführt.
Dort wurde dann auch
das Essen serviert.

Die Tische waren
ganz reizend gedeckt,
doch das Essen hat keinem
so richtig geschmeckt.
„Bäh", rief einer,
daß es nur so dröhnt,
er sei von zu Hause
etwas Besseres gewöhnt.
Er sei hier weder
erschienen zum Spaß
noch um zu ersticken
am Kindsbetterfraß,
noch habe er die weite
Reis unternommen,
um Hungcrödcmc
am A. zu bekommen.

Daß der Wein hier nichts tauge,
sei allseits bekannt,
er sei mit dem Essig
aufs engste verwandt.
Wer ihn trinke, müßte
mit Magenleiden
seinen weiteren Pfad
durchs Leben beschreiten.

Sofern im nicht durch
einen vergifteten Pfeil
der Marschbefehl nach
Walhall ereil.
Er hätte noch vorgebracht
weitere Klagen,
doch dann wurden die Knödel
aufgetragen.

Volker der Sänger
als erster verschwand,
um eine Wurst sich zu holen
am Dönerstand.
Die übrigen hatten
inzwischen entdeckt,
daß Frau Kriemhilds Knödel
besser fliegt als schmeckt.
So haben die Knödel
keinen Hunger gestillt.
Dreimal trafen sie Etzel
und viermal Kriemhild,
Kriemhildens Haare,
so schön onduliert,
warn durch die Knödel
völlig ruiniert.

Da sprach König Etzel,
ihr solltet euch schämen,
euch als meine Gäste
so schlecht zu benehmen.
Als der Hunnenkönig bin ich
gar nicht erheitert,
wenn man auf mich die klebrigen
Knödel schleudert.

Der Nibelungen Aufenthalt
endet schließlich
durch rohe Gewalt.
Der Nachtisch wurde
gar nicht mehr serviert,
denn man hatte die Gäste
bereits massakriert.
Wo Kriemhild denn sei,
hörte Etzel man fragen.
Die hatte man aus
Versehen erschlagen.

Oh Jungfrau, oh Jüngling,
liest du dies Gedicht,
folg der Nibelungen
Beispiel bitte nicht.
Esse immer geduldig,
was dir wird offeriert,
damit nicht auch dir noch
ein Unglück passiert."

Die Berührung der Kulturen

Die Berührung der Kulturen, der friedliche Austausch und der gegenseitige Respekt ist ein besserer Weg zum Weltfrieden als jeder noch so gutgemeinter Versuch, andere Völker womöglich noch gewaltsam zu bewegen, eine andere Identität anzunehmen. Diese Form der Weltverbesserung bewirkt das Gegenteil. Ein Berner Kantonalbeamter sagte zu Bauern im Berner Oberland, die sich gegen ein Straßenprojekt wehrten: „Wir wollen doch nur Euer Bestes!“ Diese antworteten: „Gerade das wollen wir nicht hergeben!“

Die Bekanntschaft mit Muslimen hat mir bewußtgemacht, daß das abendländische Gesichtsfeld seine trüben Stellen hat. Stuttgart ist mit Ägypten vor dreieinhalb Jahrzehnten näher in Berührung gekommen, und zwar durch eine Städtepartnerschaft mit Kairo. Mich hat wenig im Leben so sehr beeindruckt wie die Kontakte mit den Menschen und der Kultur dieses Landes. Unter Kultur verstehe ich nicht nur die der alten Ägypter, sondern vor allem die arabische, von deren Glanz und Rang man selbst bei kurzen Besuchen eine Vorstellung gewinnen kann. Die Führungsschicht ist hoch gebildet, klug, zum Teil weise und kennt uns besser als wir sie.

Die Beziehungen meiner Familie zu Kairo sind etwas älter als die der Stadt Stuttgart. Während des Ersten Weltkriegs diente der Bruder meines Vaters als Fliegerleutnant in der türkischen Armee. In dieser Eigenschaft mußte er zum Suezkanal und nach Kairo fliegen, um britische Truppenbewegungen zu photographieren. Er kannte Kairo zwar, aber nur von oben. Mein Vater lernte Kairo überhaupt nicht kennen. Kairo berührten nur die blauen Pfeile seiner Operationspläne, als sich in den Sommermonaten des Jahres 1942 seine stark dezimierte Armee dem Nil näherte. Der Nil wurde nicht erreicht und, wie er heute wohl selbst einräumen würde, war das auch gut so.

Aber ich gelangte nach Kairo. Von dort aus fuhr ich auch nach el Alamein, wo die Briten 1942 den Vormarsch der deutsch-italienischen Armee aufhielten. Auf der Hin- und Rückfahrt sah ich an den Straßenrändern zwar keine Gerippe von Reisenden und ihren Kamelen, wie dies in diversen Reisebeschreibungen aus dem 19. Jahrhundert zu lesen steht, aber um so mehr geplatzte Autoreifen. Der ägyptische Fahrer lauschte arabischer Musik, an die ich mich inzwischen gewöhnt habe und die ich ganz gerne höre, obwohl, vielleicht aber auch weil ich den Text nicht verstehe. Damals klang es wie „Illahulalli illahulalli" und „Sidiremdemdem". Ägyptische Freunde konnten mit diesen Notizen nichts anfangen. Das Schlachtfeld von el Alamein ist nur noch an den Friedhöfen und einem kleinen Museum zu erkennen. Von Ausflügen nach Süden in die Wüste wird abgeraten. Denn unter dem Boden liegen dort noch Hunderttausende von Minen, mit denen 1942 beide Seiten die Stellungen ihrer Infanterieregimenter zu schützen versuchten.

DES RECHNENS KUNDIG

In der Politik sind genügend Menschen des Rechnens kundig aber nicht so viele des Rechnens willig. Man vermag sich kaum das Ausmaß der Verzweiflung dieser Kundigen, mathematisch Begabten und deshalb moralisch Gefestigten vorstellen, wenn sie die Versuche der Mehrheit der Politiker erleben, mit moralischen Argumenten die Mathematik unwirksam zu machen. Das gelingt nicht. Vielleicht weicht der Satan zurück, wenn ihm Kreuz und Bibel vorgehalten werden, aber Rechenbücher und Logarithmentafeln und Computer beeindrucken ihn nicht. Es steht übrigens auch in heiligen und frommen Schriften nicht geschrieben, man dürfe und solle falsch rechnen, um einem guten Zweck zu dienen.

Die Schwaben und das Geld

Wenn von Schwaben die Rede ist, fehlte etwas, wenn das Geld nicht erwähnt würde, denn die wichtigsten Eigenschaften, die ihnen von anderen deutschen Stämmen zugeordnet werden, sind Sparsamkeit und das Streben nach Hausbau und Grundbesitz. In der Tat können die meisten Schwaben mit

Geld umgehen. Sie irren sich zwar auch in finanziellen Fragen, aber selten zum eigenen Nachteil. Natürlich haben auch wir einige Spitzbuben unter uns. Aber die meisten von uns Schwaben sind keine. Die Zeiten, in denen die Arbeit als einziger redlicher Grund für den Gelderwerb angesehen wurde, sind zwar vorbei, wenn es sie je wirklich gegeben hat. Heute sind wir auch für andere Wege ethisch aufgeschlossen. Angesichts der globalen Verflechtungen und des immer dichter werdenden Netzes der Vorschriften wird es immer schwieriger, die Frage zu beantworten: Wie verdiene ich auf redliche Weise Geld und behalte es? Eine richtige Antwort fällt manchmal schwer, aber es lohnt sich, sie zu suchen. Es gibt verschiedene Wege, Geld zu verdienen, durch Tätigkeit oder durch Untätigkeit, durch Handarbeit oder Kopfarbeit, durch Handel sowie durch Spekulation und Glücksspiel. Nach einer modernen und weitverbreiteten Meinung ist die Arbeit die unintelligenteste Form des Gelderwerbs, während es einer erheblichen Pfiffigkeit bedarf, sich die Untätigkeit bezahlen zu lassen. Letzteres wird unter anderem möglich durch das Subventionswesen. Subventionen werden manchmal auch dafür gezahlt, daß man etwas nicht tut, etwa in Form von Stillegungsprämien oder weltweit in der Agrarpolitik. Dazu führe ich ein Beispiel aus den USA an. Ein Herr soll an eine obere US-Bundesbehörde geschrieben haben, er habe gehört, daß man durch Nichtaufzucht von Schweinen Geld verdienen könne. Auch er wolle in dieses Geschäft einsteigen und zunächst einmal mit der Nichtaufzucht von hundert Schweinen beginnen. Im Erfolgsfall sei er bereit, sein Geschäft auf die Nichtaufzucht von tausend Schweinen auszuweiten.

Gerechtigkeit und politische Praxis

Gerechtigkeit ist ein zentraler Begriff der Bibel. „Selig, die hungern und dürsten nach Gerechtigkeit" heißt es in

Matthäus 5,6. Auf Erden ist Gerechtigkeit leicht zu fordern, schwer zu definieren und noch schwerer herzustellen. Die meisten, die von Gerechtigkeit reden, versuchen eine Definition erst gar nicht, sondern gehen davon aus, daß das, was ihnen recht ist auch gerecht sei. Da Andersdenkende, anders Interessierte und anderes Wollende andere Vorstellungen haben, hallt die Welt wider von vergeblichen Rufen wider das Unrecht. Viele neigen auch zu der Meinung, daß die Herstellung von Gerechtigkeit weniger die Pflicht des einzelnen Menschen sei als die der Politiker und der Juristen. Diese jedoch behelfen sich meistens mit dem Prinzip der Gleichheit und dem des Durchschnitts.

Die Menschen sind aber nicht gleich, nicht gleich dumm, nicht gleich klug, nicht gleich schön, nicht gleich gesund, nicht gleich wohlhabend. Wenn sie für gleich erklärt werden, ist das ungefähr so wahr wie die Behauptung, ein Tiger und ein Stallhase seien gleich. Die schon in der Französischen Revolution verkündete „Gleichheit" ist nur im Zusammenhang mit „Freiheit" und „Brüderlichkeit" erträglich. Anatole France schrieb am Beginn des 20. Jahrhunderts: „Das Gesetz, sehr um Gleichheit bemüht, verbietet Reichen wie Armen, unter den Brücken zu schlafen, in den Straßen zu betteln und Brot zu stehlen." Und Ernst Bloch, kongenial oder sich des Wortes von Anatole France erinnernd, formuliert 1918 im „Geist der Utopie": „Das ist die majestätische Gleichheit vor dem Gesetz, daß es den Reichen wie den Armen gleichermaßen verbietet, Holz zu stehlen."

Noch schlimmer verhält es sich mit dem Durchschnitt. Den gibt es in der Wirklichkeit gar nicht, und dennoch beruht eine Fülle von Theorien, Regelungen und Maßnahmen auf der Unterstellung, daß es ihn gibt oder daß es gut wäre, wenn es ihn gäbe. Das Durchschnittsalter der Lehrer beträgt fast 50 Jahre, ein nützlicher Hinweis auf Überalterung. Der durchschnittliche Stuttgarter war zu meiner aktiven Zeit 43 Jahre alt, einigermaßen gesund und verdiente ganz ordentlich. Für diesen Stuttgarter wären keine Kindergärten, Krippen, Schulen und keine Sozialhilfe nötig gewesen. Wenn eine Gruppe von Nichtschwimmern, die im Durchschnitt 1,75 m groß ist, einen Bach durchquert, der bis zu 1,60 m tief ist, werden weniger am anderen Ufer ankommen, als aufgebrochen sind, weil jene ertrinken, die wesentlich kleiner sind als 1,75 m. Ähnlich ist es, wenn es heißt, daß die Firmen im Durchschnitt eine Tariferhöhung von 3,8 Prozent verkraften. Die Firmen mit unterdurchschnittlichen Erträgen verkraften sie nicht ohne weiteres. Auf der anderen Seite würden die Firmen mit überdurchschnittlich guter Ertragslage bevorzugt, wenn die Tariferhöhung nur ein Prozent betragen würde. Dennoch ist der Durchschnitt unentbehrlich. Dies zeigt auch der Finanzausgleich zwischen Arm und Reich, den kommunalen, den für die Länder und den unter Krankenkassen. Der Finanzausgleich soll das unterschiedliche Steuer- und Beitragsaufkommen dem Durchschnitt annähern. Auch hier wird übertrieben: Ein kompliziertes Berechnungssystem kann dazu führen, daß Länder mit hohem Steueraufkommen wie Baden Württemberg je Einwohner weniger Geld haben als Länder mit niedrigem. Ähnliches kommt bei den Krankenkassen vor: Der Beitragssatz ist in Sachsen geringer als bei uns. Das ist zuviel des Guten, meint unser Ministerpräsident. Recht hat er, aber Baden Württemberg befindet sich in dem betrüblichsten Zustand, den es in der Demokratie gibt, nämlich dem der Minderheit. Von den 16 Ländern haben nämlich nur fünf ein überdurchschnittliches Steueraufkommen und elf ein unterdurchschnittliches. Es heißt zwar in der Bibel, die Letzten werden die Ersten sein (Matthäus 19,30), aber im 5. Buch Mose 25,4 lesen wir auch, daß dem Ochsen, der da drischt, das Maul nicht verbunden werden soll. Ausgleich heißt eigentlich nicht Nivellierung, aber das ruft der Prediger in der Wüste (Matthäus 3,3).

Den Bund dürstet nicht nur nach Gerechtigkeit, sondern auch danach, sich bei den Ländern durchsetzen zu können.

Dieses gelingt ihm um so eher, je mehr Zwietracht er unter diesen säen kann. In der Argonautensage konnte Jason das goldene Vlies nur deshalb an sich bringen, weil er einen Stein unter die Drachen warf, der dafür sorgte, daß diese sich im Streit um dessen Besitz gegenseitig umbrachten. Die schwache Position des Bundes in unserer Verfassung zwingt diesem die Rolle des Stifters von Zwietracht geradezu auf. Schon der Finanzminister der Großen Koalition 1966 bis 1969, Franz Josef Strauß, versuchte zunächst der Länderherrlichkeit das Kerzenlicht auszublasen, indem er durch Änderung des Grundgesetzes die Verteilung der Gemeinschaftssteuern auf die Länder durch einfaches Bundesgesetz vorsah. Das wäre unserem Land teuer zu stehen gekommen. Seinerzeit konnte das ein Bündnis Baden-Württembergs und Bayerns mit den damaligen SPD-Ländern Bremen, Hamburg, Hessen und Nordrhein-Westfalen verhindern. Der damalige bayerische Ministerpräsident Alfons Goppel mußte wegen dieser „unheiligen Allianz“ (Strauß) manch Unbill erdulden. Während der Beratungen im Bundesrat erzählte er, Strauß habe mit ihm lange telefoniert, er aber habe seine Ausführungen schweigend zur Kenntnis genommen. Schließlich habe Strauß gefragt: „Alfons, bist du noch da?“ Da habe er lediglich geantwortet: „Ja!“ Wie „Wahrheit“ oder „Kultur“ ist wohl auch „Gerechtigkeit“ etwas, das man nicht besitzen, sondern nur erstreben kann. Streben wir also! Aber gehen wir vorsichtig um mit der Gleichheit und dem Durchschnitt, sowie mit der Neigung, denen, die mehr haben, zugunsten jener, die weniger haben, so viel wegzunehmen, daß schließlich alle zu wenig haben. Für die sich nach Osten erweiternde EU wäre ein solches Verhalten lebensgefährlich. Auch im weltweiten Maßstab fordern gute Menschen erhebliche Umverteilung zugunsten der armen Länder. Sie nennen fast nie das Ausmaß der Einschränkungen, welche die Geberländer treffen würden. Und so bleibt es dann bei der Theorie des Guten.

Mücke und Elefant

Der Bundeshaushalt 2001 hatte ein Volumen von fast 500 Milliarden DM. Aber diese riesige Summe findet an manchen Tagen weniger Aufmerksamkeit als eine Million, zum Beispiel die Million, die Leisler Kiep vor ein paar Jahren der CDU überwiesen hat. Eine Million verhält sich zu 500 Milliarden wie zehn Gramm zu fünf Tonnen. Das ist das Verhältnis eines ausgewachsenen Elefanten, zwar nicht zu einer Mücke, aber doch zu einem Frosch. Probleme im Zusammenhang mit Finanzen haben meistens ihren Grund darin, daß Geld, das dasein sollte, fehlt („Herr Direktor, unser Kassier ist verschwunden!" „Haben Sie schon im Kassenschrank nachgesehen?" „Ja, aber da ist er auch nicht.") Daß eine Million zu viel da ist, das kommt selten vor. Aber es kommt vor. Vorsitzende und Generalsekretär der CDU waren entsetzt und wollten die eine Million nicht. Die SPD und die Grünen freuten sich. Am liebsten hätten sie die Geschichte von der unerwünschten Million etwas abkühlen lassen, um sie vor den Bundestagswahlen wieder aufzuwärmen und dann dem Wähler zu servieren.

Woher das Geld kam, ist klar: Es kam von Herrn Leisler Kiep, dem früheren Schatzmeister der Union, der schon viel gespendet hat. Er ist wohlhabend. Er könnte auf die Quizfrage „Was täten Sie, wenn Sie eine Million hätten?" so antworten, wie dies ein anderer reicher Mann, getan hat, nämlich: „Ich täte mich einschränken!" Denn er hat mehrere Millionen. Aber bleiben wir bei der Million, die uns alle aufregt. Leisler Kiep wollte noch sagen, warum er sie zahlt. Jedenfalls wollte er sie nicht behalten, sonst hätte er sie nicht der CDU geschickt. Die CDU aber wollte sie auch nicht, sagte sie. Auch SPD und Grüne wollten sie nicht. Ich frage mich wirklich: Ist etwa die Million herrenloses Gut? Als mich dieser Gedanke nachts durchzuckte, stand ich sofort auf und suchte mein Bürgerliches Gesetzbuch, welches ich zu meinem Erstaunen gleich fand. Da gibt es doch hinsichtlich herrenlosem Gut ein Aneignungsrecht? Richtig, § 958f. BGB gewährt dieses. Könnte ich mir die Million nicht aneignen, ganz legal, in analoger Anwendung von § 961 BGB, der die Aneignung eines entflohenen und vom ursprünglichen Eigentümer nicht mit ausreichendem Nachdruck verfolgten Bienenschwarms regelt?

Aber ich sagte mir: „Bloß in nix nei kommen." Du hast zwar eine reine Weste, in die noch ein Portefeuille mit einer Million passen würde. Du könntest ja die Hälfte für einen guten Zweck spenden. Oder vielleicht nur ein Drittel? Oder zehn Prozent, das wären immerhin auch noch 100 000 DM. Aber ich habe den Gedanken doch nicht weiterverfolgt. Es handelt sich ja nicht um reale Geldscheine, etwa in einem Koffer, die niemand haben will und die deshalb herrenlos sind – dann hätte ich sofort zugegriffen –, sondern um ein Bankkonto. An das heranzukommen, ist nicht einfach. Die möglichen Empfänger meiner Spende taten mir noch ein bißchen leid. Aber sie kannten meine geheimen Absichten ja noch nicht, und deshalb konnte die Enttäuschung darüber, daß ihnen insgesamt 100 000 DM entgingen, nicht allzu groß sein. Und da wäre ja auch die Frage der Steuer. Es müßte mit dem Teufel zugehen, wenn die Aneignung herrenlosen Gutes nicht irgendwie eine Steuerpflicht auslösen würde. Sonst könnte ja einer sich glatt – sagen wir einmal – hundert Bienenschwärme aneignen, also reich werden, ohne dafür Steuern gezahlt zu haben. Das brächte das Staatsgebäude ins Wanken. Das geht nicht. Ich gehöre zu jenen Menschen, die sich mehr darüber ärgern, wenn sie die Hälfte eines Einkommens als Steuern entrichten müssen als sie sich darüber freuen, daß sie das Bruttoeinkommen beziehen, welches Ursache der Steuerpflicht ist, obwohl es mathematisch bewertet natürlich besser ist, wenn der Mensch ein Einkommen bezieht und 50 Prozent Steuern zahlen muß, als wenn er kein Einkommen bezöge und deshalb auch keine Steuern zahlen muß. Aber sich wieder verabschieden kann schmerzlicher sein als gar nicht erst ankommen. Der Mensch ist keine Rechenmaschine. Das macht ihn liebenswürdig und unberechenbar.

Man ahnt gar nicht, was hunderttausend oder eine Million DM anrichten können, wenn sie im Zusammenhang mit einer Affäre fehlen oder zusätzlich da sind. Sie können die Aufmerksamkeit von mehreren hundert Milliarden DM ablenken und von jenen, die mit diesen operieren, Interesse und Kritik abwenden. Die Sendezeiten und die Spalten der Zeitungen sind begrenzt. Werden sie von Hunderttausend oder einer Million in Anspruch genommen, können sie für die hundert Milliarden nicht zur Verfügung stehen, obwohl hundert Milliarden fünf Nullen mehr haben als eine Million. Aber so etwas gilt als Nebensache. Wieder ein Fall, in dem es an Respekt für Nullen fehlt, die Ursache so manchen Mißstandes in Staat und Gesellschaft. Auf der anderen Seite ist die Politik oft ganz froh, wenn ihre Tätigkeiten und Überlegungen zunächst einmal im dunkeln und im stillen stattfinden können. Nicht, weil sie etwas falsch machen will, sondern damit sie etwas richtig machen kann. Etwas als richtig zu erkennen, fällt manchmal leichter als es richtig machen.

Es richtig machen, heißt im Rahmen des Möglichen handeln. Aber was ist das Mögliche? Dieses ist der Spielraum, der bei der voraussichtlichen Entwicklung der Einnahmen unter Berücksichtigung möglicher Kreditaufnahmen und nach Abzug der für notwendig gehaltenen Ausgaben für andere Aufgaben verbleibt. Also eine Rechnung mit mehreren Unbekannten. Solche Rechnungen lassen sich nicht schnell durch ein paar Zahlen auf dem Bierdeckel lösen, sondern nur, wenn Schritt für Schritt vorgegangen wird. Dies läßt sich um so eher machen, je weniger hereinreden und je stärker jene, die entscheiden, eher an einem schlüssigen und fundierten Ergebnis interessiert sind als an einem nicht fundierten, das nur die Illusion der Erfüllbarkeit aller Wünsche vermittelt. Denken wir daran, daß auch in der Politik das wirkliche Leben weit komplizierter ist als das Stück, das auf der Bühne gegeben wird. Irgendwann ist auch das Schauspiel „Die Million, die keiner will" zu Ende. Der Vorhang fällt, und unsere Aufmerksamkeit gehört wieder der Wirklichkeit.

Vom Fluch und Segen des Rechnens

Die berühmt gewordene PISA-Studie, die dem deutschen Bildungswesen ein recht schlechtes Zeugnis ausstellt, weist auch darauf hin, daß es bei uns mit dem Rechnen nicht weit her sei. Ehe wir uns deswegen echauffieren, indem wir entweder dieses Ergebnis für falsch erklären oder einfach mehr Lehrerstellen bei besserer Bezahlung fordern, und zwar ohne sagen zu müssen oder zu können, woher das Geld kommen soll, sollten wir darüber nachdenken, ob der Umstand, daß bei uns offenbar schlechter gerechnet wird als in anderen Nationen, nicht in Wirklichkeit ein Vorteil ist. Manches deutet nämlich darauf hin. Die Wiedervereinigung mit Folgekosten von bislang weit mehr als einer Billion DM oder rund 500 Milliarden Euro, gleich 500 000 000 000, also mehr Nullen als Finger, haben wir einigermaßen verkraftet, unsere Exportzahlen waren günstig. Wenn die Weltkonjunktur insgesamt an Kraft verliert, ist das nicht unsere Schuld. Lästig ist die seit geraumer Zeit in Gebrauch gekommene Mode der Prozentrechnung. Ein Lehrer soll einmal in einer deutschen Schulklasse seine Schüler mit den Worten bedroht haben: „Ich garantiere euch, von euch fallen 70 Prozent durch!" Daraufhin erhob sich ein Knabe und sagte: „Herr Lehrer, so viele sind wir ja gar nicht!"

Den Menschen die Prozentrechnung beizubringen, macht sie unzufrieden. Wer unzufrieden ist, der leistet nichts. Die Prozentrechnung ermöglicht den Vergleich. Wenn zum Beispiel die Preise um 4,6 Prozent gestiegen sind und die Löhne um 2,9 Prozent, ärgert sich derjenige, der das weiß, während jener, der es nicht weiß, ganz zufrieden und froh ist, daß er das nicht nachrechnen muß. Wenn eine Regierung merkt, daß das Land vor dem Länderfinanzausgleich eine Steuerkraft von 110 Prozent des Länderdurchschnitts hatte und nachher bloß 98 Prozent, dann verzehrt sie sich vor Gram und regt das Volk auf, während sie, wüßte sie das nicht, ganz zufrieden wäre. Ganz allgemein stört das Rechnen bei der Herstellung von politischen Programmen. Wenn eine Regierung ein Programm für die Bildung oder einen anderen guten Zweck aufstellt, das im ersten Jahr eine Milliarde Euro mehr kosten soll, im nächsten Jahr zwei Milliarden, ab dem dritten drei Milliarden, dann ist es schmerzlich, mit gleicher Genauigkeit sagen zu müssen, auf wessen Kosten das Geld beschafft werden soll. Wer sagen muß, daß ab dem dritten Jahr zwei Milliarden durch Erhöhung der Lohnsteuer aufgebracht werden sollen und durch Kürzungen von 200 Millionen bei der Polizei, 300 bei der Landwirtschaft, 400 bei sozialen Aufgaben und 100 bei der Finanzverwaltung, und das auch noch detailliert, bekommt einen Riesenärger mit den Benachteiligten. Der Ärger kann größer sein als die Dankbarkeit der Begünstigten. Verzichtet er auf solche Rechnungen, wird er nur von der Opposition beschimpft und hat im übrigen seine Ruhe. Winston Churchill soll den ironischen Rat gegeben haben: „Immer vom Sparen reden, aber nie sagen wo!“ Dieser Rat wird heute ernst genommen, und das hat seine Vorteile!

Wenn die Politik sich mit der Zukunft beschäftigt, sind die meisten Antworten falsch. Eine richtige Prognose kommt kaum vor, es sei denn aus Zufall. Aber es ist besser, mit falschen Zahlen zu arbeiten als mit gar keinen. Wer falsche Zahlen hat, müßte streng logisch genommen auch noch falsch rechnen, um eine kleine Chance zu haben, ein richtiges Ergebnis zu erzielen. Aber auf absolute Richtigkeit kommt es in Politik und Wirtschaft nicht an. Auch wenn eine Firma pleite ist, steht in ihrer Bilanz unter Aktiva und Passiva exakt die selbe Zahl. Das suggeriert, es sei alles in Ordnung. In Politik und Wirtschaft kommt es darauf an, ob etwas richtiger oder falscher ist als die Alternative. Wenn gestritten wird, ob zwei mal zwei vier oder acht sind, ist es sinnvoll, sich auf fünf zu einigen, weil fünf weniger falsch ist als acht, wenigstens quantitativ. Wer vor der Entscheidung steht, ob er einen Gegenvorschlag, den er nicht für ganz gut hält, ablehnen soll oder nicht, der sollte prüfen, ob nicht der Gegenvorschlag zwar schlechter ist als sein eigener, aber besser als gar nichts. Ist das so, müßte er zustimmen, ist das nicht so, ablehnen. So verfährt man in der Praxis meistens nicht, aber es wäre gut, man verführe so.

Wichtig ist in Politik und Wirtschaft, ob etwas wächst oder schrumpft. Schrumpft es, sollte man es klar sagen und nicht von Minuswachstum oder Abwachs reden. Es wächst nichts minus und nichts ab, sondern es schrumpft. Schließlich redet man bei einem Zuwachs auch nicht von Plusschrumpfung. Der Umgang mit minus und plus ist ohnehin schwierig, vor allem, wenn auch noch multipliziert oder sogar dividiert wird. Überdies läßt die Fähigkeit herauszufinden, was gut und schlecht ist, bei vielen zu wünschen übrig. An Fragen der Qualität kommt man mit der Mathematik nur schwer heran. Der Computer kann mit Qualitäten nur etwas anfangen, wenn sie quantifiziert werden. Das geht natürlich, wenngleich meist etwas gewaltsam. Freud und Leid sind auch Qualitäten, aber es läßt sich eine Skala aufstellen, welche die Freude im Plusbereich hält und das Leid im Minusbereich. Wer nichts empfindet, ist auf der Nullinie. Mit einer solchen Skala läßt sich rechnen. Zum Beispiel: Ein Mann gewinnt 300 Euro im Lotto und springt vor Freude 20 cm hoch. Wie hoch wäre er gesprungen, wenn er 450 Euro gewonnen hätte? So rechtes Behagen will sich angesichts solcher Versuche, Qualitäten zu quantifizieren, nicht einstellen. Wenn wissenschaftliche Untersuchungen herausfinden wollen, in welcher Region sich der Mensch am wohlsten fühlt, welche Universität oder welches Krankenhaus am besten ist, müssen eben doch Äpfel mit Birnen zusammengezählt werden. Ein Unbehagen läßt sich nicht unterdrücken, wenn einerseits die angenehmste Wohlfühlstadt und andererseits die unangenehmste Verdrußstadt mathematisch ermittelt wird.

Nach Einführung des Euro

Das Wort „Mark" hatte eine herzwärmende Wirkung. Nicht so sehr die Reichsmark, die jene, die ihr vertrauten, zweimal bitter enttäuscht hat. Aber sehr wohl die D-Mark, die uns 1948 zum Zwecke neuer, diesmal berechtigter und gelungener Vertrauensbildung beschert wurde. Der Instinkt sagt uns, die innere Registrierkasse mußte von DM auf Euro umgestellt werden. Das stellte hohe Anforderungen an unsere Fähigkeit zu rechnen. Ich habe deshalb allen Freunden und Bekannten schon im Herbst 2001 dringend empfohlen, sofort mit Rechenübungen zu beginnen. Abends im Familienkreise eine Stunde Kopfrechnen. Denn Schwindler, Halsabschneider und Trickbetrüger, so befürchtete ich, könnten ausschwärmen, um uns ums Geld zu prellen. Bis zur Währungsumstellung konnten die meisten Menschen, wenn sie sich schon irrten, fast sicher sein, daß das nicht zum eigenen Nachteil geschieht. Der Instinkt warnte sie. Beim Euro erfühlt der Instinkt Nachteil und Nutzen zunächst nicht mehr. Beides muß durch Denken ermittelt werden, und das tut weh. Wer nur eine und nicht zwei oder mehr Millionen hatte, konnte sich nicht mehr als Millionär bezeichnen, als welcher er sich mit berechtigtem Stolz überall vorgestellt hatte. Er ist nun degradiert.

Ein Euro ist ungefähr zwei DM wert und eine DM etwa einen halben Euro. Aber die Wahrheit ist komplizierter. Genau entspricht ein Euro 1,95583 DM. Zwei DM sind also mehr wert als ein Euro. Wenn man eine Brezel kauft, ist das egal. Wenn aber mit Millionen operiert wird, dann geht es pro Million um 4417 DM, um die der Euro weniger wert ist als die DM. Die Darstellung der Rechenvorgänge im einzelnen konnte man den Tageszeitungen entnehmen, die aber für Folgen und Nebenwirkungen nicht haften. Alle Teilnehmer am Wirtschaftsgeschehen von der Hausfrau bis zum Vorstandsvorsitzenden müssen der neuen Währung nach wie vor ihre ganze Aufmerksamkeit zuwenden und sollten Alkohol vermeiden, wenn sie irgendwelche Geschäfte vorhaben. Trösten kann man sich damit, daß die Einführung des Euro unsere französischen Freunde bis heute geistig weitaus mehr in Anspruch nimmt als uns. Ein Franc macht nämlich nur etwas weniger als ein Sechstel eines Euro aus. Genau ist ein Euro 6,559570 Franc wert. Wer mit dem Maßstab des Francs einen Eurobetrag bewerten will oder umgekehrt, muß entweder mit sechseinhalb multiplizieren oder dividieren. Multiplizieren oder dividieren Sie einmal 456897 mit 6,5 oder sogar mit 6,55957! Das fällt selbst Angehörigen eines Volkes, das Klarheit und Logik so hochschätzt wie die Franzosen, nicht leicht

Gegen die Spielräume, die bei Umstellung der Preise von DM auf Euro entstanden sind, will ich gar nichts sagen. Aber wir haben jetzt in Deutschland auch noch das Recht eingeführt, die Preise auszuhandeln, das heißt, Angebote zu machen, die unterhalb der ausgeschilderten Preise liegen, zum Beispiel für eine mit einem Preisschild mit 6,50 Euro ausgewiesene Wurst 5,50 Euro anzubieten. Der übliche Zwist zwischen dem Käufer, der die Ware so schlecht macht, daß man sich wundert, daß er sie haben will, und dem Verkäufer, der die Ware so lobt, daß man darüber erstaunt ist, daß er sie hergibt, wird durch den Euro verschärft. Der einzelne Kaufvorgang kostet mehr Zeit, wenn der Kunde zunächst statt den geforderten sechs Euro nur fünf bietet und schließlich auch noch behauptet, er habe DM gemeint, weil die neue Währung von ihm noch nicht verinnerlicht sei. Eine neue Definition des Begriffs „Handelsspanne“ könnte in Gebrauch kommen, nämlich: Der Betrag, den der Verkäufer von vornherein auf den Preis draufschlägt, um beim Handeln nachgeben zu können. Dann ist, wer nicht handelt, der Dumme, und er weiß das. Dies vergrößert den ohnehin vorhandenen Mißmut noch.

Noch vor der Währungsumstellung erhielt ich von meiner Bank einen Depotauszug. In der letzten Zeile war der Wert in Euro angeben, die ich aber für DM hielt. Ich erschrak so tief, wie nur ein Schwabe erschrecken kann, der Geld verliert. Denn ich dachte zuerst, der Kursverfall an der Börse sei so rapide fortgeschritten, daß nur noch ungefähr die Hälfte des Wertes da ist. Den in DM etwa doppelt so hohen Wert fand ich dann weiter oben. Das hat mich beruhigt und mir die Kraft zum Ertragen der neuen Kurseinbrüche gegeben. Aber es stört mich noch immer, wenn in den Abrechnungen meiner Bank im Bereich der schwarzen Zahlen die Summe in etwa halbiert und in Euro dargestellt wird.

Mein Europapatriotismus hat mich dazu veranlaßt, zur gemeinsamen Währung „ja“ zu sagen, zumal diese dazu zwingt, den europäischen Einigungsprozeß weiter voranzutreiben. Dazu stehe ich auch künftig. Auf jeden Fall müssen aber die strengen Vorschriften zum Schutz der Stabilität des Euros bleiben. Franz Josef Strauß sagte einmal so ungefähr, eher lege ein Mops einen Wurstvorrat an, als daß Politiker auf Ausgaben verzichten, wenn Geld da ist. Mögen die Stabilitätskriterien so fest bleiben wie der Beton eines Banktresors, und möge das Gitter, das die Politik von der europäische Währung trennt und die Unabhängigkeit der Europäischen Zentralbank schützt, allen Belastungen standhalten.

Im Irrgarten der Finanzen

Wenn über Geld gestritten wird, im Privatleben oder in der Politik, empfehle ich zunächst zu prüfen, ob es sich um anwesendes oder abwesendes Geld handelt: also, ob das Geld da oder nicht da ist. Ist es nicht da, kann der Streit eigentlich gleich eingestellt und zu einem freundlichen Umgang miteinander geschritten werden. Aber oft ist es gar nicht so einfach herauszufinden, ob es nun Geld gibt oder nicht. Eine lahmende Konjunktur macht es besonders unwahrscheinlich, daß Geld gefunden wird. Sie bewirkt, daß die Arbeitslosenzahlen steigen, daß deshalb auch die Aufwendungen für Arbeitslosengeld, Arbeitslosenhilfe und Sozialhilfe steigen, daß die Mittel für neue Investitionen gekürzt und Personalstellen gestrichen werden müssen. Dies ist auch dann nötig, wenn Investitionen und Personal dringend gebraucht werden. Daß ein Bedarf nachgewiesen ist, beweist noch nicht, daß auch die Mittel da sind, um ihn zu befriedigen. Eher läßt sich sagen: Im Gegenteil. Je schwerer ein Mensch erkrankt ist, desto dringlicher bedarf er der Gesundheit, und desto schwieriger ist es aber, sie ihm wiederzugeben. Die Utopie, Politik könne Bedarfsbefriedigung sein, sollte nicht länger unseren Verstand einnebeln. Der Bedarf wird nur dann zur Nachfrage, wenn der Bedürftige auch die Mittel hat, um seinen Bedarf zu befriedigen. Ob er dann wirklich zufrieden ist, bleibt offen. Die Erfüllung von Wünschen vermindert die Hoffnungen.

Diese komplizierte Vorrede hat Sie hoffentlich etwas betäubt, so daß wir jetzt schmerzfrei über Finanzpolitik reden können. Wie in der Strategie ist auch in der Finanzpolitik alles sehr einfach, aber deshalb nicht sehr leicht. Bismarck nennt die Politik die Kunst des Möglichen. Von den Finanzministerien wird aber oft genug erwartet, daß sie Unmögliches ermöglichen. Das hatten schon die Alchimisten mit Hilfe geheimnisvoller Zaubersprüche und Rezepturen versucht, um Gold zu machen, oft genug mit dem Ergebnis, daß sie knapp dem Galgen entronnen oder sogar an diesem ihr trauriges Ende fanden. Das droht den Finanzministern heute nicht mehr, zumal sie überwiegend auf Zaubersprüche verzichten und mit dem Teufel nur dann verbunden sind, wenn, wie bei uns, der Regierungschef so heißt. Die Finanzminister sind den übrigen Politikern aus zwei Gründen verdächtig: Sie rechnen und beachten die Gesamtzusammenhänge. Zwar liegt die Wahrheit im Ganzen, aber dort, wo sich die politische Phantasie im Detail entzündet, wirkt sie wie ein Eimer kalten Wassers. Wie schön wäre Kulturpolitik, Sozialpolitik, Frauenpolitik, wenn man auf die Frage, wo das Geld herkommen soll, trocken antworten könnte: Kulturpolitik, Sozialpolitik oder Frauenpolitik haben Priorität! Aber wovor Priorität? Und schon sind wir wieder bei der Vernunft, die aus dem Ganzen kommt, und damit wieder in der grauen Welt der Buchhalter und Finanzexperten, die so mancher Politiker ablehnt und verabscheut. Dessen Welt ist die des Worts, einmal moralisch und dann wieder pragmatisch, oft jeweils an der falschen Stelle.

Wir Deutsche haben Probleme mit den öffentlichen Finanzen. Diese Probleme sollten mit dem Rechenstift angegangen werden. Aber sie müssen auch im Zusammenhang mit dem Menschenbild des Grundgesetzes gewertet werden. Das Volk, also die Bürger, stehen über allen anderen Trägern der Staatsgewalt. Die Konsequenz daraus wäre, daß Parlamente, Regierungen und Behörden auch den Bürgern etwas Vertrauen entgegenbringen. Daß dies so sei, wird immer wieder betont. Einige Politiker wollen sogar die Zulässigkeit von Volksentscheiden erheblich ausweiten, so sehr trauen sie dem Volk die Fähigkeit zum Richtigen zu. Wie kommt es aber, daß der Bürger als Individuum einer immer mehr einschnürenden Kontrolle, Reglementierung und Steuerung unterworfen wird? Jetzt soll auch noch das Bankgeheimnis weithin fallen und der Bürger hinsichtlich der Besteuerung seines Vermögens Vorschriften unterworfen werden, die an Kompliziertheit den neuen Bahntarifen ähnlich sind. Gleichzeitig wissen wir, daß die künftige Altersversorgung mehr denn je die Ergänzung durch private Vorsorge, also durch das Sparen, erfordert.

Jedenfalls ist den künftig gläsernen Bürgern zu raten, etwaige in der Pisa-Studie angeprangerte Lücken in ihrer mathematischen Bildung rasch zu schließen, wenn sie von ihrem Ersparten noch etwas retten wollen.

Die Finanzpolitik als Thema eines Untersuchungsausschusses? Ich weiß nicht, ob das etwas bringt außer Ärger. Es gibt objektive Gründe für die Verschlechterung der Finanzlage. Seit dem Angriff der Terroristen auf die USA am 11. September 2001 hat sich die Weltkonjunktur abgeschwächt. Die zunehmende Überalterung der deutschen Bevölkerung und ihre finanziellen Folgen sind seit 20 Jahren bekannt, aber nicht erkannt. Die innere Wiedervereinigung kostet mehr und länger Geld als angenommen. Die hohe Arbeitslosigkeit vermindert Einnahmen und erhöht Ausgaben. Die unzulängliche Berücksichtigung der Bedürfnisse mittelständischer Unternehmen wirkt in dieselbe Richtung. Das alles sind Ursachen unserer Finanzprobleme. Die Probleme müssen wir lösen, auch soweit wir ihre Ursachen nicht beseitigen können. Der einfachste Lehrsatz der Finanzwirtschaft lautet: Wenn Kreditfinanzierung nicht möglich ist und die Ausgaben höher zu werden drohen als die Einnahmen, dann müssen die Ausgaben vermindert oder die Einnahmen erhöht werden oder es muß beides geschehen, bis das Loch in den Finanzen beseitigt ist. Die Einnahmen, um die es hier geht, sind vor allem Steuern. Selbstverständlich müssen solche Ausgabenkürzungen und Steuererhöhungen unterbleiben, welche das Loch noch größer machen. Auf deutsche Initiative wurde in Maastricht zur Sicherung der Eurowährung vereinbart, daß die Nettokreditaufnahme (Schuldenzuwachs im Jahr) eines Mitgliedslandes drei Prozent des Bruttoinlandsprodukts nicht überschreiten darf. In Deutschland zeichnen sich über 3,5 Prozent ab. Diese Überschreitung muß abgebaut werden, wenn wir nicht durch unser schlechtes Beispiel den Geldwert gefährden wollen. Am besten wäre es, wir schöpften die drei Prozent Spielraum künftig nicht mehr ganz aus, damit es uns nicht so geht wie jenem Architekten, dem ein Haus einstürzte, als das Gerüst entfernt wurde, und der vorbrachte: „Man baut doch ein Gerüst erst ab, wenn tapeziert ist!“ Finanzwirtschaftliche Ordnungsmaßnahmen der gebotenen Größe lassen sich nicht von heute auf morgen durchführen. Ein längerer Bremsweg ist notwendig, eine über mehrere Jahre hinweg konstante Politik und nicht ein Verhalten, das der schwäbische Spruch karikiert: „Er läuft weg wie's Kind vom Dreck.“

ÖKONOMISCHE ZUSAMMENHÄNGE

Eine wichtige These Hegels ist: Die Wahrheit liegt im Ganzen. Die Wahrheit läßt sich deshalb nur unvollkommen erkennen. Denn das Ganze war schon immer schwierig. Jetzt ist das Ganze aber so groß und so schwierig geworden, daß es nicht mehr zu schaffen ist, ein Universalgelehrter zu werden wie Kant, Newton oder Leibniz. Je näher eine Theorie an das Ganze heranreicht, desto abstrakter und allgemeiner wird sie, um schließlich inhaltslos, undurchsichtig oder zur Poesie zu werden. So etwas kann der abendländische Pragmatiker nicht gebrauchen. Er ist aber dem gleichen Phänomen beim Umgang mit dem Wirtschaftsgeschehen ausgesetzt wie bei dem Versuch, die Welt als Ganzes zu erfassen.

Königsweg zur Vollbeschäftigung?

Die Bekämpfung der Arbeitslosigkeit war das wichtigste Thema im Bundestagswahlkampf 2002. In der Beschäftigungspolitik konnte Bundeskanzler Schröder das Ziel, das er sich selbst gesetzt hatte und an dem er sich messen lassen wollte, nicht erreichen. Im nachhinein wird er sich selbst eingestanden haben, daß wieder einmal eine undeutlichere Aussage günstiger gewesen wäre. Die Unionsparteien und die FDP behaupteten, daß sie bessere Ergebnisse erzielt hätten. Sozialdemokraten und Grüne zweifelten das an und klopften die Vorschläge der Union und der FDP auf Schwächen und Ungereimtheiten ab. Zu der Berufung des bayerischen Ministerpräsidenten zum Kanzlerkandidat der Union hat die CDU-Vorsitzende Merkel fair und würdig beigetragen. An Stoibers Qualifikation ließ und läßt sich nicht zweifeln. Das Emotionale und Komödiantische in den Reden bayerischer Politiker, das so viele erschreckt und entzückt hat („Und nachts wach ich auf, in Schweiß gebadet. Warum?" Pause. „Weil ich Angst habe um Deutschland!"), liegt ihm weniger. Aber er ist gescheit, angesehen, erfahren und erfolgreich.

Bund und Länder können das Problem der Arbeitslosigkeit nicht den Kommunen auf die Türschwelle legen, zweimal läuten und selbst in der Dunkelheit verschwinden. Auch den Gewerkschaften wird die Verantwortung nicht zugeschanzt werden können. Daß Lohnerhöhungen einen Aufschwung bremsen und einen Abschwung verstärken können, ist richtig. Aber eigentlich sollen doch die Löhne so steigen wie die Unternehmergewinne. Daß wirtschaftliches Wachstum mehr Arbeitsplätze entstehen läßt, ist nicht mehr so gewiß wie früher. Keine politische Partei hat eine Wunderpille gegen die Arbeitslosigkeit in ihrer Hausapotheke. Bei einigen dieser Pillen ist das Verfallsdatum bereits überschritten. In sich schlüssige und dem neuesten Stand des Wissens entsprechende Therapien werden gebraucht, um die Arbeitslosigkeit, möglichst europaweit, zu mildern. Wird eine Therapie gebraucht, beweist das noch nicht, daß es sie gibt. Jedenfalls wäre schon viel gewonnen, wenn unterlassen würde, was nachweisbar falsch ist. Auf den deutschen Arbeitsmarkt wirken globale Trends ein, welche die deutsche Politik kaum beeinflussen kann, zum Beispiel die weltweit fortschreitende Steigerung der Arbeitsproduktivität oder die Relation der Währungen, die Entwicklung der Börsenkurse und der Renditen, die Meinung der Investoren.

Die Erhaltung und Schaffung von Arbeitsplätzen hängt von der Privatwirtschaft ab. Diese steht im lokalen, regionalen, nationalen, im wachsenden Maße aber auch im globalen Wettbewerb. Je besser die Privatwirtschaft sich in diesem behauptet, desto eher kann sie Arbeitsplätze bereitstellen und Kosten des öffentlichen Sektors tragen. Arbeitsplätze in der Privatwirtschaft müssen Gewinn bringen. Sie werden eher dann entstehen und erhalten, wenn die Betriebe hoffen können, im Falle einer unbefriedigenden Ertragslage ihre Kosten senken zu können. Dieser Gesichtspunkt ist um so gewichtiger, je unsicherer die Zukunft ist. Diese wiederum ist um so unsicherer, je rascher die Entwicklung verläuft, je mehr Faktoren auf sie einwirken und je unberechenbarer sie wird, weil weniger Erfahrung als Phantasie zählt. Für den privaten Sektor ist in Deutschland einiges geschehen, so eine Senkung von Unternehmenssteuern, die aber große Unternehmen mehr begünstigt als mittlere und kleine. Es könnten weitere Anreize geschaffen werden, etwa durch eine entschlossene Entbürokratisierung der Regelungen für 630 Mark oder 315 Euro Jobs und der Vorschriften über die Scheinselbständigkeit. Was die vorgesehenen Kombilöhne bringen, bleibt abzuwarten. Die Arbeitslosigkeit geht wohl zurück, wenn der Arbeitslose nur unzureichende materielle Hilfe erhält und sich deshalb um jeden Preis um einen Job bemühen muß. Aber viele arbeiten deshalb nicht, weil sie nicht arbeiten können. Es ist im Einzelfall schwer, die Menschen, die arbeiten wollen, aber nicht können, von jenen zu unterscheiden, die keine Arbeit suchen, sondern froh sind, wenn sie von ihr nicht gefunden werden. Das Grundgesetz schützt übrigens auch Arbeitsunwillige. Sie dürfen jedenfalls mit ihren Familien nicht dem Untergang ausgeliefert werden.

Trotz Pisa-Studie und anderen Unheilsbotschaften sollte sich Deutschland nicht dem Pessimismus hingeben. Wir sollten das tun, was der Verstand uns sagt, ohne die imaginäre Kuh melken zu wollen, die im Himmel gefüttert wird und auf Erden Milch gibt. Gewiß können einige Staaten zur Zeit bessere Wirtschaftsdaten vorweisen als wir. Aber hängt das nicht auch damit zusammen, daß wir als Folge der Wiedervereinigung Lasten tragen, die anderen Staaten nicht auferlegt sind? Wie entstehen in unsrer Welt Arbeitsplätze? Antworten können weniger die alten Lehrbücher als die Erforschung der Gründe für den Erfolg einzelner Länder liefern. Auch innerhalb der Bundesrepublik gibt es Länder mit hoher und niedrigerer Arbeitslosigkeit. Von den neuen Bundesländern mit ihrer extrem hohen Arbeitslosigkeit abgesehen, haben unter den alten Flächenländern Niedersachsen und Nordrhein-Westfalen die höchste und Baden-Württemberg und Bayern die niedrigste Arbeitslosenquote. Im Falle Bayerns kommt hinzu, daß der Freistaat vom finanzschwachen zum finanzstarken Land aufgestiegen ist. Dieses Ergebnis hat Ursachen, und diese sollten doch auch in anderen Ländern wirksam gemacht werden können. Darunter sind herauszuheben: Eine pragmatische Schul- und Hochschulpolitik, Ausbau der Forschung und deren Verzahnung mit der Wirtschaft, Verbesserung der Standortqualität in allen Teilräumen und eine sichere, kostengünstige und ökologisch vertretbare Energiepolitik. Die Demokratie gibt uns Gedankenfreiheit. Nutzen wir sie. Warum nicht auch vor einer Bundestagswahl?

Wirtschaft und Politik im Widerstreit?

Fünfundzwanzig bekannte Unternehmer und Vorstandsvorsitzende haben sich im Sommer 2002 mit einer Initiative mit dem Titel „Mit Mut die Zukunft gestalten" an die Öffentlichkeit gewandt. Eine solche Äußerung hat Gewicht. Denn ob das gefällt oder nicht, Erfolge bei der Bekämpfung der Arbeitslosigkeit hängen von dem privaten

Sektor ab. Ohne den öffentlichen Sektor kann der private allerdings auch nicht funktionieren. Arbeitsplätze, die im privaten Sektor fehlen, können jedoch nicht einfach durch mehr Arbeitsplätze im öffentlichen Sektor ersetzt werden, denn der private Sektor muß den öffentlichen finanzieren. Die Abgabenlast des privaten Sektors, besonders der Arbeitnehmer, ist bereits jetzt so hoch, daß weitere Belastungen die öffentlichen Einnahmen eher schmälern als erhöhen würden. Die Großunternehmen haben dank der Steuerreform einen ordentlichen Schluck aus der Pulle nehmen können. Im Jahr 2001 hat der Staat unter Berücksichtigung der Erstattungen keine Körperschaftssteuer eingenommen, im Jahr 2000 noch fast 25 Milliarden Euro. Aber solche paradiesischen Verhältnisse wie im Jahr 2001 entstehen auf Erden nur aus Versehen und bleiben nicht lange erhalten. Die Verfasser der Initiative gehen zu Recht davon aus, daß letztlich wirtschaftlich Unvernünftiges nicht sozial ist und unsoziale Verhältnisse wirtschaftlich nicht vernünftig. Aber diese These sollte nicht abstrakt im Raum stehen bleiben, sondern für die Sicht des Bürgers anschaulich und einsichtig gemacht werden. Das gelingt noch nicht so richtig.

Natürlich meinen erfolgreiche Manager in der Wirtschaft, sie würden auch in der Politik Gutes leisten. Die viel gescholtenen Politiker hingegen leisteten weniger als sie sollten, desgleichen der öffentliche Dienst, der Leute anziehe, die sich nicht dem unternehmerischen Risiko aussetzen wollen (gegen das sich auch Unternehmer absichern können). Ihre wichtigste Aufgabe erfülle die Politik nicht, nämlich den Unternehmen den Weg freizumachen zum wirtschaftlichen Erfolg und damit auch zur Sicherung eines tragbaren sozialen Systems. Zum Nachteil des Ganzen würden die Marktgesetze durch immer mehr Reglementierung selbst dort außer Kraft gesetzt, wo dies auch sozialpolitisch bedenklich sei. Bürokraten hätten erhebliche Macht angesammelt. Notwendige

Reformen und Vereinfachungen blieben auf der Strecke. So sei es kein Wunder, daß die Dynamik erlahme, viel zu wenige investieren wollten und Deutschland in Europa jene rote Lampe trage, die bei schlechter Sicht Marschkolonnen in der letzten Reihe mit sich führen müssen. Was an Meinungen vom wirtschaftlichen Olymp herabträufelt, wird von vielen Politikern aufgegriffen und mit Grabesstimme im ganzen Land verbreitet. Menschen mit gesicherter Versorgung fordern von anderen den Mut zum Risiko. Mit Risiken seien auch Chancen verbunden, heißt es. Das ist auch richtig. Aber wenn die Chance sich auf die Aussicht beschränkt, dem Risiko einigermaßen heil zu entkommen, dann bringt sie nicht viel.

Die Verfasser gehen auf die fortschreitende, auch die Dienstleistungen erfassende, aber auch nicht zu bremsende Verdrängung menschlicher Arbeit durch Computer und Automaten nicht ein. Sie scheinen der Meinung zu sein, daß der globale Wettbewerb von selbst die angemessenen sozialen Lösungen findet, insbesondere auch die Demokratie stabilisiert, weil freie Märkte nur in einer „demokratiegestützten Gesellschaft" möglich seien. Ich habe hier Zweifel. Nach wie vor haben Politik, Gesellschaft und Wirtschaft die Aufgabe, Unsicherheit in Sicherheit zu verwandeln, so weit das möglich und vertretbar ist. Würden die naturgemäßen Risiken nicht gemildert, wäre die Welt nicht menschlicher, sondern unmenschlicher. Die Gemeinschaft kann dem einzelnen aber nicht alle Risiken abnehmen. Versucht sie es doch, erhöht sie das Risiko für alle, daß sie nicht halten kann, was sie versprochen hat. Ludwig Erhard hat mir 1957 sein Buch „Wohlstand für alle" mit einer persönlichen Widmung geschenkt. Wer mich verdächtigt, ich sei nicht vom marktwirtschaftlichen Geiste erfüllt, den verweise ich auf dieses Buch. Die Politik kann nicht nur der Förderung des Wettbewerbs dienen, sie muß auch einen Rahmen setzen, um den Wettbewerb dort zu begrenzen, wo er Schaden stiftet. Daß dabei großzügig verfahren werden muß, ist auch meine Meinung. Aber Ziele und Werte kann der Wettbewerb nicht auch noch produzieren.

Wir sollten uns nicht schlechter machen als wir sind. Kaum mehr erwähnt wird die Wiedervereinigung und die erhebliche finanzielle Belastung, die sie nach wie vor mit sich bringt. Die Hoffnung, die neuen Bundesländer würden im Vergleich zu den alten aufholen, hat sich bislang nicht erfüllt. Im Gegenteil, sie fallen trotz ihrer Bemühungen zurück. Die Lücke wird größer und nicht kleiner. Sie muß mit immer höheren Beträgen aufgefüllt werden. Natürlich sollten wir dankbar sein für die Wiedervereinigung. Aber die finanziellen Folgen sollten wir nicht wegzujubeln versuchen. Auch daß die seit Jahrzehnten vorprogrammierte Schrumpfung und Vergreisung der einheimischen Bevölkerung zu einem schwerwiegenden Problem wird, weiß man schon lange, vielmehr: könnte man schon lange wissen. Aber in den siebziger, achtziger und neunziger Jahren vermochte dieser Komplex keine große Aufmerksamkeit zu erregen, auch nicht in den Verbänden der Wirtschaft. Die Politik vermengte die Einwanderung von Menschen, die Deutschland braucht, mit der Asylgewährung für politisch Verfolgte, welche die Hilfe Deutschlands brauchen. Hinzu kam noch die Zuwanderung von Aussiedlern mit immer weniger deutschen Sprachkenntnissen. Im übrigen überließ man es den Erziehern und Lehrern, mit Gruppen und Klassen zu Rande zu kommen, in denen 70 Prozent kein oder wenig Deutsch können. Das hält das beste Schulwesen und die beste Lehrerschaft nicht aus. Und jetzt Pisa! Die Verfasser der Initiative haben recht, wenn sie auf die große Bedeutung der Bildung und anderer großer Themen hinweisen, auch auf Europa, seine Konstitution, die Osterweiterung. Aber alle diese Themen müßten nachhaltig verfolgt werden. Sie müßten öffentlich werden und auch eine Zeitlang bleiben, das heißt, nicht einfach in der Vergessenheit versinken, wenn ihr Medien- und Unterhaltungswert nachläßt. Es ist gut, wenn auch führende Köpfe unserer Wirtschaft die Diskussion fördern, am Leben halten und dadurch für jene Nachhaltigkeit sorgen, die sie fordern. In dem Kalender eines deutschen Zeitungsverlags wird hingewiesen auf das Wort: Kümmern wir uns um die Zukunft, wir werden den Rest unseres Lebens in ihr verbringen.

Reparaturen

Zwei Vögel überflogen Deutschland. Da sagte der eine: „Ein herrliches Land, ein herrliches Land!“ Der andere fragte: „Meinst du das im Ernst?“ Der eine: „Ja, überall ist der Wurm drin, überall der Wurm drin!“ So schlimm, wie der Vogel meint, ist es noch lange nicht. Aber es gibt schon einige fundamentale Mängel. Es lohnte sich, eine Mängelliste aufzustellen und zu versuchen, die Schäden zu reparieren. Da und dort wird sich zeigen, daß der vermeintliche Schaden nicht repariert werden kann, sondern hingenommen werden muß. Wenn zum Beispiel Tausend so verteilt werden sollen daß fünf Menschen je dreihundert bekommen können, dann ist der Gedanke mangelhaft und nicht die Wirklichkeit. Dennoch wird eine solche Verteilung immer wieder versucht, obwohl deren Unmöglichkeit nicht nur logisch erwiesen, sondern auch experimentell bestätigt ist. Die Annahme, Mängel erledigen sich am besten dadurch, daß sie verschwiegen werden, ist falsch. Im Gegenteil: Die Untersuchung von Mängeln festigt das Vertrauen in die Selbstheilungskräfte der Demokratie.

Ist das Konzept für die Bundeswehr mangelhaft? Orientiert sich die Bundeswehr eher an einem Gegner, den es nicht mehr gibt, nämlich der ehemaligen Sowjetunion, und weniger an dem heutigen Feind, dem Terrorismus? Brauchen wir noch eine Armee, aus der im Falle der Mobilmachung ein Millionenheer gebildet werden kann? Oder sollte die Bundeswehr eine Berufsarmee werden, wie die Streitkräfte in den gewiß nicht weniger demokratischen USA, in England und in Frankreich, um gemeinsam mit den Verbündeten den Friedensfeinden von heute und morgen entgegentreten zu können? Die Bekämpfung des Terrorismus im Rahmen der internationalen Arbeitsteilung erfordert bestens ausgebildete und ausgestattete Berufssoldaten, die auch kämpfen können. Ist die Wehrpflicht noch zeitgemäß? Oder soll die Beibehaltung der Wehrpflicht vor allem den Zivildienst rechtfertigen? Können wir es uns leisten, daß die Technologielücke zwischen Bundeswehr und den US-Streitkräften immer größer wird?

Und wie verhält es sich mit dem Geld und mit den finanzpolitischen Steuerungsinstrumenten? Im Zusammenhang mit der Einführung des Euro wurde in Maastricht im Interesse der Stabilität der neuen Währung auf deutsche Initiative hin vereinbart, daß in den beteiligten Staaten die Höhe der öffentlichen Kreditfinanzierung im Haushaltsjahr 3 Prozent des Bruttoinlandprodukts nicht überschreiten darf. Nähert sich die Verschuldung eines Staates dieser Marke, werden Sanktionen ergriffen, deren mildeste ein sogenannter „blauer Brief“ ist. Nachdem er eine Zeitlang wie ein Damoklesschwert über unseren Häuptern geschwebt hat, bekommen wir ihn nun vorläufig doch nicht. Wie sind wir in diese Situation geraten? Fragen wir nicht nach Schuld, sondern nach den Ursachen. Wesentliche Ursache ist die Verwirrung, die in der Finanzpolitik herrscht. Viele Politiker empfinden die Verwirrung nicht als Mangel, sondern als Vorteil. Denn sie ermöglicht es ihnen, die Öffentlichkeit mit neuen Vorschlägen zu beglücken, ohne den Preis für deren Realisierung nennen zu müssen. Das ist dank Maastricht heute schwieriger. Auf keinen Fall darf die Kreditbegrenzung wieder gelockert oder sogar beseitigt werden, wenn nicht ein Dominoeffekt eintreten soll, welcher der Währung schadet und künftige Generationen belastet. In Zentralstaaten mit einem Haushaltsplan, der die ganze Finanzpolitik beherrscht, ist es leichter, die Drei-Prozent-Grenze einzuhalten. Aber Deutschland ist ein

Bundesstaat. Die Kreditbegrenzung von Maastricht gilt auch für die Haushalte der Länder und der Sozialversicherung. Die Erwartung ist nicht realistisch, daß sich jeweils fünf Minuten vor Zwölf ein erträgliches Gesamtergebnis durch einen „nationalen Stabilitätspakt“ zwischen Bund und Ländern erzielen ließe. Wichtige finanzpolitische Entscheidungen bedürfen eines Bremsweges oder einer Startstrecke. Deshalb muß eine längerfristige Rahmenplanung, die alle öffentlichen Haushalte der Bundesrepublik umfaßt, in Angriff genommen werden, um die Einhaltung der Kriterien zu gewährleisten, einen besseren Überblick über das gesamte Finanzgeschehen zu gewinnen und rechtzeitig steuern zu können, solange das schwerfällige Schiff des Gesamthaushalts noch bewegt werden kann.

Fragen, bei denen es um Werte geht, wie Kultur, Gerechtigkeit und Menschenwürde, werden gelegentlich durch Pathos, Entrüstung und (seltener) Begeisterung aus dem realen und logischen Zusammenhang gelöst. Das ist ein Mangel, weil dann die Antworten nur begrenzt brauchbar sind und nur eine Neubelebung des ohnehin vorhandenen Unbehagens bleibt. Die von der Pisa-Studie ausgelöste Diskussion über das deutsche Bildungswesen sollte nicht vorwiegend von Forderungen bestimmt werden, mehr Geld auszugeben, ohne daß gesagt wird, woher es kommen soll. Das wäre übrigens ein deutlicher Hinweis darauf, daß die Studie recht hat, wenn sie meint, daß die praktische Anwendung mathematischen Denkens nicht unsere Stärke ist. Inwieweit Wünschenswertes wie mehr Ganztagsschulen entstehen kann, hängt auch von der präzisen Prüfung der Finanzierung ab. In einer Zeit, in der sich alle paar Jahre das Wissen der Menschheit verdoppelt, muß der Bildungsstoff reduziert werden, um Raum zu gewinnen für bessere Elementarkenntnisse, besseres Denkvermögen und bessere Fähigkeiten, sich Wissen zu verschaffen. Es ist zu hoffen, daß bei der Entscheidung, was in Klassenzimmer und Hörsaal bleibt und was auf den Dachboden muß, nicht nur

Theorie und reine Lehre, sondern auch Erfahrung und Praxis gefragt werden. Die Lehrpläne und die Pädagogik jener Völker, deren Bildungswesen von Pisa bessere Noten bekommen hat, müssen vorurteilsfrei ausgewertet und gegebenenfalls übernommen werden. Über Befähigungen zur Allgemeinbildung, realistische Wege zur Chancengleichheit und Motivation der Schüler zur Leistung, muß neu nachgedacht werden, aber ohne daß das Wesentliche kaputtphilosophiert wird. Versuchen wir es einmal pragmatisch.

Zurück in die Vergangenheit?

Die Zukunft kann überall sein, aber in der Vergangenheit liegt sie jedenfalls nicht. Der Weg zurück ist gewiß falsch. Das zu erkennen erleichtert die Orientierung. Optimismus in bezug auf das Neue ist vor allem Sache der jüngeren Jahrgänge. Ältere Menschen haben damit Probleme. Viele von ihnen übertragen die eigene biologische Erfahrung, wie ihre Kräfte schwinden und ihre Fähigkeiten nachlassen, auf die Gesellschaft und vermuten auch dort Verschlechterung und Niedergang. Dieses Phänomen ist schon alt. Manche befürchten, daß einst vorhanden gewesene Tugenden dahinschwinden, ganz unabhängig von der wirklichen Situation in ihrer eigenen Jugendzeit. „Oh, heit ist es nix meh!" „Des hat's früher net gebe!" „Mir hend no gwißt, was reacht ist!" „Mei Fatter hätt' mir de Ranze verschlage, wenn i so ebbes do hätt!" „I ben froh, daß i so alt be!" „Daß i des noch erlebe muß!" Ich habe sogar gehört: „Ben I froh, daß mei Ma dot ist, den dät glatt der Schlag treffe, wenn er sehe dät, wie's heut aussieht!" Gelegentlich wird sogar üblen Erfahrungen in der Jugendzeit etwas Positives entnommen. Als ich in den siebziger Jahren Angehörigen der Generation, die am Ersten Weltkrieg teilgenommen hatten, zur eisernen Hochzeit gratulierte, sprachen einige nicht von dem entsetzlichen Grabenkrieg, sondern lobten die Kameradschaft. Einer, dessen vernarbtes Gesicht zeigte, daß ihm der Krieg übel mitgespielt hatte, erklärte: „Die Kameradschaft, des gibt's heut nimmer. Drei Tage war ich verschüttet, aber die Kameraden haben mich wieder ausgegraben." Die meisten früheren jüdischen Bürger der Stadt Stuttgart mieden im Gespräch das bittere Unrecht, das ihnen in der NS-Zeit zugefügt worden war. Sie sprachen lieber über ihre schwäbischen Bindungen und Bezüge. Ein früherer russischer Zwangsarbeiter sagte sogar, er habe an Stuttgart gute Erinnerungen, denn „woanders sei es noch viel schlimmer gewesen!" Offenbar ist dem Menschen zum eigenen Schutz die Fähigkeit gegeben, innerhalb bestimmter Grenzen böse Erinnerungen so zu verarbeiten, daß diese ihn nicht seelisch erschlagen.

Die Tendenz, die Vergangenheit besser und die Gegenwart schlechter zu bewerten, ließ das Wort von der guten alten Zeit entstehen. Keine Zeit, so gräßlich sie auch gewesen sein mag, entkommt einer solchen Bewertung. In Wirklichkeit war, wenigstens in den meisten Industrieländern, keine Vergangenheit so gut wie die heutige Gegenwart. Was die Lebensumstände anbetrifft, braucht man nur an den Stand der Medizin denken. Die Vorstellungen von einer idealen, schmerzarmen und lustvollen Vergangenheit sind Illusionen. Auf die sozialen Verhältnisse brauche ich nicht näher einzugehen, es genügt darauf hinzuweisen, daß die Lebenserwartung viel kürzer war als heute. Noch 1928, als ich geboren wurde, lag die Lebenserwartung der Männer unter 60 Jahren. Heute liegt sie etwa bei 80. Wer wie ich heute zu den Alten zählt und an Parkinson oder etwas anderem erkrankt ist, kann darüber sinnieren, ob ihm dieses Leiden in der guten alten Zeiten nicht erspart geblieben wäre, weil ihn vorher der Tod ereilt hätte. Auch die Rentenfrage war um so leichter zu beantworten, je früher die Berechtigten starben. Das ist kein Zynismus, sondern eine mathematische Folgerung.

Tun wir uns also selbst den Gefallen und sehen wir Gegenwart und Zukunft positiv. Das wäre schon ein wichtiger Schritt. Aus der Vergangenheit kann viel lernen, wer sie so zu sehen befähigt ist, wie sie wirklich war. Aber bei dem Lehrstoff, den sie liefert, handelt es sich mehr um „Know-how not" als „Know-how". Möglicherweise waren die Menschen früher etwas fröhlicher als wir, weil sie mit weniger zufrieden waren. Andere Gründe sind nicht ersichtlich. Die latente Kriegsgefahr war damals viel größer. Die europäischen Staaten betrachteten sich als potentielle Kriegsgegner, eine Vorstellung, die uns heute zum Glück völlig fremd ist. Es gibt einen moralischen Fortschritt. Der aufgeklärte Mensch von heute schränkt das Gebot der Nächstenliebe nicht auf die engere Verwandtschaft ein, mit Ausnahme der durch eine Erbauseinandersetzung zu günstig Davongekommenen. Die Moral läßt sich ohnehin nicht vererben wie ein Patent oder ein Grundstück, sondern sie muß von jeder Generation selbst erworben werden.

Wenn die Arbeit ruhte, stand nicht für Unterhaltung und Zeitvertreib der Fernsehapparat bereit. Sogenannte „Events" gab es wenige. Bücher waren auch rar. Sie zu lesen war schon damals nicht jedermanns Sache. Den meisten wurde es recht langweilig, wenn sie nichts zu schaffen hatten. Als ein gesellschaftlicher Höhepunkt im ganzen Lande ragte das Cannstatter Volksfest weit aus dem Alltag heraus, was es immer noch tut, aber nicht mehr so hoch wie früher. Zusammen mit dem Weindorf wird es heute von anderen Veranstaltungen eingerahmt. Heute wundert sich der Besucher der Stuttgarter Innenstadt, wenn einmal nichts los ist. Früher spielten Bier und Wein eine größere Rolle als heute. Auch die Schwaben huldigten dem Dionysoskult und pflegten die Kunstform des Rausches. Sie sprangen aber nicht als Bacchanten und Mänaden mit dem Thyrsusstab umher wie die alten Griechen, sondern sie begaben sich, um dem Dionysos Tribut zu zollen, in ein mit Tabakwolken geschwängertes Wirtshaus, das damals noch meistens zu Fuß erreichbar war. Spät und schwankenden Schrittes traten sie die Heimkehr an. Zahlreiche Witze beschreiben diesen Heimweg. So richtig gesund war dieses Freizeitvergnügen nicht. Aber das regte niemanden auf. Der wachsende Wohlstand bewirkte eine Abwanderung aus der Innenstadt in die Vororte. Die Benützung eines Kraftwagens für Hin- und Rückfahrt wurde üblich. Erst dann, als der Alkohol im Blut nicht nur das Leben, sondern den Führerschein kostete und der Farbfernseher Verbreitung fand, ließ die Anziehungskraft des Wirtshauses nach. Die Wirtshauskultur ist eine der wenigen Errungenschaften der guten alten Zeit, deren Beschädigung ich bedaure. Vielleicht läßt sie sich wiederbeleben. Das wird vor allem dann gelingen, wenn die beliebte Parole „Kein Blut für Öl“ tatsächlich befolgt wird. Dann kann der Mensch wieder in besäuselter Verfassung schreiben und komponieren. Dionysos wird ihm wieder beistehen und die krächzenden Rabenvögel des Zwanges zur Nüchternheit werden ihn nicht mehr verfolgen.

UNSER VATER- UND MUTTERLAND

Das Wort „Vaterland“ ist nicht wegen des Mißbrauchs, der mit ihm getrieben wurde, bedenklich, sondern weil es den Eindruck erweckt, als ob bei der Erzeugung des Nachwuchses die Bemühungen des Vaters wichtiger gewesen wären als die der Mutter. Dies ist nicht der Fall, im Gegenteil. Auf der anderen Seite, ohne den Vater geht es auch nicht. Mark Twain hat zu Recht bei einem Trinkspruch auf die Damen rhetorisch gefragt: Was wären wir ohne die Frauen: „Selten, äußerst selten.“ Er hat versäumt hinzuzufügen, daß dieser Zustand der Seltenheit auch bestünde, wenn die Welt ohne Männer wäre.

50 Jahre Baden-Württemberg

Mark Twain, der in Heidelberg Deutsch lernte, schrieb, Deutsch sollte eine tote Sprache sein, weil nur die Toten Zeit hätten, sie zu erlernen, das Verb des Hauptsatzes sei schwer aufzufinden. Baden, Württemberg und Hohenzollern, seit fast 50 Jahren im Land Baden-Württemberg vereint, Spitzenreiter unter den High-Tech-Regionen, Land des Geistes, der Dichter, der Philosophen, der Naturwissenschaften und Technik, der Musik, der Vielfalt, relativ selten auch der Einfalt, einer mäßig selbstbewußten und deshalb einigermaßen erträglichen Tradition, voll Industrie, großer, mittlerer und kleiner, aber auch voller natürlicher Schönheit, reich an Wein, zum Teil recht trockenem, Kulturvölkern benachbart und mit diesen in freundschaftlichem Wettbewerb stehend, den Franzosen, den Schweizern, den Bayern, den Hessen, den Pfälzern – jetzt kommt das Verb –, ist nicht so glücklich, wie es Außenstehende meinen und wie die Verhältnisse es nahelegen. Dieser Mangel an Zufriedenheit ist positiv zu bewerten, denn wo sich Glücksgefühle und Zufriedenheit ausbreiten, stellen sich gerne Faulheit und Trägheit ein. Diese Laster sind aber jene, die von den meisten Landesbürgern am tiefsten verabscheut werden, und zwar sowohl im ehemaligen Baden wie im ehemaligen Württemberg.

Das Land Baden Württemberg feierte 2002 seinen 50. Geburtstag. Die Zahl 50 ist in Religion und Mystik ein wichtiger Bedeutungsträger. Im Alten Testament galt das Jahr nach sieben Sabbatjahren (ein Sabbatjahr war sieben Kalenderjahre), somit das fünfzigste als ein Jubeljahr, das im Zeichen des Friedens, der Versöhnung, der Vergebung und der Ruhe stand. Zum Beispiel erloschen Schulden nach 50 Jahren. Heute ist der Gläubiger besser geschützt als damals, wie sich überhaupt die christliche Ethik mehr an die wirtschaftlichen Erfordernisse angepaßt hat als diese an die christliche Ethik. Im Neuen Testament findet am 50. Tag nach der Auferstehung die Herabkunft des Heiligen Geistes statt. Man kann sagen, was man will: Aber sehr wahrscheinlich hat der Heilige Geist bei der Entstehung des Landes Baden-Württemberg mitgeholfen, denn menschliche Vernunft reicht in der Regel nicht aus, um aus drei kleineren Ländern ein größeres neues Land zu schaffen.

Das neue Land Baden-Württemberg hat bedeutende Ministerpräsidenten gehabt. Zuerst den listigen und schlauen Reinhold Maier, FDP, ein unverwechselbarer schwäbischer

Typ, und deshalb ein rotes Tuch für die Altbadener, deren geistiger und politischer Kopf Leo Wohlleb war, ebenfalls ein Mann von beachtlichem Gewicht. Reinhold Maiers bilderreiche Sprache war ein eigenartiges Produkt seiner juristischen Ausbildung und seiner literarischen Begabung. Auf Maier folgte Dr. Gebhard Müller, CDU, später Präsident des Bundesverfassungsgerichts, dessen Schwäbisch in Oberschwaben beheimatet war. Das merkte der Kenner sofort, wenn Gebhard Müller beispielsweise das Wort „liedrrig!" aussprach, im Hochdeutschen „liederlich", im Honoratiorenschwäbisch mit nur einem „R" und in Oberschwaben mit zwei. Oder wenn er bei Sitzungen sagte: „Ich schlafe nicht, ich sinnierre!" Gebhard Müller wird heute noch unterschätzt wegen seines bescheidenen Auftretens, das aber die republikanische Würde von Schweizer Bundespräsidenten hatte. Er war ein Staatsmann, umfassend gebildet, an christlichen Werten ausgerichtet, duldsam, aber aufrecht, tolerant und offen für Argumente. Ich habe ihn erst nach seinem Ausscheiden aus seinen Ämtern näher kennengelernt und möchte von den Gesprächen, die er mit mir führte, keine Minute missen. Auf Gebhard Müller folgte Kurt Georg Kiesinger, brillanter Jurist, überdurchschnittlich gescheit, von beachtlicher geisteswissenschaftlicher Bildung, ein bedeutender Redner und Schriftsteller, der noch bedeutender hätte werden können, wenn ihm nicht sein stilistischer Perfektionsdrang im Wege gestanden wäre. Diesem erlag er oft, wenn er nicht am Rednerpult stand, sondern am Schreibtisch saß. Bevor er Ministerpräsident wurde, war Kiesinger im deutschen Bundestag neben Adenauer und Strauß einer der Starredner der Union. Seine Sprache war trotz schwäbischer Anklänge elegant und weltmännisch, was Eindruck machte. Auch seine Gedanken und Vorstellungen hatten die Tendenz zur Größe. Seine neuen Hochschulprojekte – Konstanz, Ulm, Mannheim – befanden sich alle in Nähe der Landesgrenze, also an der Peripherie und nicht in der Landesmitte. Kiesinger verfolgte eine Politik der sogenannten „Entprovinzialisierung“. Das heißt, die einzelnen Teilräume des Landes (heute würden wir von „Regionen“ sprechen) sollten einen besseren Standard und eine höhere Lebensqualität erhalten. Diesem Ziel sollten auch die neuen Hochschulstandorte dienen. Stuttgart, im Zentrum des Landes gelegen, erhielt jedenfalls die ersehnte medizinische Fakultät nicht. Denn die Landeshauptstadt war ja schon entprovinzialisiert, jedenfalls für hiesige Verhältnisse.

Als Kiesinger 1966 Bundeskanzler wurde, folgte ihm im Amt des Ministerpräsidenten der Badener Hans Filbinger. Realistischer eingestellt als sein Vorgänger, erreichte er mit begrenzten Mitteln das Beste. Das klingt so bescheiden, ist aber das Höchste, das ein Politiker zu leisten vermag. Die von ihm geleitete große Koalition mit der SPD funktionierte ausgesprochen gut. Die Konfessionsschule in Südwürttemberg wurde abgeschafft. Die Finanzen des Landes wurden konsolidiert. Die Hochschulprojekte wurden verwirklicht. Die Verwaltung einschließlich der Gemeinde- und Kreisebene wurde reformiert, in einem politischen Umfeld, in dem alles, was neu ist, zunächst einmal als falsch angesehen wird, eine Titanenarbeit. In den Auseinandersetzungen um die Straußsche Finanzreform gelang es, das Land vor Einbußen in Höhe von mehreren hundert DM im Jahr zu bewahren. Filbinger nutzte den Rat der Verwaltung. Auch er hatte auf die Verwaltung, die ihn respektierte, einen großen Einfluß. Sein Nachfolger war Lothar Späth, tatkräftiger und schnelldenkender Schwabe, phantasievoll und entscheidungsfreudig, witzig und geistvoll. Da er wie Erwin Teufel aus der Laufbahn des gehobenen Dienstes hervorging, betrachtete ihn der höhere Dienst des Landes anfangs überwiegend mit Skepsis. Schon bald zeigte er sich aber auch den Skeptikern als Politiker von Format. Über längere Zeit hinweg wurde er von den Spiegelumfragen als populärster deutscher Politiker eingeschätzt. Lothar Späth richtete die Landespolitik noch stärker auf die Lösung von Zukunftsfragen aus. Dabei nützten ihm sein Ideenreichtum, sein blitzschnell arbeitender Verstand, die Gewandtheit, mit der er seine Vorstellungen gegebenenfalls modifizieren konnte, und sein Mut, das alles durchzustehen und durchzusetzen. Im Unterschied zu Hans Filbinger, der fast Hochdeutsch spricht, mit leichten badischen Anklängen, spricht Späth Schwäbisch, aber in einer Weise, die auch in Baden ankommt. Lothar Späths Nachfolger Erwin Teufel, dessen Wesen eher an Gebhard Müller erinnert, ist als Schwabe geboren, seit der Verwaltungsreform aber im südbadischen Regierungsbezirk wohnhaft, und damit jetzt eigentlich ein Badener. Umfassend gebildet, klar, vernünftig, tüchtig und verläßlich, spricht er ein fast als Hochdeutsch empfundenes Schwäbisch.

Das vereinigte Land ist das Ergebnis überparteilicher Bemühungen. Bis 1960 gab es nach Schweizer Vorbild eine Allparteienregierung: CDU, SPD, FDP/DVP und BHE (Bund der Heimatvertriebenen und Entrechteten). In ungewöhnlich kurzer Zeit wurde das Recht im Lande vereinheitlicht. Politisch angestrebt wurde nicht Gleichartigkeit in allen Landesteilen, sondern Gleichwertigkeit bei Bewahrung und Pflege der regionalen Besonderheiten. Nicht Einigkeit war das Ziel, sondern Fairneß und Sachlichkeit beim Austragen von Interessenkonflikten. Im übrigen ist niemand auf Erden glücklich zu nennen, der nicht andere kritisieren kann. Perioden, die der Kritik keine Angriffsflächen bieten, sind verloren für Politik und Kultur, weil von gähnender Langeweile heimgesucht. Der Mensch will sich nicht nur freuen dürfen, sondern auch ärgern können. Ein nicht recht nachvollziehbarer Grund für landesweites Mißtrauen ist die Stuttgarter Region.

Eine vom Hegelschen Weltgeist inspirierte Entscheidung des Landes war die Ausstattung der Stuttgarter Region mit einer direkt gewählten Volksvertretung. Denn die Region wächst immer mehr zusammen, auf den Gebieten des Verkehrs, der Wirtschaft, der Kultur, der Gesellschaft. Die direkt gewählte Volksvertretung berücksichtigt, daß es nicht nur um einen Ausgleich zwischen lokalen Interessen der 179 Gemeinden in der

Region geht, sondern auch um Interessen des gesamten Raums, der als zentral gelegener größter Verdichtungsraum für die Zukunft des Landes wichtig ist. Ein Regionalbewußtsein soll sich bei den Bürgern ausbilden, die Übernahme von Verantwortung für das Ganze. Auf diesem Wege gab es Fortschritte. Ich registriere das mit Behagen. In nicht all zu ferner Zeit wird die Region eine angemessene Organisationsform und die entsprechenden Aufgaben erhalten müssen. Dafür sollte untersucht werden, wie eine Regionalkreislösung aussehen könnte, damit die Diskussion sich nicht im Allgemeinen erschöpft.

Die Badenfrage ist nicht mehr aktuell. Sie ist Geschichte. Am 28.12.1996, drei Tage vor dem Erlöschen meines Amts als Oberbürgermeister der Landeshauptstadt Stuttgart, veröffentlichte das Badische Tagblatt einen von mir verfaßten Artikel über Badener und Schwaben. Das empfand ich als große Ehre. Ich hatte mich auch redlich bemüht, einen liebenswürdigen Schwaben, nämlich mich, vorzustellen. Um diese Wirkung etwas abzumildern, schmückte die Redaktion meine Betrachtungen mit zwei Karikaturen aus dem Jahr 1950, von denen die eine mit der zutreffenden Unterschrift „lieber ledig als schlecht verheiratet" eine gewaltige, offensichtlich zu Tätlichkeiten neigende Schwäbin mit einem dürren und verschüchterten Badener darstellte und die andere einen grimmigen schwäbischen Hauswirt, der dem eingeschüchterten badischen Mieter die Hausordnung erläutert. Ich nahm das mit dem besonderen schwäbischen, nach Meinung der badischen Freunde eher nach innen gewendeten Humor zur Kenntnis und gedachte unseres früheren Ministerpräsidenten Lothar Späth, den ich oft sagen hörte, es hätte ja viel schlimmer kommen können. Das ist auch der Fall, wenn ich an das Plakat von Südweststaatgegnern zurückdenke, auf dem es hieß:

„Wache auf, du Bad'scher Schläfer,
sonst fressen dich die Schwabenkäfer!"

Hier werden Kakerlaken als „Schwaben" bezeichnet. Aber auch das wollen wir Schwaben mit Gelassenheit ertragen. Die einzige Begegnung mit einem dieser sechsbeinigen Landsleute hatte ich im übrigen vor Jahrzehnten in einem badischen Gasthof, wo dieser offenbar in das Kaffeewasser gefallen war und sodann in der Kaffeetasse eines Reisegefährten in Erscheinung trat. Ich habe diesen Vorfall nie erwähnt, um den Zusammenhalt des Landes nicht zu gefährden, aber nun, mehr als 50 Jahre nach dem Zusammenschluß, sind wir alle so gereift genug, um ihn zu verkraften.

Das Badische Tagblatt forderte mich 2002 auf, einen zweiten Artikel zum selben Thema zu schreiben. Ich hatte zuerst Bedenken, weil ich meine Meinung in den fünf seither vergangenen Jahren eher vertieft als geändert habe und weil ich fürchtete mich zu wiederholen. Diese Furcht war berechtigt. Aber da die Lüge überall wiederholt wird, erträgt auch die Wahrheit eine Wiederholung, wenn sie nicht vollends untergehen soll. Mark Twain verfaßte als Chefredakteur, als versehentlich auf Seite eins seiner Zeitung derselbe Leitartikel nochmals abgedruckt war, eine Anmerkung der Redaktion, in der es hieß: „Auf vielfachen Wunsch wird der Leitartikel von letzter Woche nochmals zum Abdruck gebracht." Diese Möglichkeit stand genauso der Redaktion des Tagblatts offen. Im übrigen habe ich inzwischen weiter nachgedacht, erfreulicherweise mit dem Ergebnis, daß ich schon damals das Richtige geschrieben hatte. Das brachte mich in Hochstimmung:

„Riesengroß ist unser Jubel,
im Topf da kocht die Spätzlesnudel.
Im Herd, da schmort der Schweinebraten.
Hoch lebe Württemberg und Baden.
So reimt es sich, seid nicht empört
ich weiß, es lautet umgekehrt!

Auf, Ihr Landsleut', seid keine Simpel,
blaset das Horn und schlaget die Zimbel!
Aufwärts sei stets unser Streben.
Hoch soll unsere Heimat leben!"

Auf dem Gebiet der Philosophie können die Badener Max Weber und Heidegger den Schwaben Hegel und Schelling entgegensetzen. Baden verfügt über eine einzigartige Hochschullandschaft. Viele wichtige Erfindungen kommen aus Baden. An der Erfindung des Autos arbeitete Ende des 19. Jahrhunderts sowohl Carl Benz in Baden als Gottlieb Daimler in Württemberg. Benz war aber etwas schneller als Daimler und seine Konstruktion origineller, obwohl sie nur drei Räder hatte. Beim Ausbau des Eisenbahnwesens im 19. Jahrhundert war Baden das fortschrittlichste Land. Baden baute seine Bahnstrecken mit einer Spurweite von 1600 mm, breiter als die russische Breitspur mit 1524 mm, während die übrigen mitteleuropäischen Staaten nur eine Spurweite von 1435 mm anwendeten. Baden hatte recht, blieb jedoch allein. Es verfolgte seine Pläne aber mit solcher Beharrlichkeit, daß 1854 500 km badische Schienenstrecken auf 1435 mm umgenagelt werden mußten. Ein Land, das mit Baden vereinigt wurde, konnte sich glücklich schätzen. Wichtige Förderer des Südweststaates kamen aus Baden: Die Christdemokraten Filbinger und Dichtel, die Sozialdemokraten Renner, Veit und Krause, Frauen und Männer aus allen demokratischen Parteien. Baden ist Grenzland zu Frankreich. Deshalb war es früher aus militärischen Gründen erheblichen Beschränkungen unterworfen. Diese sind weggefallen. Die Nähe zum befreundeten Frankreich ist jetzt ein Vorteil. Die neuen Spielräume wurden im früheren Baden in einer Weise genutzt, die Respekt verdient. Eindrucksvoll sind zum Beispiel die Erfolge im Freiburger und im Karlsruher Raum. Dieser zählt heute zu den modernsten Technologieregionen Europas. Die Dynamik und der Weitblick meiner badischen Bürgermeisterkollegen haben mir immer imponiert: Reschke, Ratzel, Widder, Dullenkopf, Seiler, Böhme, Zundel und viele andere. Die Erkenntnis setzte sich langsam durch, daß es für einen Raum keinen größeren Standortvorteil gibt als Nachbarn, denen es gutgeht. Ich wünsche dieser Erkenntnis weite Verbreitung, in Deutschland, in Europa und in der Welt.

Gedenktage und die Mauern

Der 9. November hatte viermal historische Bedeutung. In allen vier Fällen hat diese etwas mit Mauern zu tun. In den ersten drei Fällen – 1918 kurz vor der Unterzeichnung des Waffenstillstands, 1923 Hitlers und Ludendorffs Putschversuch in München und 1938 die Pogromnacht gegen die jüdischen Mitbürger – Mauern des Schweigens zur Vernebelung des wahren Sachverhalts. Aber 1989 die Öffnung der realen Mauer zwischen der Bundesrepublik und der DDR, welche, von Günter Schabowski verkündet, die deutsche Wiedervereinigung einleitete. Minister Erzberger unterzeichnete 1918 mit Zustimmung der obersten deutschen Heeresleitung den Waffenstillstand, der den Ersten Weltkrieg beendete, den Deutschland verloren hatte. Erzberger hat damals dem Vaterland einen bitteren, aber notwendigen Dienst erwiesen. Später wurde er von Rechtsradikalen ermordet. Der sogenannte Marsch auf die Feldherrnhalle 1923 war ein unsinniger Vorgang, der eigentlich die Initiatoren für immer hätte politisch disqualifizieren müssen. Das Pogrom von 1938 war ein Staatsverbrechen, eines der dunkelsten Kapitel in der deutschen Geschichte. Der Fall der Mauer, der am 3. Oktober 1990 zur Wiedervereinigung Deutschlands führte, war ein glückliches Ereignis, besonders für uns Deutsche, auch wenn wir es noch nicht alle gemerkt haben.

Wir sollten an dem Feiertag am 3. Oktober festhalten. Daß im Zusammenhang mit seiner zehnten Wiederkehr darüber gestritten wurde, wer am festesten an die Wiedervereinigung geglaubt und wer am meisten zu ihr beigetragen hat, das war und ist in einer Demokratie nicht zu vermeiden. Im Unterschied zu den vielen Menschen, die es gleich gewußt und nur nicht gesagt hatten, muß ich bekennen, ich hatte mit der Wiedervereinigung nicht gerechnet. Die Ministerien in Bonn offensichtlich auch nicht, jedenfalls nicht so sehr, daß sie für den Fall X (Planungsfall Wiedervereinigung) ein Konzept ausgearbeitet hätten. Die vorsorgliche Herstellung eines solchen Konzepts wäre auch nicht sehr schlau gewesen. Denn erstens wäre die wirkliche Lage doch nicht richtig erfaßt worden, und zweitens wäre ein solches Unternehmen nicht vertraulich oder gar geheim geblieben, sondern zum ungünstigsten Zeitpunkt in einer unserer Zeitungen oder Zeitschriften veröffentlicht worden. Das hätte dann einen gewaltigen Lärm ausgelöst. Die Welt hätte das möglicherweise in die falsche Kehle bekommen und sich darüber entrüstet, daß wir über die DDR planerisch verfügen. So zeigte sich wieder einmal, daß manchmal Nichtstun das Beste sein kann. Wahrscheinlich waren Helmut Kohl, Hans-Dietrich Genscher, Theodor Waigel und Wolfgang Schäuble ganz froh, daß die Akte „Wiedervereinigung" nichts oder wenig enthielt, was auf ein Konzept hindeutete. So waren sie frei, das Richtige zu tun. Ich war damals Präsident des Deutschen Städtetags, schließlich erster gesamtdeutscher Präsident und hatte etwas Einblick. Ich meine, sie haben diese Chance gut genutzt. Was hätte es gebracht, wenn die Bundesrepublik versucht hätte, eine Zeitlang eine selbständige DDR zu stabilisieren, oder die DDR-Unternehmen nicht zu privatisieren, sondern sie in Staatsregie zu behalten? Nichts. Oder wenn sie gezögert hätte, den Landsleuten in der DDR teilweise im Verhältnis 1:1 die Ostmark in DM umzutauschen, was unsere Währung übrigens gut verkraftet hat? Der Rückzug der sowjetischen Truppen kostete damals 15 Milliarden DM. Er hat den kalten Krieg beendet. Verzögerungen hätten den Preis nach oben getrieben. Unser demokratischer Staat bewies, daß er notfalls sehr schnell handeln kann. Das hat mein Vertrauen in ihn gestärkt.

Unabhängig von früheren Positionen haben damals die meisten Politiker am selben Strang gezogen. Auch unter den Kommunisten gab es einige, welche die Veränderungen hinzunehmen bereit waren. Das wird oft vergessen. Zwischen Ost und West hatte sich Vertrauen gebildet. Das beruhte gewiß auf der gemeinsamen Außenpolitik der westlichen Verbündeten. Aber den Ausschlag gab die neue Position Michail Gorbatschows und seines Außenministers. Auch die Entspannungspolitik Willy Brandts, Helmut Schmidts und Hans-Dietrich Genschers, der sich nach einigem Zögern der Union anschloß, hat dazu beigetragen, daß die Wiedervereinigung möglich wurde. Helmut Kohl mit seiner im Grundsätzlichen festen Position, seiner unkomplizierten Art, seiner Entschlußkraft und seiner innerparteilichen Macht war der richtige Kanzler am rechten Ort zur rechten Zeit. Der Städtetag hielt die wirtschaftliche Ausgangsposition im Osten für ungünstiger als die Bundesregierung. Ich war der Ansicht, daß die Steuern erhöht und Ausgaben gekürzt werden müßten und daß überdies hohe zusätzliche Kredite notwendig würden. Der Finanzierungsbedarf findet sich in Höhe von 570 Milliarden DM in der Schuldenstatistik des Bundes wieder. Wie krank die sozialistische Wirtschaft wirklich war, wurde zunächst nicht erkannt. Aber selbst wenn das erkannt worden wäre, was hätte anders gemacht werden können? Finanztechnisch ähnelt die Finanzierung der Wiedervereinigung einer Kriegsfinanzierung, allerdings mit dem entscheidenden Unterschied, daß es um Friedensfinanzierung geht. Im Ersten Weltkrieg 1914 bis 1918 bezahlte das deutsche Kaiserreich die Kriegskosten weitgehend mit geliehenem Geld. Von den Gesamtausgaben in Höhe von 158 Milliarden Reichsmark wurden über 137 Milliarden Reichsmark, also 87 Prozent, durch Kredite und sonstige außerordentliche Deckungsmittel aufgebracht. Das mußte ganz unabhängig von den Reparationen des Versailler Vertrags katastrophal enden. Die Regierung setzte keineswegs nur auf den Kreditmarkt und entschloß sich für die Aufwendungen für die Wiedervereinigung zu einem sogenannten „Finanzierungsmix". In den Jahren 1991 bis 1995 wurden 43 Prozent durch Abgabeerhöhungen finanziert, 15 Prozent durch Ausgabenkürzungen und 42 Prozent durch Kredite. Für die folgenden Jahre habe ich keine Zahlen, aber der Anteil der Kreditfinanzierung muß weiter gesunken sein. Die Kontrolle über die Finanzen war gewährleistet. Sie ist die Basis des staatlichen Handelns, das sich nun aus dem Streit über die Vergangenheit lösen und der Zukunft zuwenden sollte.

POLITIK ALS SCHAUSPIEL

Politiker müssen das meiste Rohmaterial liefern, das die Journalisten brauchen, um den Bürgern Neues bieten zu können. Denn die Bürger erwarten nicht nur Richtiges, sondern auch Neues. Auch müssen Politiker sich damit abfinden, daß eine Hofberichterstattung nicht mehr stattfindet. Wenn Politiker klug sind, versuchen sie Journalisten in den Glauben zu versetzen, diese seien besser informiert und klüger als die Politiker. Wenn die Journalisten auch klug sind, glauben sie das nicht. Es fragt sich ohnehin, ob die Welt für die Medien da ist oder die Medien für die Politik da sind. Die Kampfhandlungen im Irak ließen sich in den Medien rund um die Uhr mit einer Anschaulichkeit verfolgen, die fast die Anschaulichkeit überbot, die sich dem an den Kämpfen mitwirkenden Soldat darbot. Viel mehr konnten die römischen Kaiser dem Volk während der Christenverfolgung auch nicht bieten. Das Theater wird zur Wirklichkeit und die Wirklichkeit zum Theater.

Politiker als Selbstdarsteller

Ende April 2001 fand in Ravensburg ein Kongreß statt zum Thema „Tyrannei der Selbstdarstellung“, eine verdienstvolle Veranstaltung. Denn eine verbreitete Meinung geht dahin, viele Politiker produzierten sich aus Selbstverliebtheit in der Öffentlichkeit, stellten einen Staatsmann eher dar als daß sie einer wären, redeten dem Volk nach dem Mund, aber handelten nicht in seinem Interesse, manche von ihnen handelten überhaupt nicht, sondern redeten nur, einige seien sogar Fälle für den Psychiater. Gewiß gibt es auch in der Politik Menschen, die nur das für wichtig halten, was die Aufmerksamkeit der Medien findet, die virtuos in seichten Gewässern plätschern können und alles zu vermeiden suchen, was in die Tiefe geht. Auch vor psychischen Defekten sind Politiker nicht gefeit. Aber wer sich gut darzustellen versteht und die eigene Meinung mehr schätzt als die anderer, ist deshalb noch lange nicht am Narzißmus, also an Selbstverliebtheit erkrankt, und wer sich gerne durchsetzt und sich ungern beschimpfen läßt, ist deshalb auch kein Paranoiker.

Die große Mehrheit der Politiker ist durchaus brauchbar, einige von ihnen sind sogar sehr tüchtig. Das ist jedenfalls meine Erfahrung. Tüchtig und sachlich sein ist in der Politik nicht immer von Vorteil. Ist ein Politiker solide, rechtschaffen, ein bewährter Fachmann, aber seine Art zu reden eher nüchtern und weniger unterhaltend und hat er (deshalb) auch noch oft recht, heißt es rasch, er habe den Charme eines Aktendeckels und er sei provinziell. Ein solcher Vorwurf schmerzt in einer Zeit, in der jeder einigermaßen Arrivierte so tut, als sei er in der ganzen Welt daheim und nicht nur am Nesenbach. Die Kritik, die das Wesen der Demokratie ist, nagt immer am Ansehen der Politiker. Keiner von ihnen kann der Kritik entkommen, selbst dann nicht, wenn er geschickt und zurückhaltend mit der Macht umzugehen weiß und ein guter Selbstdarsteller und Unterhaltungskünstler ist. Politiker müssen wirksam in der Öffentlichkeit auftreten, wenn sie etwas bewegen wollen. Die leisen Töne gehen unter in unserer lärmenden Medienwelt. Auch wenn diese Auftritte immer wichtiger werden, die Prophezeiung Nietzsches, es würden tolle Zeiten kommen, in denen die Schauspieler die Herren seien und ein anderer Typ, der große Baumeister, unmöglich würde, hat sich jedenfalls in der Gegenwart nicht erfüllt. Mehr als je zuvor wird die Politik heute von langfristigen Trends und Überlegungen bestimmt: Weltfrieden, globale Wirtschaft, Weltökologie, Menschenrechte, Europäische Einigung, Entwicklungsländer. Die Zukunft kommt uns entgegen, nicht hell erleuchtet, sondern im Dunkeln. Sie wird nicht nur eine vergrößerte Projektion der Gegenwart sein, sondern anders und nicht garantiert besser. Das Licht, das gebraucht wird, um sie erkennen und erfassen zu können, muß aus unseren Köpfen kommen. Es empfiehlt sich deshalb nicht, das Denken zurückzufahren und die Politik als eine Bühne zu betrachten, auf der Arien gesungen werden.

Unsere Politiker sind nicht alle Pfadfinder, allenfalls in dem Sinne, daß von ihnen täglich gute Taten erwartet werden. Sie können nicht nur Baumeister sein, sondern sie müssen auch sich selbst und ihre Vorstellungen vermarkten. Das gilt auch für Zeiten, in denen wenig gebaut wird. Eine komödiantische Begabung hilft ihnen. Um Einfluß zu haben, muß ein Politiker zunächst gewählt oder berufen werden. Wenn er nicht ein von Natur aus sonniger Mensch ist, muß er sich so darstellen, daß die Wähler ihn mögen. Wer das nicht schafft, sollte möglichst nicht in die Politik gehen. Ist er schon dort, sollte er wenigstens nicht überall erscheinen, wo die Medien sind. Aber wer ist schon zu einer solchen Selbsterkenntnis fähig? Wenn wenig Neues geschieht, weil die Dinge von selbst gut laufen oder weil gespart werden muß, dann sollte der Politiker zum Zwecke der Unterhaltung in die Bresche springen als Erfinder und Verbreiter von Nachrichten, deren sachliche Substanz, sagen wir es so, mäßig ist. Er kann sich zu etwas bekennen, er kann widersprechen, nicht ausschließen, fordern, zurückweisen, bedauern. Ein Tip: Das Absurde fasziniert mehr als das Vernünftige. Glückliche Beispiele hierfür sind meine Faßanstiche während der Cannstatter Volksfeste. Zunächst unterwarf ich mich dem Volksglauben, daß einer, der mehr als drei Schläge braucht, ein Schlappschwanz sei, bis ich erkannte, daß ein Anstich mit bis zu zwölf Schlägen für die Medien viel interessanter ist.

Politiker sind Selbstdarsteller; denn sie spielen nicht, wie der Schauspieler den Prinz von Homburg oder Franz Moor, sondern sich selbst. Wie sehen sie sich selbst, und wie wollen sie gesehen werden? Solche Fragen rufen die Lehren von Sigmund Freud und seiner Jünger auf den Plan und deren Einblicke in die Untiefen der menschlichen Seele. Aber bleiben wir auf der Oberfläche der äußeren Welt. Es ist nur vernünftig, wenn die Politiker sich günstiger darstellen als sie sind. Wer vorgibt, besser zu sein als er ist, weiß zunächst einmal, was gut wäre. Das ist schon viel wert. Da es sehr anstrengt, dauernd die Rolle des eigenen besseren Selbst zu spielen, fällt es schließlich leichter, so zu werden, wie man behauptet, bereits zu sein. Die Selbstanpreisung und die von ihr bewirkte Selbstverpflichtung nützen deshalb dem moralischen Fortschritt. Ein ähnlicher Nutzen wird sonst nur noch durch den Umgang mit dem Computer gezogen, weil dieser den Benutzer zwingt, eigene Fehler zuzugeben. Das widerstrebt zwar dem Menschen, veredelt ihn aber.

Gewiß lauert in unserer Medien- und Spaßgesellschaft die Gefahr, daß die Politik zu viel Kraft für die Show verschwenden könnte. Der Schauspieler bekennt sich dazu, daß er ein anderer ist als der, den er spielt. Der Politiker, der eine Rolle spielt, behauptet, daß das die Wirklichkeit sei. Wie bei einem soliden Eichenbalken, der im Wasser schwimmt, liegt auch in der Politik die überwiegende Substanz unterhalb der Oberfläche. Eine Politik, der es an solcher Tiefe fehlt und die nur versucht, wie ein Korken immer oben zu schwimmen, wird eine Zeitlang als ganz lustig empfunden. Auf die Dauer wird sie nicht ernst genommen. Darauf aber kommt es bei allem Spektakel an.

Politiker sein, nicht schwer

Es wäre deprimierend, wenn wir nicht davon ausgehen dürften, daß die Menschheit nach jeder Erfahrung, die sie macht, ein höheres Niveau erreichen kann. Eine Rückschau auf die Politikerrunden zeigt, daß im letzten Wahlkampf eine Form der Diskussion erreicht wurde, die jedem das Mitmachen erlaubte, die unterhaltend war und die fast ausschloß, daß riskante Ergebnisse erzielt wurden. Melden Sie sich unverzagt als Diskussionsteilnehmer! Ein bißchen arbeiten müssen Sie schon, sofern Ihnen niemand zuarbeitet. Sie brauchen zunächst mal einen Text, den Sie auswendig lernen. Diesen Text möglichst oft vorzutragen, gegebenenfalls in Bruchstücken, ist der Sinn Ihrer Teilnahme an der Diskussion. Sollten Sie unterbrochen werden, machen Sie, wenn Sie wieder zu Wort kommen, dort weiter, wo Sie aufgehört haben, oder Sie fangen noch einmal von vorne an. Könner reden auch dann weiter, wenn mehrere andere sprechen. Das schafft Respekt, spart Zeit und mindert die Verständlichkeit. Das sind lauter Vorteile. Es ist nämlich von Vorteil für Sie, wenn man Sie nicht versteht. Hören Sie auf keinen Fall auf das, was andere vorbringen, weil Sie das verwirrt. Achten Sie allenfalls auf Stichworte und bringen Sie dann Ihren Text. („Ich sage es noch mal, denn es ist wichtig...") Beantworten Sie keine Fragen, sondern stellen Sie Gegenfragen, zum Beispiel: Meinen Sie das im Ernst? Wenn Sie sich sicher fühlen, reden Sie sofort los, egal ob ein anderer spricht oder nicht. Reden Sie weiter, wenn er nicht zu sprechen aufhört, bis er nachgibt. Reden Sie auch dann weiter, wenn er schließlich zum Schweigen gebracht wurde. Das müssen Sie täglich mit Ihrer Familie üben.

Unterbricht sie jedoch einer, fordern Sie ihn energisch auf, Sie nicht zu unterbrechen, Sie hätten ihm auch zugehört, auch wenn das gar nicht stimmt. Was Sie sagen, ist eigentlich egal. Hauptsache, Sie bringen Ihre Stichworte rüber: Natur, Friede, Gerechtigkeit, Arbeitsplätze, Geld. Wenn andere reden und Sie es nicht schaffen, ihnen ins Wort zu fallen, müssen Sie durch Ihr Mienenspiel zum Ausdruck bringen, daß Sie alles für dumm, falsch oder verlogen halten. Schütteln Sie den Kopf, und verdrehen Sie ihre Augen nach oben, als erbäten sie den Beistand des Himmels angesichts der Dummheit und Bosheit der Diskussionspartner. Oder reden Sie dazwischen, zum Beispiel: „Stimmt nicht!" „Völlig falsch!" „Unsinn!" Je eindrucksvoller der Gegner spricht, desto heftiger sollte der Kopf geschüttelt und desto breiter gegrinst werden. Üben sie auch das vor dem Spiegel ein, es lohnt sich, nicht nur in der Politik, auch zum Beispiel bei Familienstreitigkeiten oder bei Auseinandersetzungen mit Mitarbeitern und Untergebenen. Wenn aber die Rollen anders verteilt sind und nicht Sie, sondern der Gegner grinst, den Kopf schüttelt und ein schrilles Haha ausstößt, dann sollten Sie ihn fragen: „Müssen Sie eigentlich immer lachen, wenn Sie mit jemand sprechen? Das dürfen Sie nicht auf die leichte Schulter nehmen!" oder: „Sie wackeln dauernd mit dem Kopf. Haben Sie das schon länger?" oder „Haben Sie getrunken?" Wenn der Gegner wütend wird und laut, ist das gut für Sie. Sprechen sie begütigend auf ihn ein. Sie hätten es ja nur gutgemeint. Leiten Sie dann aber wieder über auf ein Thema, das ihn ärgert. Wenn er noch einmal wütend wird, kündigen Sie an, nochmals ganz langsam das zu sagen, was die Aufregung ausgelöst hat. Dann werde jeder Demokrat, der guten Willens sei, erkennen, daß Sie recht hätten. Und dann bringen Sie wieder Ihren Text.

Bei fast jedem Vorschlag ist irgend jemand benachteiligt. Zeigen Sie, daß Sie moralisch sind. Eine Liberalisierung des Kündigungsschutzes verbessert vielleicht die Chancen jener, die eine Arbeit suchen, einen zu bekommen. Aber sie verschlechtert möglicherweise jenen, die einen Arbeitsplatz haben, die Chance, ihn zu behalten. Treten Sie, wenn es irgendwie geht, für beide ein. Wenn es nicht anders geht, nehmen Sie sich der Sache desjenigen an, dessen Chance verschlechtert wird. Jetzt dürfen Sie nach Herzenslust auf das Unrecht schimpfen: Es sei schändlich, schmutzig, unappetitlich. Fordern Sie den, der die Benachteiligung will, auf, sich zu schämen. Der so Gemaßregelte könnte dann zwar seine Kritiker auffordern, sich selbst zu schämen, weil sie so etwas Unsinniges oder Saudummes oder Törichtes sagen. Er braucht in solcher Situation nicht darzustellen, worin der Unsinn, das Dumme, die Torheit liegt; Hauptsache ist, das Wort wird so oft auf die Gegner angewendet, daß es schließlich an ihnen hängen bleibt. Wenn jemand moralisch argumentiert, könnte ihm ein Wort von Ludwig Marcuse entgegengehalten werden, das lautet: „Wer von Moral redet, muß auf Moral untersucht werden." Aber dann sollten sie von ihm schon „ebbes Persönliches" wissen, wie es im Schwäbischen heißt, und imstande sein, das Persönliche so anzudeuten, daß Sie strafrechtlich nicht belangt werden können. Lassen Sie das lieber bleiben. Sagen Sie einfach: „Immer wenn sie nicht weiterwissen, werden sie moralisch, was ist bloß los mit Ihnen?" Das brauchen Sie nicht zu begründen. Applaus ist so gut wie sicher. Behaupten Sie von sich, Sie seien moralisch um der Moral willen, andere hingegen nützten die Moral als Mittel zum Zweck. Aber nein, lassen Sie auch das besser bleiben. Wer sich auf eine Diskussion über Moral einläßt, kommt in Teufels Küche. Es ist besser, gar nicht auf die Argumente anderer Diskussionsteilnehmer Bezug zu nehmen. Das Publikum könnte meinen, diese seien wichtig. Für Sie ist nur Ihre eigene Meinung wichtig. Im Prinzip gilt dasselbe auch für den Umgang mit Fragen des Moderators oder der Moderatorin. Vor allem weibliche Moderatorinnen sind gefährlich, weil sie meinen, bei einer Diskussion müsse etwas herauskommen. Dabei ist doch der wichtigste Zweck zu verhindern, daß die jeweils anderen Diskussionsteilnehmer verstanden werden. Im Umgang mit Moderatoren und Moderatorinnen sollte man vorsichtiger sein, damit man sie nicht ins gegnerische Lager treibt. Man könnte sagen: „Vielen Dank für Ihre Frage, die in der Tat weiterführt. Lassen Sie mich aber, bevor ich Stellung nehme, noch ein paar Worte sagen..." Und dann bringen Sie wieder Ihren Text. Wenn Sie ein Moderator oder eine Moderatorin in die Enge treiben will, antworten Sie knapp mit „ja", „nein", „vielleicht", „glaub ich nicht!" Je länger und je konkreter Sie antworten, desto größer sind Ihre Schwachstellen. Wenn Sie ein paarmal knapp und inhaltslos geantwortet haben, weiß der Moderator nicht mehr so recht, was er sie noch fragen soll. Das nützen Sie aus und tragen wieder Ihren Text vor. Werden Sie unterbrochen, sagen Sie, wenn Sie wieder dran sind, leider hätten Sie die Frage nicht beantworten können, würden das aber jetzt tun. Zuvor aber müßten Sie anmerken – und dann bringen Sie erneut Ihren Text. Noch einen Hinweis für den Inhalt Ihres Textes: Hilfreich ist eine Sammlung von dummen Bemerkungen, die Leute gemacht haben, die der Partei des Gegners angehören, angehört, nahestehen oder nahegestanden haben. Sie können behaupten: „In Ihrer Partei wird gesagt..." – „Was sagen Sie dazu?" Das verblüfft. Kennt der Gesprächspartner die Dame oder den Herren, die das geäußert haben soll, können Sie fragen, ob er sich distanziere. Kennt er sie nicht, fragen Sie ihn, ob er sich nicht darum kümmere, daß solche Leute Einfluß haben.

Vom politischen Komödiantentum

Daß Menschen Empörung und Entrüstung vortäuschen, um zu zeigen, daß sie es ernst meinen, das geschieht ständig im menschlichen Leben und deshalb auch in der Politik. Daran ist auch nichts Sündhaftes. Jeder Mensch stellt sich irgendwie dar. Er sollte aber berücksichtigen, daß die meisten Bürger keinen Streit wollen, denn ihre Idealvorstellung ist die Einmütigkeit der Politiker auf sachlicher Grundlage. Dieser auf Einmütigkeit gerichtete Wunsch ist wiederum utopisch. Wer Einigkeit fordert, will fast immer, daß die anderen in seinem Sinne einig sind. Das wollen die anderen aber nicht, und deshalb ist Uneinigkeit ein normaler Zustand, vor allem wenn mehrere etwas wollen, was es nur einmal gibt, nämlich die Mehrheit bei Wahlen. Besonders günstig zur Entfaltung schauspielerischer Talente sind in der Politik Untersuchungsausschüsse.

Damit Wahrheit blühe und Gerechtigkeit herrsche, haben die Väter und Mütter des Grundgesetzes und die der Landesverfassung den Parlamenten die Möglichkeit eingeräumt, Untersuchungsausschüsse zu bilden. Diese sollen, wie ein Gericht, durch Erhebung von Beweisen Sachverhalte aufklären. Im Bundestag, aber auch in unserem Land, waren mehrere solcher Untersuchungsausschüsse tätig. Seit geraumer Zeit soll ein Untersuchungsausschuß im Berliner Bundestag die Spendenaffären aufklären, ein Geschäft, das nicht einfacher geworden ist, seitdem nicht nur gegen Mitglieder einer, sondern auch gegen solche der anderen großen Partei Verdachtsgründe vorliegen. Denn Untersuchungsausschüsse sind keine Gerichte. Sie sind eher Arenen, in denen politische Streitigkeiten ausgetragen werden. Vor vier Jahrzehnten tagte in Baden-Württemberg der Eni-Untersuchungsausschuß. Er wurde beschlossen, damit er die Fackel der Wahrheit über der Eni-Pipeline von Genua nach Ingolstadt entzünde. Eigentlich bedurfte es dieser Fackel nicht, denn die Wahrheit war bekannt. Aber die dramaturgische Verlockung war zu groß, als daß die in der Opposition stehende SPD ihr hätte widerstehen können. Das Stück, dessen tragende Rolle die Justitia mit Waage, Schwert und verbundenen Augen war, mußte aufgeführt werden mit dem Titel: Eni und die Folgen.

Im Zusammenhang mit der Gasversorgung unseres Landes wird der große italienische Energiekonzern Eni wieder häufiger genannt. In den sechziger Jahren ließ die Eni eine Pipeline bauen von Genua nach Ingolstadt. Sie führte durch Graubünden, folgte dem Alpenrhein, verlief den Bodensee entlang durch Vorarlberg, erreichte Baden-Württemberg und endete schließlich nach Durchquerung bayerischen Gebiets in Ingolstadt. Heute ist die Pipeline stillgelegt und entleert. Offenbar wird geprüft, ob sie nach einigen Umbauten als Gasleitung fortbestehen kann. Daß die Pipeline auf einer verhältnismäßig kleinen Strecke über baden-württembergisches Gebiet verlief, erregte zunächst wenig Aufsehen, allenfalls Freude darüber, daß das geschätzte Öl in dieser Leitung billiger nach Süddeutschland fließen werde. Mitte der sechziger Jahre war sie auf der ganzen Strecke mit Ausnahme eines verhältnismäßig kleinen Zwischenstücks genehmigt und fertiggestellt. Plötzlich fiel zunächst einem, sodann allen ein, daß die Pipeline vor oder entlang des Bodensees brechen und sich Öl in diesen großen Trinkwasserspeicher ergießen könnte. Die Furcht vor solchem Unglück verbreitete sich in Baden-Württemberg wie ein Lauffeuer. Die bayrische Staatsregierung und Öffentlichkeit blieben gelassener, zumal dort die Pipeline als ein wichtiger Schritt auf dem Wege vom finanzschwachen zum finanzstarken Freistaat angesehen wurde. Bald mischte sich in die Stuttgarter Entrüstungsschreie der Ruf: Wer ist der Schuldige? Das wollte niemand sein. Für diese Rolle blieb schließlich nur Innenminister Hans Filbinger übrig, der für den Gewässerschutz zuständig war.

Der damalige Oberregierungsrat und spätere Regierungspräsident Dr. Bulling und ich, damals Regierungsdirektor, wurden beauftragt, zusammen mit den Fachbeamten die Sache in Ordnung zu bringen. Ministerpräsident Kiesinger, der durch leichtfertige Äußerungen die Lawine losgetreten hatte, gab seinen Segen. Die Genehmigung der restlichen Leitung fünf Minuten vor zwölf zu versagen hätte den Gerichten wenig gefallen. Erreichbar war aber ein etwas besserer Schutz des Bodensees vor und bei Ölunfällen. Vor allem aber ging es um die Verteidigung der Landesregierung im Untersuchungsausschuß. Sprecher der SPD und wortgewandter Ankläger war der Abgeordnete Dr. Veit, bis 1960 Wirtschaftsminister des Landes, ein eleganter, rhetorisch begabter, intelligenter Mann. Er strebte den Vorsitz im Ausschuß an. Aber Bulling und ich beschafften uns die Akten des Wirtschaftsministeriums in der Hoffnung, Hinweise darauf zu finden, daß Veit schon vor Filbinger und Kiesinger über die Leitung Bescheid gewußt hatte. Diese Erwartung erfüllte sich. In den Akten befand sich eine Schemaskizze, die Veit abgezeichnet hatte, in der die Pipeline quer durch den Bodensee eingezeichnet war. Daraufhin schrieben wir eine Rede für Filbinger, die in ihrem ersten Teil die SPD, damals in der Opposition, zu zornigen Zwischenrufen ermuntern und im zweiten Teil mit einem Paukenschlag darauf hinweisen sollte, daß Dr. Veit vor allen anderen Politikern Kenntnis von dem Pipeline-Projekt hatte. Der Vorsitzende der CDU-Fraktion, Camill Wurz, wurde informiert und gebeten, nach bestem Vermögen erschüttert den verblüfften Dr. Veit darauf hinzuweisen, daß er in dem Schauspiel nicht gleichzeitig die Rollen des Ausschußvorsitzenden, des Anklagevertreters, des Zeugen und des Angeklagten spielen könne.

Alles klappte wie am Schnürchen. Abgeordneter Veit wurde nicht Mitglied im Untersuchungsausschuß. Der Ausschuß fand nur noch mäßige Aufmerksamkeit, die sich vor allem aus einigen harmlosen Kränkungen speiste, die man sich gegenseitig zufügte. Die Medien gewannen dem Geplänkel eher heitere Seiten ab. Eine von den Koalitionspartnern CDU und FDP getragene Mehrheitsmeinung entlastete die Regierung völlig. Die Minderheitsmeinung der SPD hielt einige Vorwürfe aufrecht. Die Genehmigung für die Pipeline wurde erteilt, nach dem die Eni zu Verbesserungen im Gewässerschutz bereit war. Der Freistaat war zufrieden, denn das Öl floß. Bulling und ich wurden nach einiger Zeit befördert. So hatte auch der Untersuchungsausschuß sein Gutes.

Was wir von den Parteien erwarten können

Der Wähler ist König – wenigstens vor den Wahlen. Er kann Forderungen stellen. Diese werden dann in Wahlprogramme aufgenommen und erwecken den Anschein, Versprechungen zu sein, selbst wenn hinten ein Finanzierungsvorbehalt steht. Aber das alles ist nicht so ernst gemeint. In der Regel bekommt der Wähler nicht, was er fordert. Er weiß das auch. Dann ist er nicht getäuscht worden und hat keinen Grund, enttäuscht zu sein. Aber der Mensch ist voller Widersprüche und deshalb auch ohne vorausgegangene Täuschung der Enttäuschung fähig. Die meisten Wähler kennen das Spiel. Verspricht ein Kandidat das Blaue vom Himmel, verkündet er offensichtliche Ungereimtheiten oder überzieht er bei der Kritik seiner politischen Konkurrenten, so setzt er sich dem Verdacht aus, er halte sich für gescheiter als er ist und die anderen für dümmer als sie sind. Die meisten Wähler meinen, die Kandidaten sollten nur das in Aussicht stellen, was sie verantworten und vertreten können. Aber das sollte möglichst viel sein. Wenn Kandidaten uns nicht aus dem goldenen Füllhorn der Illusionen bedienen, sondern nur aus dem irdenen Topf der Realität, dann sind wir doch etwas verblüfft.

Eigentlich sollten die konkurrierenden Parteien gar nichts Konkretes zusagen, sondern nur Programme vorlegen, die so ähnlich wie Besinnungsaufsätze abgefaßt sind und in denen allgemein und ziemlich unverbindlich zu der kommenden Entwicklung Stellung genommen wird. Nicht klein, sondern fettgedruckt wäre darauf hinzuweisen, daß ein Programm kein Versprechen ist und daß bei veränderter Lage auch Änderungen des Programms nötig werden können. Es interessiert ja weniger, was eine Partei, die nicht kann, tun würde, machen wollte, wenn sie könnte, sondern in welchem Geist sie an ihre Aufgabe herangeht. Persönlichkeiten, Tugenden sind gefragt: Soziales Engagement, Mut, Wirklichkeitssinn, Lernfähigkeit, Verläßlichkeit, Offenheit, Weitblick. Aber das will nicht nur verkündet, sondern auch vorgelebt werden. Trotz aller Möglichkeiten der Prognose durch Ausschaltung des Unmöglichen oder Unwahrscheinlichen: Die Zukunft liegt im dunkeln. Besonders eindrucksvolle Beispiele für Unvorhergesehenes sind die Wiedervereinigung, die kein Programm angekündigt hat, und der Überfall der Terroristen auf die USA am 11.9.2001. In der französischen Zeitschrift EXPRESS wies Jacques Attali darauf hin, daß die drei grundsätzlichen Reformen in Frankreich während der vergangenen sieben Jahre, nämlich die Abschaffung der Wehrpflicht, die Privatisierungen und die 35-Stunden-Woche zuvor weder von rechts noch von links angekündigt waren. Im nachhinein sieht alles, was geschehen ist, so konsequent und folgerichtig aus, daß Erstaunen darüber herrscht, daß das nicht von vornherein erkannt wurde.

Versprechungen sollte ohnehin nur machen, wer sicher ist, das, was er verspricht, aus eigener Kraft leisten zu können. Er kann zwar versprechen, ein anständiger Mensch zu sein oder keinen Hund zu halten. Er kann aber nicht versprechen, daß im nächsten Jahr die Arbeitslosenquote um 3 Prozent sinkt und das Sozialprodukt um 2,5 Prozent anwächst. Dieses hängt von so vielen Umständen ab, daß eine Voraussage nicht zuverlässig sein kann und der Einfluß von Politikern auf das Geschehen gering ist. Kandidaten können Ziele nennen, haben oder anstreben. Das klingt zwar bescheidener, aber dafür vertrauenswürdiger. Ich habe bei meiner ersten Wahl zum Oberbürgermeister das Schlagwort benutzt: „Er tut, was er sagt!“ Aber ich habe selten gesagt, was ich tue, denn das habe ich selbst nicht so genau gewußt, und was man nicht weiß, das soll man auch nicht sagen. Eine gewisse Undeutlichkeit oder Bedingtheit der Aussage ist meistens ein gutes Zeichen dafür, daß Umsicht im Spiel ist.

Bei Bürgermeisterwahlen wird in erster Linie der Kandidat und erst dann seine Partei gewählt, sofern er überhaupt Mitglied in einer Partei ist. Bei Parlamentswahlen hingegen wird in erster Linie die Partei und deren Spitzenmannschaft gewählt und erst dann der Wahlkreiskandidat. Dieser muß auf das Wahlprogramm seiner Partei Rücksicht nehmen. Tut er das nicht, ist das für ihn in der Regel eher von Nachteil, es sei denn, er ist ein angesehener Einzelkämpfer, dem seine Partei den nötigen Spielraum läßt. Die Duldung eines populären Abweichlers kann unter Umständen dem Renommee der Partei nützen. Aber es sollten nicht so viele Abweichler auftreten, daß sich der Wähler fragt, ob es überhaupt noch etwas gibt, von dem abgewichen werden kann. Eine Partei gewinnt Ansehen, wenn in ihr Meinungsvielfalt herrscht, sofern diese Vielfalt nicht auch Bereiche berührt, über die in einer Demokratie nicht gestritten werden sollte. Die Vielfalt muß auch nicht soweit gehen, daß die Partei als „zwei Flügel mit keinem Vogel dazwischen“ definiert werden kann. Die gemeinsame Grundlage sollte erkennbar bleiben. Von offenbaren Widersprüchen und Ungereimtheiten ist abzuraten, besonders von Aussagen, die auf Wundergläubigkeit oder gar Wunderwirksamkeit hindeuten. Die Erhöhung von Ausgaben anzukündigen als ein Mittel, um die Wirtschaft anzukurbeln und um mit den dadurch erwarteten Mehreinnahmen wiederum die höheren Ausgaben zu finanzieren, klingt nach Zauberei. Auch ohne Versprechungen und Zaubertricks lassen sich Wahlen gewinnen. Ist der Wähler Optimist, hängt seine Entscheidung davon ab, wem er es zutraut, daß er es besser macht als die anderen. Ist er Pessimist, wird er den wählen, von dem er meint, daß er es am wenigsten schlecht macht. Aber Hauptsache, er geht zur Wahl.

Die Wähler sollten nicht erwarten, daß sich die wesentlichen Vorstellungen der rivalisierenden Kandidaten grundlegend unterscheiden, sondern froh sein, wenn sie in einigen wichtigen Punkten einigermaßen übereinstimmen. Also nicht: „Die schwätzet ja älle das selbe, da kasch ja glei drhoim bleibe!“ Wenn Kandidaten oder Parteien vor den Wahlen zwanghaft Unterschiede suchen, wo sie nicht sind, oder auf Nebensachen ausweichen, wird die Politik nicht besser. Die Haarfarbe des Bundeskanzlers Schröder ist nicht wirklich wichtig, denn es kommt darauf an, was in einem Kopf drin ist und nicht, was auf ihm drauf ist. Und wenn der bayerische Ministerpräsident Edmund Stoiber manchmal etwas zögerlich artikuliert, zeigt das, daß er nicht nur spricht, sondern auch denkt.

BESORGNISSE

Wer meint, in einer idealen Demokratie seien die Politiker so gut, daß die Bürger von Dankbarkeit erfüllt und von Vertrauen bewegt zur Wahlurne schreiten, um durch den Wahlakt ihre Verehrung zum Ausdruck zu bringen, der ist ein Utopist. Das Wesen des Idealen ist, daß es nicht wirklich vorkommt. Was tatsächlich vorkommt, sind das reale Mißtrauen, die reale Unzufriedenheit und die reale Besorgnis. Die Demokratie ist deshalb nicht schlecht. Im Gegenteil, die skeptische Haltung und Einstellung der Bürger beweist, daß sie funktioniert. Das ist eine etwas sarkastische Bemerkung. Die Politiker können nicht ständig Trauer tragen und so tun, als ob sie gerade wieder eine Hoffnung ins Grab gesenkt hätten, sondern die Politik ist dazu da, konkret die Probleme anzupacken. Sie müssen das aktive, pragmatische und konstruktive Gegengewicht sein gegen Resignation und Skepsis. Politischen Parteien, die das nicht fertigbringen, verfehlen ihre Aufgabe. Damit soll nicht verkrampfter Veränderungszwang empfohlen werden, etwa in der Form ständigen Reformierens und Reparierens von Theorien, ohne jemals etwas auszuführen und fertigzustellen. Was not tut, ist eine pragmatische, auf realistische Ziele ausgerichtete Politik, die nur durch die

Fähigkeit gelingt, das, was geht, von dem, was nicht geht, unterscheiden zu können. Dieser Pragmatismus wirkt beruhigend. Er dämpft auch solche Besorgnisse, deren Ursachen rational schwer zu ermitteln sind.

Angst – ein Kompaß?

Der französische Philosoph Ernest Renan (1823 bis 1892) bezeichnete es als Zweck der Welt, daß die Vernunft regiere. Die Organisation der Vernunft sei die Aufgabe der Menschheit. Unser schwäbischer Philosoph Friedrich Hegel meinte, die Vernunft regiere bereits, denn ein Kernsatz seiner Philosophie lautet: „Was vernünftig ist, ist wirklich, und was wirklich ist, ist vernünftig." Die beiden Herren haben wohl Verschiedenes unter „Vernunft" verstanden, der Franzose eher im Sinne des Praktischen und der Schwabe eher im Sinne des Theoretischen. Praktisch gesehen findet man selten, was man nicht sucht, weil man glaubt, es sei schon da. Überdies findet sich im praktischen Ablauf der Geschichte so viel Unvernunft, daß einem angst und bange werden könnte. Täglich stoßen wir darauf. In einer Welt, in der ständig auf das hingewiesen wird, was nicht klappt, und wenig Aufhebens gemacht wird von dem, was funktioniert, ist Angst ein natürliches Gefühl und kein psychisches Leiden. Ältere Menschen haben andere Ängste als junge. Sie bieten dem Schicksal nicht mehr ein ganzes langes Leben eine Angriffsfläche, sondern eine immer kürzer werdende Zeitspanne, in der allerdings das Risiko steigt.

Wenn die Vernunft regierte, wäre die Zukunft eher berechenbar. Sie wäre nicht gänzlich berechenbar, denn ein Rest an Unsicherheit würde bleiben. Der Mensch könnte sich sicherer fühlen, mehr Vertrauen haben. Aber die Vernunft regiert eben nicht, jedenfalls nicht als absolute Herrscherin. Es regiert nicht einmal der sogenannte gesunde Menschenverstand, von dem Descartes schreibt, daß er das am häufigsten anzutreffende Gut der Erde sei, denn jeder meine, er habe genug davon. Das mag ja sein, aber nicht jeder wendet ihn an. Das Vernünftigste, was der Mensch unternimmt, scheint die wirtschaftliche Tätigkeit zu sein. Aber das scheint bloß so. Gerade wirtschaftliche Aktivitäten werden heute in der sogenannten Wohlstands- oder Überflußgesellschaft nicht so sehr von Vernunft als von Furcht und Hoffnung ausgelöst. Die Hoffnung des Produzenten ist, daß der Kunde glaubt, er brauche das Produkt. Seine Furcht ist, daß der Kunde merkt, daß er es nicht braucht. In einer Wettbewerbswirtschaft erscheinen immer mehr Güter und Dienste auf dem Markt, die emotionale, ästhetische oder auch solche Bedürfnisse befriedigen, deren psychologische Ursache schwer zu ermitteln ist. Auch Konjunkturpolitik ist zu einem guten Teil Psychologie. Herrscht Pessimismus vor, behält der Bürger sein Geld als Notgroschen, regiert aber Optimismus, gibt er es aus, jedenfalls zum Teil, sofern er kein hartnäckiger schwäbischer Sparer ist. Die Politik kann aber nicht einfach Optimismus erzeugen, indem sie „Jubilieret!" und „Frohlocket!" ruft, sondern allenfalls dadurch, daß sie durch solide Politik, vor allem Haushaltspolitik, Vertrauen schafft.

Seltsam sind die Verhältnisse in der Weltwirtschaft. Eine riesige Menge Geld wird dauernd hin und her geschoben, nur zu einem geringen Bruchteil durch substantielle Geschäfte unterlegt; und damit wird Geld verdient, von den Klugen zu Lasten der Dummen, was diesen aber nicht weh tut, weil sie es nicht merken. Ich kann dies aus eigener Erfahrung feststellen. Schmerzlich für den, sagen wir es höflicher, weniger Schlauen ist der Umgang mit der Börse. Es ist ein gräßliches Erlebnis, wenn der Mensch zusehen muß, wie sein Vermögen in der Baisse dahinschmilzt. Der dadurch ausgelöste Schmerz findet durch die Freude über eine Kurssteigerung keinen Ausgleich. In den Börsenkursen spiegeln sich Furcht, Hoffnung, Nervenversagen, Hysterie, Euphorie, Leichtsinn und Einfalt wider. Wichtig ist die Erwartung, der Kurs des Papiers werde steigen oder jedenfalls nicht fallen, weil andere es kaufen und behalten. Sobald aber der Kurs dennoch aus irgendeinem Grunde sinkt, befindet sich der Anleger in der Situation des Glücksspielers: Verkauft er, um zu retten, was noch zu retten ist, oder harrt er aus, von der Furcht gepeinigt, aber von der Hoffnung zehrend, es werde wohl noch einmal besser werden. Wer auf Börsen spekuliert, muß somit seine wichtigsten Informationen dem Verhalten aufgeregter Menschen entnehmen. Das Ergebnis dieses Verhaltens sind die Börsenkurse. Die Börsen sind eine Art Spielkasino. Nur durch Zufall gelingen Versuche, das, was andere erst später erkennen, vorher zu wissen, damit deren Fehler zum eigenen Vorteil genutzt werden können. So blöd, wie man hofft, sind die anderen meistens nicht. Doch die Erwartung, daß man selbst klüger ist als die anderen, ist nicht immer fundiert. Die Börsenkurse sind die wichtigste Entscheidungsgrundlage in der Weltwirtschaft. Sie kosten Nerven. Sie erfordern Mut. Wer das nicht aushält, bleibe beim Sparbuch. Die Börse spielt auch die entscheidende Rolle für den sogenannten *shareholders value*, dem Wert eines Papiers für den Eigentümer. Der Wert leitet sich her aus dem Kurs und aus der Höhe der Ausschüttung. Nach ihm richtet sich oft auch der Lohn für das Management, jedenfalls in der Weltwirtschaft. An sich müßte das Management versuchen, Substanz und Leistung des Unternehmens zu verbessern. Es geht aber auch anders, wie einige spektakuläre Fälle und Fallgruppen gezeigt haben. Es läßt sich das Gerücht verbreiten, eine Branche oder ein Unternehmen werde einen gewaltigen Aufschwung erleben, und schon kann es passieren, daß die Aktien begehrt sind wie Weißbier bei 30° Hitze.

Angst ist ein Gefühl, das dem, der es empfindet, vielleicht nicht zur Ehre gereicht, aber möglicherweise zum Nutzen. Der Devise „Lieber fünf Minuten feig' als das ganze Leben tot“ kann die lebenserhaltende Wirkung eigentlich nicht bestritten werden. Aber so einfach sind die Motive nicht, die den Menschen leiten. Er empfindet nicht nur Angst, sondern, wenn er ihr nachgibt, auch Scham, und die Scham kann ihn so stark beschweren, daß er seine Angst überwindet. Die Verachtung, welche die meisten Menschen heute noch für Ängstliche empfinden, trägt zur Überwindung der Angst bei, denn wessen Selbstachtung wäre so fest und gesichert, daß sie die Meinung der anderen unberührt ließe? So rümpfen wir unsere Nasen, wenn jemand das „Fracksausen“ oder „Muffensausen“ hat oder, noch drastischer, wenn einem „der A. mit Grundeis“ geht. Wie man sich Letzteres vorstellen soll, weiß ich nicht, aber es handelt sich um einen mir seit meinem Flakhelferdasein vertrauten Begriff. Viele bedeutende Persönlichkeiten haben den Mut gelobt und die Angst beschimpft, Perikles wies darauf hin, daß der Mut der Preis der Freiheit sei, Bismarck verkündete, die Deutschen fürchteten Gott und sonst nichts auf der Welt (Na, na!). Die Gottesfurcht des großen, schlauen, weisen und gewalttätigen Fürsten dürfte sich in Grenzen gehalten haben. Und Württemberg, nebst Europa und der Bundesrepublik mein teures Vaterland, schmückte sich sogar mit der Devise „Furchtlos und Treu!“ Schließlich unser Schiller, Quizmaster Gottschalk äußerlich nahekommender Idealist und Gutmensch, führte in seinem Reiterlied aus: „ ...und setztet Ihr nicht das Leben ein, nie wird euch das Leben gewonnen sein“ und meinte: „Nur wer dem Tod ins Angesicht schauen kann, der Soldat allein ist ein freier Mann!“

Man kann aber davon ausgehen, daß die Schöpfung dem Menschen nicht nur die Augen gegeben hat, damit er sehen und die Füße, damit er laufen, auch davonlaufen kann, sondern auch die Fähigkeit, Angst zu empfinden, damit er sich nicht selbst zu Schaden bringt. Die Angst ist somit im Prinzip sinnvoll, ein nützliches Gefühl, aber nur, solange sie durch andere Gefühle wie den Mut sowie die Vernunft einigermaßen unter Kontrolle gehalten wird. Fehlt es an dieser Kontrolle und steigert sich die Angst bis zur Unfähigkeit, rational zu handeln, dann redet man von Panik. Von Panik Befallene sind Argumenten schwer zugänglich. Es kommt vor, daß sie, blind vor Furcht und taub für Vernunft, in ihr eigenes Verderben rennen. Es gibt so eine panische Furcht im Umgang mit der Kernkraft. Diese Furcht ist stärker als der Hinweis darauf, daß die deutsche Energieversorgung langfristig nicht gesichert ist. Auch reagieren viele Bürger auf die Möglichkeit eines deutschen Kriegseinsatzes mit panischem Entsetzen, auch dann, wenn der Einsatz eine ernste Gefährdung des Friedens beseitigen soll, durch Gewalten, die den Krieg als erstrebenswertes Ziel ansehen. Den Hinweis, daß die Alternativen weit nachteiliger wären, lassen viele fundamentale Pazifisten nicht gelten. Solche Einwände, die an Max Webers Verantwortungsethik erinnern, regen sie noch mehr auf.

Man könnte fast von Phobien sprechen. Jeder von uns kennt Menschen, die an Phobien leiden. Die bekannteste ist die Klaustrophobie. Menschen, die von ihr befallen sind, haben Schwierigkeiten, einen Lift zu benützen. Der Aufenthalt in der sargförmigen Röhre eines Kernspintomographen ist für sie quälend. Das Gefühl, solches nicht ertragen zu können, ist stärker als die Vernunft. Panische Angst lähmt nicht nur das Kaninchen angesichts der Schlange. Es gibt eine lange Liste von Phobien, darunter die Arithmophobie, die Zahlenphobie, sowie die Decidophobie, die Entscheidungsphobie. Diese Phobien sind, so fürchte ich, in der Politik weit verbreitet. Wie schnell ist mancher durchaus ehrenwerter Politiker, Interessenvertreter und Wissenschaftler bereit, zusätzliche Mittel für bestimmte Zwecke zu fordern, und wie groß ist sein Widerwille, wenn er konkret sagen soll, woher das Geld für die Finanzierung kommen soll. Zahlenphobie! Meistens verweilt er im unklaren, hißt die Flagge der Moral und geht wütend auf jeden los, der um Verdeutlichung bittet. Daß die Angst den Menschen hilflos machen kann, zeigt das Schicksal eines Ehepaars, das den Drohungen des Finanzamts dadurch entgehen wollte, daß es dessen Briefe nicht mehr öffnete, sondern im verschlossenen Kuvert aufbewahrte. Als dann die Vollstreckung bevorstand, merkte es, daß seine Furcht die Gefahr vergrößert hatte. Es bedurfte erheblicher Güte und Mühe im Amt, um die Belastung wieder auf das ursprüngliche Maß zurückzuführen. Da lobe ich mir den französischen Marschall Turenne, der zu sich selbst gesagt hat: „Zittere ruhig, Gerippe, du bebtest noch mehr, wenn du wüßtest, wohin ich dich bringe." Marschall Turenne fiel schließlich bei Sasbach, aber vorher lebte er glücklicher, als das der Fall gewesen wäre, wenn er zu den Furchtsamen gehört hätte.

Der Politiker muß weniger dem Tod ins Angesicht schauen können als den Tatsachen. Auch das erfordert Mut, vor allem dann, wenn die Tatsachen unerfreulich sind. Die meisten Politiker fürchten, die Wahlen zu verlieren, wenn sie die Dinge so beschreiben, wie sie sind, ohne einen tüchtigen Sündenbock anbieten zu können. Diese Furcht ist verständlich. Aber ist sie auch begründet? Wenn das Volk merkt, daß man ihm einen Bären aufbinden will, ist die Furcht des Politikers vor den Tatsachen unklug. Dann wäre es klüger, er fürchtete sich davor, bei dem Versuch ertappt zu werden, die Tatsachen einzunebeln. Es bringt nichts, wenn die Streichung von Regelungen des Steuerrechts, die für den Bürger günstig sind, als Sparmaßnahmen bezeichnet werden, damit es freundlicher klingt. Hier wird nichts gespart, sondern genommen. Dem Bürger wird dies klar, wenn er mehr Steuern zahlen muß. Das schmerzt ihn mehr, als wenn er weniger Einkommen bekäme. Die Sicht wäre anders, wenn die Vorstellungen einiger Sozialutopisten anerkannt wären, daß das Volkseinkommen eigentlich das Staatseinkommen sei, so daß die Nettoeinkommen der Bürger als eine Art staatliches Trinkgeld für die Abführung der Steuern anzusehen wären. Aber zum Glück gilt diese Vorstellung gegenwärtig noch als extrem. Mit ihrer Billigung durch die Bürger ist ohnehin nicht zu rechnen. Es erforderte weniger Mut, dem Bürger von vornherein klaren Wein einzuschenken als vor den Wahlen so zu tun, als sei alles im Lot, um erst nach den Wahlen die verborgen gehaltenen Grausamkeiten zu offenbaren. Die Humorfähigkeit der Bürger ist in solchen Fällen begrenzt. Furcht vor Tatsachen lohnt sich nicht. Furcht und Mut hängen zusammen. Wer die Tat so fürchtet. daß er sie unterläßt, braucht den Mut zur Unterlassung. Wer Tatsachen fürchtet, braucht den Mut zur Utopie, und wer die Wahrheit meidet, den Mut zur Lüge. Aber das sind theoretische Betrachtungen. Praktisch hat die Furcht vor einer kleinen, aber gegenwärtigen Gefahr mehr Gewicht als vor einer größeren, die erst in der Zukunft droht.

Das Recht als Gefahr?

Ein Herr erschien zu einem Gerichtstermin in Frauenkleidern. Der Richter verbat sich diesen Aufzug. Der Herr erwiderte aber: „Herr Amtsgerichtsrat, Sie haben mir geschrieben: „Sie werden gebeten, in Sachen Ihrer verstorbenen Frau Tante zu erscheinen. Und das habe ich gemacht." So lobenswert der Respekt vor dem geschriebenen Wort auch sein mag, man sollte den kritischen Blick nicht verlieren. Alles wird heute reguliert, das Familienleben, das Verbraucherinteresse und vieles andere. Vielleicht ist es altersbedingter Pessimismus, aber ich befürchte, daß moderne Staaten die Regulierung so weit treiben könnten, daß die Freiheitsspielräume immer enger, die Rechtsunsicherheit größer, die Entscheidungen komplizierter und die Verwaltungsverfahren langwieriger werden. Die Autorität der Vorschriften und damit der Rechtsstaat könnten beschädigt werden. Bei uns Deutschen ist diese Gefahr besonders groß, weil wir Perfektionisten sind und an „too muchness" leiden, an der „Zuvielsucht", wie es einmal ein amerikanischer Freund ausdrückte. Der Regulierungstrend geht immer mehr ins Detail. Immer mehr Sachentscheidungen werden als gerichtlich nachprüfbar angesehen. Politik als von der Rechtsprechung kontrollierter Rechtsvollzug? Wer ist verantwortlich? Die Vorschrift führt ein Eigenleben. Der Mensch, der so handelt, wie es die Vorschrift sagt, haftet nur für deren richtige Anwendung, nicht für ihre sachliche Richtigkeit. Für diese haftet niemand. Gelegentlich werden Vorschriften aufgehoben, darunter auch solche, deren Originalwortlaut in Büchern steht, die nur noch antiquarisch beschafft werden können. Aber weitaus mehr neue Vorschriften werden erlassen. Deren Schöpfer haben Freude an ihrer Tätigkeit. Sie schreiben den Text, der Gesetzgeber setzt ihn in Kraft, und alle Betroffenen müssen folgen. Schleichend und unbemerkt werden aus gesellschaftlichen Verhältnissen Rechtsverhältnisse. Wir stehen nicht über diesem Prozeß, sondern werden von ihm mitgerissen. Sehen wir vor lauter Bäumen den Wald noch? Oder wandern wir im dunklen Wald und pfeifen das Lied vom Rechtsstaat, der angeblich dieses Dickicht von Vorschriften erfordert? Würde es nicht ausreichen, wenn das rechtliche Netz vorwiegend die großen Fische festhielte und die kleineren durchließe? In der römischen Zeit zitierte Cicero das ihm bereits als abgedroschen geltende Wort: „summum jus, summa iniuria“. Frei übersetzt: Je mehr Gesetze, desto größer das Unrecht. Oder: Recht, auf die Spitze getrieben, wird zum Unrecht. Zu römischer Zeit gab es bereits die Sorge, daß eine Rechtsordnung, anstatt Wohltat zu sein, zur Plage werden kann, wie dies Goethe in seinem Faust formuliert. Um noch einmal lateinisch zu werden: Non multa sed multum. Tiefe, nicht Breite. Aber ach, Nietzsche meint, wir Deutsche hielten alles für tief, dessen Grund wir nicht sähen. Hat er recht?

Das Recht beschreibt nicht einen bestehenden Zustand, sondern fordert einen, der sein sollte. Deshalb muß der angestrebte Zustand erreichbar sein. Wird aber derjenige, an den sich die Norm wendet, überfordert, fällt es ihm schwer, Gedanken zu unterdrücken, die dem römischen

Wort entsprechen „ultra posse nemo obligatur“, über sein Können hinaus ist niemand verpflichtet. Je größer die Last ist, die das Recht auferlegt, desto größer der Zweifel des Betroffenen daran, ob er sie tragen muß. Das sollte zu denken geben. Wer einen Mitbürger anstellen will, tritt einen schweren Gang an. Sind keine Vereinfachungen möglich? Die Wege eines Existenzgründers können zu einer Geisterbahnfahrt durch die Welt der Vorschriften werden, besonders in Verbindung mit der durch Basel II verringerten Chancen sogenannter C-Kunden, einen Kredit zu bekommen. Die Regelungen der 325-Euro Jobs und der Scheinselbständigkeit sollten nicht perfektionistisch und kompliziert sein, sondern möglichst einfach zu handhaben. Der Datenschutz sollte nicht soweit gehen, daß schließlich Daten nur noch erhoben werden, damit sie geschützt und nicht genützt werden. Wie leicht wird eine Vorschrift verletzt, wenn es deren zu viele gibt. Aber dann erhebt sich ein Geschrei, als ob der Rechtsstaat zerstört sei. Es wird nach weiteren Vorschriften gerufen, welche die Beachtung der bereits bestehenden Vorschriften sicherstellen sollen, in Wirklichkeit aber das Leiden verschärfen. Oft zielen die Vorschriften auf Kleinvieh. Ein Beispiel ist die Regelung für Dienst- und Privatfahrten, die den Eindruck erwecken, als seien sie erlassen worden, damit gegen sie verstoßen wird. Wer das ihm zustehende Tagegeld in Anspruch nimmt, macht sich sehr wahrscheinlich strafbar, weil er eine umsonst erhaltene Laugenbrezel nicht angegeben hat. Unser Bilanzrecht wiederum ist so großzügig gestaltet, daß es Jahre lang nicht entdeckt wird, wenn erhebliche, schwindelerregende Summen unterschlagen oder veruntreut wurden. Daß für Renteneinkünfte keine Steuern gezahlt werden, wohl aber für Pensionen, kann im Sinne der praktischen Vernunft begründet sein. Ist es sinnvoll, hier überall Ungerechtigkeit zu wittern, Verfassungsbruch, und die Gerichte einschließlich des Bundesverfassungsgerichts mit der Zumutung zu belästigen, sich mit dieser für den normalen Bürger kaum begreiflichen Frage zu befassen? Und die Gerichte greifen solche Fragen gerne auf. Wer Beamter, Angestellter, Arbeiter wird, weiß, was er zu erwarten hat. Würden Beamtenpensionen von der Steuer befreit, müßten sie gesenkt werden. Dann müßte ein Ausgleich erfolgen zwischen jenen Körperschaften, die Steuereinnahmen verlieren, mit jenen, die Versorgungsleistungen einsparen. Würden Renten versteuert, müßten sie erhöht werden. Der Ausgleich wäre dann in umgekehrter Richtung zu regeln. Gleichzeitig müßten allgemein die Versorgungsleistungen der bescheideneren Wirklichkeit angepaßt werden. Der demokratische Staat sollte nicht durch utopische Vorstellungen von „wahrer" Gerechtigkeit bedroht werden: Fiat iustitia et pereat mundus: Es geschehe Recht, auch wenn die Welt zugrunde ginge.

Jeder Eingriff der Verwaltung in die Rechtssphäre des Bürgers bedarf einer gesetzlichen Ermächtigung. Diese muß einigermaßen konkret sein, wenn sie nicht zum Freibrief werden soll. Eine Formulierung wie „Die Verwaltung darf die ihr erforderlich erscheinenden Maßnahmen treffen" genügt nicht. Aber auch das andere Extrem ist von Übel. Wir müssen zum Wesentlichen kommen: Das ist die Funktionsfähigkeit des demokratischen Rechtsstaates. Unsere Schweizer Freunde sprechen von „Verwesentlichung". Dieses Wort gewinnt keinen Schönheitspreis, trifft aber die Sache. Was ist das Wesentliche? Daß die Demokratie auf Vertrauen beruht. Deshalb dürfen nicht alle gesellschaftlichen Verhältnisse zu Rechtsverhältnissen werden. Sonst fiele es den politischen, gesellschaftlichen und ökonomischen Kräften immer schwerer, ihr eigenes Gewicht zu tragen und jene Dynamik zu entfalten, die nötig ist, um eine gute Zukunft zu gewinnen. Auch die Verwaltungen der Staaten stehen im globalen Wettbewerb, denn ihre Effektivität und Qualität ist ein Element der Standortgunst.

Mensch und Natur

Wir alle lieben die Natur, wenn sie uns nicht stört. Sogar das Wildschwein wird von uns geliebt, wenn es nicht gerade unser Eigentum verwüstet oder einen Flurschaden anrichtet, für den wir aufkommen müssen. Selbstverständlich lieben wir Vögel, nicht nur gesotten und gebraten, sondern auch in lebendem Zustand. Und auch das nicht nur wegen der Eier. Nach der Besetzung 1945 soll eine Landsmännin voll Stolz erklärt haben,: „Zwar bin i zweimal vergewaltigt worden, aber meine Hennen habe ich alle noch!“ Hier zeigt sich eine fürsorgliche Gesinnung, die manchen modernen Tierhaltern als vorbildlich gelten könnte. Bei der großen Beliebtheit, deren sich die Natur erfreut, sofern der Mensch durch Eingriffe in diese vor deren Wirkungen ausreichend geschützt ist, fragt sich, ob man darüber nachdenken sollte, was Natur eigentlich ist, oder ob man das besser bleiben läßt. Auch dafür, das bleiben zu lassen, gibt es Argumente, denn der moderne Mensch könnte sich in der Situation eines mondsüchtigen Nachtwandlers befinden, der an der Dachkante herummarschiert. Ein Weckruf könnte ihn so erschrecken, daß er seine wahre Lage erkennt und vom Dach herunterfällt. Nun ließe sich sagen: Lieber ein Mondsüchtiger auf dem Dach als ein Toter auf dem Boden. Das wäre die Position der Verantwortungsethik. Die Gesinnungsethik würde wohl nahelegen: Laßt ihn fallen, wenn er nur dann die Wahrheit erkennt. Gehen wir von der gesinnungsethischen Position aus und räumen wir zunächst der Suche nach der Wahrheit den Vorrang ein. Wer in einer Demokratie für eine Zeitung schreibt, soll die Wahrheit suchen.

Was die Natur eigentlich ist, weiß niemand so genau. Gehört beispielsweise der Mensch zur Natur? Wenn ja, gehören dann auch seine Produkte zur Natur? Dem Honig als Produkt der Bienen würde das zugestanden. Aber Autos und Elektrizitätswerke als Teile der Natur? Unterstellen wir zunächst, der Mensch sei kein Teil der Natur, sondern ihr Widerpart. Das ist zwar nicht ganz richtig, führt aber weiter. Auch können wir einige alte Vorurteile behalten und brauchen keine neuen zu suchen. Immerhin kann der Mensch Zusammenhänge in der Welt und sich selbst in der Welt erkennen. Er kann die Frage stellen, warum das alles? Die Tiere können das nicht, von den Pflanzen ganz zu schweigen. Einige Tierarten wurden von Gott, dem großen Softwarehersteller, so programmiert, daß sie als ausgebildete Handwerker in das Leben eintreten. Sie können ihre Behausung bauen oder Löcher graben. Sie ziehen ihren Nachwuchs auf und fressen ihn meistens nicht auf. Die Natur bekommt ihre Gesetze klar und verbindlich von oben. Der Mensch muß sie in weiten Bereichen selbst suchen. Tiere kommen gebildet zur Welt. Der Mensch muß das, was er braucht, lernen.

Dennoch ist die Menschheit mit der Tierwelt verbunden. Sie hat gemeinsame Vorfahren, einige von ihnen mit einem Wesen, daß wir froh sein sollten, daß sie keine Verwandtenbesuche mehr machen können. Der Sohn fragt: „Fatter, stimmt des, daß wir vom Affen abstammen?" Der Vater: „Du vielleicht, i aber net!" Angesichts solcher Verbindungen ist es durchaus berechtigt, daß der Tierschutz in unserer Verfassung verankert wird. Mit der Verleihung des aktiven und/oder passiven Wahlrechts an Mitglieder des Tierreichs sollten wir noch etwas zuwarten, bis weitere Erfahrungen vorliegen und die Konsequenzen besser erkannt werden können. Genetisch scheinen zwischen dem Menschen und einigen Fliegenarten und sogar mit der Bierhefe gewisse Übereinstimmungen zu bestehen. Ich für meine Person lehne es aber ab, jedesmal, wenn ich ein Bier trinke, meinen Verwandten einen letzten Gruß zuzurufen und eine Fliege als Bäsle zu bezeichnen. Auch weigere ich mich, wie man heute sagt, nachhaltig, auf den Verzehr von Wurst und Fleisch mit Rücksicht auf etwaige weitläufige Verwandtschaftsverhältnisse zu verzichten. Hund, Katze, Papagei und Kanarienvogel sowie Laubfrosch können sicher sein, daß ich sie nicht esse, ebenso wie die meisten Insektenarten. Aber im übrigen lange ich zu, allerdings in der Hoffnung, daß Frau Minister Künast mich vor Schaden bewahrt.

Ganz wohl ist mir dabei natürlich nicht, wenn ich an die Bemühungen in der Literatur denke, Tiere zu vermenschlichen und dem Menschen sich selbst im Bilde der Tiere begreiflich zu machen. Zu erwähnen sind Goethes Reineke Fuchs, die Fabeln von Lafontaine und Lessing, Grimms Märchen und zahlreiche Kinderbücher nebst akustischem Zubehör, welche die Wohnung mit der Geräuschkulisse eines Öko-Bauernhofs versehen. Haustiere und Tiere, die sich im Zoo hinter Gittern und Panzerglasscheiben aufhalten, bekommen sogar Namen, und zwar freundliche. Die Zeiten sind vorbei, in denen man wegen eines Erbstreits den Hofhund nach einem mißliebigen Verwandten „Kuno" taufte, oder den Hund aus politischen Gründen mit dem Namen von Personen versah, die dem gegnerischen Lager zuzurechnen sind. Dann gibt es noch den Tiernamen als Schimpfwort. Ich schlage vor, es dabei zu belassen. Das Tier weiß es nicht, und der zu Beleidigende wäre ernstlich gekränkt, wenn der Beleidiger das Wort verwendete, das der Tiername vermeiden soll, zum Beispiel anstatt dem relativ freundlichen „Du Rindvieh" oder „Du Esel" das wahrlich grobe „Du Vollidiot!" Besonders gebildete und mit der Bibel vertraute Mitbürger sagen auch „Du bist ein Kerle wie unserm Heiland sein Gaul!" weil Jesus auf einem Esel in Jerusalem eingeritten ist.

Dackel ist im Schwäbischen ein mildes Schimpfwort, das durch Hinzufügung des Worts „Allmachts" oder seit dem Ersten Weltkrieg des Worts „Granate" etwas verschärft werden kann. Wobei anzumerken ist, daß der Dackel in seinen verschiedenen Erscheinungsformen – Halbdackel, Grasdackel, Allmachtsdackel, Granatendackel – für dumm gehalten wird. Wie das arme Tier zu diesem Ruf kommt, ist meines Wissens noch nicht ausreichend wissenschaftlich untersucht worden. Dackel sind beliebt, jedenfalls bei den Hundehaltern. Sie sind groß genug, um unerwünschte Personen und unangemeldete Besucher aus dem Vorgarten zu vertreiben und Kinder auf dem Schulweg zu einem etwas größeren Tempo zu veranlassen. Wenn sie auf dem Sofa liegen, finden – im Unterschied zu einem Rottweiler – Herrle oder Fraule auch noch etwas Platz. Wenn Herrle und Fraule die liebenswerte Gewohnheit haben, ihrem Hund beim Essen kleine Brocken zuzustecken, können sich Gäste eher gegen Versuche des Tieres verteidigen, ihnen den Rostbraten vom Teller wegzuschnappen, wenn das Tier ein Dackel ist und kein größerer Hund. Es spricht also fast alles für den Dackel. Ich bin sicher, die kommende Generation, die sich wohl auch noch gegenseitig als Dackel tituliert, wird dankbar sein für eine wissenschaftliche Klärung. Der moderne Mensch sollte, wenn er etwas tut, auch wissen wollen, warum.

Der Mensch als Labormaus

Zyankali ist ein wirksames Mittel gegen Schmerzen aller Art. Der Fehler ist aber: Es sind nicht nur die Schmerzen weg, sondern auch der, der sie hat. Letzteres versuchen die Forschung und unsere Arzneimittelindustrie zu vermeiden, eine durchaus sinnvolle und löbliche Absicht. Sie auszuführen, gelingt aber nicht immer. Das Mittel Lipobay der Firma Bayer hat Hunderttausenden von Menschen geholfen den Cholesterinspiegel zu senken. Leider hat es möglicherweise, wie sich herausstellte, vielleicht in Verbindung mit anderen Arzneien, weltweit in 52 Fällen Menschen das Leben gekostet und in tausend Fällen zum Muskelzerfall geführt. Die Firma Bayer hat Lipobay zurückgezogen. Zahlreiche Anwälte scharren mit den Füßen, um von Geschädigten mit der Erhebung einer Schadensersatzklage beauftragt zu werden. Denn das spöttische Wort Kurt Tucholskys „wenn in Deutschland einer umfällt, steht er nicht auf, sondern prüft, wer schadenersatzpflichtig ist“, hat internationale Verbreitung gefunden, besonders in den USA. Es gibt die sogenannte Produkthaftung. Der Produzent haftet dafür, daß dem Verbraucher kein Leid geschieht, und zwar auch dann, wenn der Verbraucher genau weiß, daß das Produkt ihm schadet und es dennoch konsumiert. Das Recht wird dann zum Droh- und Erpressungsinstrument. Wer Methylalkohol getrunken hat mit der Folge, daß er eines Morgens vergeblich darauf wartet, daß es wieder hell wird, hat vielleicht Aussicht, im Prozeß zu Geld zu kommen, wenn er behauptet, diese Wirkung des gefährlichen Getränks habe er nicht gekannt oder die Verlockung durch das Etikett sei zu groß gewesen oder die Verpackung habe nicht deutlich genug vor dem Inhalt gewarnt. Wer raucht wie ein Schlot und Lungenkrebs bekommt, kann, jedenfalls bei manchen Gerichten in den USA, wenigstens auf finanziellen Trost hoffen, sofern dieser nicht allein seinem Rechtsanwalt zuteil wird.

Wie ist es mit neuen Produkten? Das alte kennt man einigermaßen. Das neue muß man noch kennenlernen. Der Fortschritt in der Medizin und der Chemie kann der Menschheit nur zugute kommen, wenn neue Produkte hergestellt werden. Die Wirkung neuer Produkte, besonders die Nebenwirkungen, lassen sich nicht so genau vorausberechnen wie die des altbewährten Rizinusöls. Oft treten solche Nebenwirkungen nur im Zusammenhang mit anderen Arzneimitteln auf, so wie ja auch die Wirkung des klassischen Schießpulvers nur ausgelöst wird, wenn Kohlenstoff, Schwefel und Salpeter zusammenkommen. Für sich alleine sind diese Stoffe relativ harmlos. Auch reagiert nicht jeder Mensch gleich. Es gibt Fälle, in denen durch Mittel, die millionenfach bewährt sind, plötzlich einer stirbt, weil er dagegen allergisch ist. Ein mir bekannter Professor ist an einer Penicillinallergie gestorben.

Ein wichtiger Fehler bei der Beurteilung solcher betrüblicher Vorfälle ist auch hier die Unterstellung, was man hinterher weiß, hätte man schon vorher wissen können, denn bei genügend geistiger Anstrengung brauche man die Erfahrung nicht, weil die Theorie schon vorher wisse, was die Erfahrung lehre. Das ist eine vielfach widerlegte Meinung. Um herauszufinden, wo und unter welchen Bedingungen unerwünschte Wirkungen auftreten, ist die praktische Erfahrung unverzichtbar. Der Mensch als Labormaus? Viele Menschen in unserer sich zwar empfindsam gebenden, aber in der Praxis doch recht robusten Gesellschaft schaudert es bei diesem Gedanken. Tierversuche sind bedauerlich, aber zum Teil unverzichtbar. Gewiß ist der Schluß vom Wohlbefinden der Maus auf das des Menschen nicht immer richtig. Solche Versuche entlasten den Menschen nicht ganz, aber doch erheblich. Fazit: Daß Arzneimittel Nebenwirkungen haben und daß diese zum Teil erst bei der Behandlung von Patienten entdeckt werden, ist normal. Normal ist auch, daß dies bei neuen Arzneimitteln häufiger vorkommt.

Einige schlaue Ratgeber neigen zu der Ansicht, es dürften eben nur solche Arzneimittel auf den Markt gebracht werden, deren Verträglichkeit absolut sicher nachgewiesen ist. Ähnliche Vorstellungen gibt es auch für die Anwendung von Technik. Aber so einfach kann man sich nicht aus dem Problem herauswinden. Der Fall Bayer und Lipobay beleuchtet besonders drastisch eine allgemeine Frage im menschlichen Leben: Ist es besser, untätig zu bleiben und auf Chancen zu verzichten als Risiken einzugehen? Besseres erreicht jedenfalls nur, wer Neues versucht. Die Risiken sollten möglichst gering sein. Aber die Vermeidung aller Risiken wäre auch die Preisgabe aller Chancen.

Zur Milderung von Risiken, die durch Wechselwirkungen zwischen Arzneimitteln entstehen können, wird die Einführung eines Arzneimittelpasses als Chipkarte erörtert, in dem, wie ich es verstehe, alle Arzneimittel, die ein Patient nimmt, registriert werden sollen. Eigentlich müßte man einen solchen Paß neben Personalausweis, Kreditkarte, Führerschein, Impfpaß und am besten auch Organspenderausweis ständig mit sich führen. Sonst nützte er bei einem Unfall nichts, also gerade dann, wenn seine Informationen besonders wichtig sind. Ob, inwieweit, zu welchen Kosten, zu wessen Lasten und mit welchen Wirkungen und Folgen er eingeführt und fortgeführt werden könnte, sollte sorgfältig geprüft werden, bevor eine Festlegung erfolgt. Dasselbe trifft zu auf die ebenfalls erörterte gesetzliche Weiterbildungspflicht aller praktizierenden Ärzte. Die Befürchtung des Bundesbeauftragten für den Datenschutz, die zwangsweise Einführung des Arzneimittelpasses wäre bedenklich wegen des Persönlichkeitsrechts, teile ich nicht. In der dadurch aufgehäuften Riesenmenge von Daten kann sich der einzelne ziemlich sicher fühlen. Es gibt Patienten, zum Beispiel mich, die täglich mehrere Arzneimittel zu sich nehmen. Bei mir sind dies wegen diverser Leiden acht Sorten und 20 Pillen. Dank geschickter Dosierung und Verteilung schaffen mein Magen und ich das leicht. Aber verkraftet das auch der Arzneimittelpaß mit seiner Chipkarte? Wieviel Zeit kostet es, ihn auf den neuesten Stand zu bringen? 365 mal 20 sind 7300 Buchungen im Jahr. Kann ich die selbst vornehmen oder muß das mein Arzt tun? Fragen über Fragen. Ich hoffe, daß es nicht so kommt, daß Patienten lachend am Himmelstor anklopfen und auf die Frage des Petrus: „Was ist hier so lustig? Warum lachen Sie?" antworten: „Ich bin schon seit einer halben Stunde tot, aber die suchen immer noch meinen Arzneimittelpaß!"

Warum nicht alt sein wollen?

Weihnachten ist ein Fest der Hoffnung, aber auch eines der Gefühle. Wer über siebzig ist, hat das vorher unterdrückte oder verdrängte Gefühl, alt zu sein, vor allem dann, wenn er ein Leiden hat. Dieses Gefühl ist auch berechtigt, muß aber nicht unbedingt in Betrübnis ausarten. Im Gegenteil. Das Alter gibt Sicherheit. Wer siebzig ist, kann mit sechzig nicht mehr sterben. Dieses Risiko tragen Jüngere noch. Die Vergangenheit ist sicher vor Unbilden. Soweit sie schmerzlich war, ist sie vorbei. Soweit sie glücklich war, kann sie rückwirkend nicht mehr schlechter werden. Man kann in der Schule nicht mehr sitzenbleiben, im Examen nicht mehr durchfallen, im Zweiten Weltkrieg nicht mehr umkommen. Das Risiko beschränkt sich auf die immer kleiner werdende Restzeit des Lebens. Aber die geht auch vorbei. Was danach kommt, wird man sehen. Sünden zu begehen, ist meistens anstrengend. Im Alter fürchtet man solche Anstrengungen. Man ist froh, wenn man nicht sündigen muß. Glaubensgewißheit ist zwar seltener geworden, aber der Zweifel am Unglauben nimmt auch zu.

Ein amerikanischer Freund schrieb mir vor vielen Jahren: „Wir werden älter, das ist bedauerlich, doch die Alternative ist schlechter." Wer weiß? Vielleicht ist es ja gar nicht so, wie es in einem der wenigen neuen Witze behauptet wird, den ich in den letzten zehn Jahren gehört habe. Ein Herr kommt in den Himmel, wo er von Petrus etwas mürrisch begrüßt wird. Am Abend gibt es – trotz der Warnungen von Frau Minister Künast – Bratkartoffeln und Spiegelei. Der Herr ist etwas enttäuscht, zumal er durch ein Fenster beobachtet, wie in der Hölle Vorspeise, Suppe, Hauptgang und Nachtisch serviert wird. Als es am nächsten Abend wieder Bratkartoffeln und Spiegelei gibt und in der Hölle Vorspeise, Suppe, Hauptgang und Nachtisch, fragt er Petrus nach dem Grund. Petrus antwortet gereizt: „Wegen Ihnen und den drei anderen werden wir keine große Küche machen!"

Die meisten Menschen haben Angst vor dem Tod, welcher den hochgeschätzten Leib unbeseelt zurückläßt. Aus theoretischer Sicht müßte Sterben leicht sein, denn das hat bislang jeder geschafft. Aber praktisch gesehen kann es lange dauern, bevor die Medizin dem Leib erlaubt zu sterben. Es gibt keine beweisbare Vorstellung, was mit der Seele geschieht, wenn sie den Leib verlassen hat. Der Tod ist immer gewiß, doch dauert es, wenn man jünger ist, in der Regel (Kurven schneidende Motorradfahrer ausgenommen) länger, bis er tatsächlich eintritt. Im Alter wird der Mensch meistens wesentlich ruhiger. Er ist, wenn er klug ist, froh, wenn ihm Vergnügungen, denen er sich in der Jugend lustvoll hingegeben hatte oder gerne hingegeben hätte, erspart bleiben. Er hört nicht mehr recht, ihm fallen die Namen nicht mehr ein oder, noch schlimmer, ihm fallen die falschen ein. Da ist es von Vorteil, wenn er auch noch undeutlich spricht, wenngleich es nervt, am Tage 20mal gefragt zu werden: „Was hast du gerade gesagt?“ Ein gewisser Ausgleich ist gegeben, wenn er auch nicht gut hört und zu einem ständigen „Wie bitte?“ gezwungen wird. Wer nicht gut hört oder nicht gut sieht, sei im übrigen davor gewarnt, sich ohne Vorankündigung im Familien- und Bekanntenkreis von diesen Gebrechen befreien zu lassen. Denn Familie und Bekannte geben und äußern sich im Vertrauen auf seine unzulängliche Wahrnehmung freimütiger, als sie dies sonst täten. Das kann zu erheblichen und vermeidbaren Zwistigkeiten führen.

Wer über sein Ableben nachdenkt, wird sich dessen bewußt, daß er danach keinen Einfluß mehr darauf hat, was mit seinem Vermögen geschieht. Vor allem wohlhabende Leute versuchen, auf die Zeit nach ihrem Tode durch testamentarische Verfügungen einzuwirken. So sind zwar nicht sie selbst, so doch ihr Wille noch eine Zeitlang da. Ich rate, solche Verfügungen im Zweifel zu unterlassen, da sie wenig nützen, sondern eher die Grabpflege durch die erzürnten Erben gefährden. Wer unbedingt seine Erben ärgern will, sogar auf der Schwelle zur Ewigkeit, dem empfehle ich ein Testament zu verfassen, dessen Verlesung die Erben zunächst erschreckt, dann aber doch erlöst. Zum Beispiel:

„Meine Bindung an die Familie war nicht so eng, wie es den Anschein hatte. Im Gegenteil, manche Unverschämtheiten und Respektlosigkeiten haben mich so geärgert, daß ich mich des Wortes des großen Friedrich – oder war es ein anderer? – erinnerte, der gesagt hat: ‚Seitdem ich die Menschen kenne, sind mir die Hunde lieber.' Ich wollte immer einen Hund haben, doch wußte ich von vornherein, daß niemand aus der Familie ihn während der Ferien in Pflege nehmen würde. Jetzt habe ich die Möglichkeit, meiner Tierliebe, insbesondere zu den verfehmten und verfolgten sogenannten Kampfhunden, sichtbar Ausdruck zu geben. ‚Mein Vermögen den Kampfhunden' lautete deshalb mein Entschluß, bis ich in der Zeitung las, daß ein Kampfhund einen Jogger gebissen hatte. In meiner Jugend hat man zwar nicht ‚Jogging', sondern ‚Waldlauf' gesagt, aber an solchen habe auch ich mehrmals teilgenommen. Deshalb ließ ich den Gedanken, mein Erbe den Hunden zuzuwenden, wieder fallen, zumal auch der Sport einst meinem Leben Inhalt und Richtung gab und ich ihn in unserer bewegungsarmen und aggressionsreichen Zeit für sehr wichtig, aber unterfinanziert halte. Um diese Unterfinanzierung zu mildern, wollte ich mein ererbtes, erspartes und erarbeitetes Vermögen dem VfB vermachen. Aber dessen Niederlage gegen Bayern am 7.12.2002 mit 0:3 ärgerte mich so sehr, daß ich auch diesen Gedanken fahren ließ. Denn ärgern kann ich mich auch von meiner Familie lassen! Deshalb setze ich meine Frau und meine Kinder nach der gesetzlichen Erbfolge als Erben ein."

Wann wird Wissenschaft unmoralisch?

Es fällt schwer, in unserer begrenzten, vom „entweder oder" regierten Welt ein moralisches Prinzip zu finden, das narrensicher funktioniert und Unbehagen gar nicht erst aufkommen läßt. Das gilt besonders, wenn es um eine Frage geht, die sich weltweit stellt und die wir Deutsche nur für unsere eigene Nation beantworten können. Beispiele hierfür finden sich in beachtlicher Zahl, so auch in der Energiepolitik (CO_2 und Kernenergie) und sehr aktuell in der Biomedizin. Wenn in einem Sieb ein Loch zugehalten wird, fließt die Flüssigkeit durch die anderen Löcher. So könnte es Deutschland auch mit der Biomedizin gehen. Ethikkommissionen werden möglicherweise Nützliches, aber nicht Verbindliches aussagen können, denn eine so komplexe Frage läßt sich durch Mehrheitsentscheidung nicht lösen. Die Biomedizin ist ein großes Gebiet voll Verheißungen und Risiken, das sich erst vor verhältnismäßig kurzer Zeit der Menschheit geöffnet hat. Früher hat die Kirche versucht, ihr unbequeme Erkenntnisse von der Menschheit fernzuhalten. Sie hat das nicht geschafft. Die Politik schafft das auch nicht, zumal nicht die Politik eines einzelnen Staates.

Es ist schwer, etwas Schlüssiges gegen die Wissenschaft vorzubringen, auch nicht aus Gründen der Religion, solange sie nach der Wahrheit forscht und hierbei auf ethisch bedenkliche Mittel verzichtet – also zum Beispiel keine Menschen umbringt oder mißhandelt, um den menschlichen Organismus besser kennenzulernen. Wir gehen davon aus, daß Gott dem Menschen seinen Verstand nicht gegeben hat, damit er ihn ungenützt läßt. Natürlich wäre es im Lauf der Geschichte für den jeweiligen Glauben angenehmer und bequemer gewesen, wenn die Wissenschaften dessen Weltsicht immer hätten bestätigen können, wenn sich also nicht Millionen Galaxien im Weltraum bewegten, wenn die Erde eine Scheibe und nicht rund gewesen wäre, wenn die Sonne sich um die Erde gedreht hätte und nicht die Erde um die Sonne, wenn die Erdgeschichte mit der Bibel übereingestimmt und Darwins Theorie von der Entstehung der Arten nicht bestätigt worden wäre. Aber so einfach hat es Gott seinen Gläubigen nicht gemacht. Der christliche Glaube beschränkt sich heute auf Gott und die Ethik und verzichtet darauf, bestimmte Meinungen auf dem Felde der Naturwissenschaften für verbindlich zu erklären. Ethische Fragen sind jedoch die nach dem ethischen Wert des Mittels (siehe oben), nach dem mit der Forschung verfolgten Zweck und nach den Grenzen der Anwendung der Ergebnisse der Wissenschaft. Der Einsatz von Waffen ohne zureichenden Grund ist ethisch nicht zulässig. Aber deshalb die Erforschung der Sprengstoffe verbieten zu wollen, geht zu weit. Denn wenn Forschungsergebnisse schon deshalb ethisch fragwürdig sein sollen, weil sie mißbraucht werden könnten, dann wäre auch die Produktion von Küchenmessern bedenklich.

Bei der Frage nach der Vertretbarkeit von Forschungen mit Hilfe embryonaler Stammzellen sitzt das Problem tiefer. Gewiß läßt sich sagen daß das menschliche Leben mit der Verschmelzung von Ei- und Samenzelle beginnt. Aber ist die embryonale Stammzelle bereits ein Mensch oder dem Menschen gleich zu behandeln? Wird diese Frage bejaht, ergibt sich die weitere Frage, ob nämlich die Tötung eines zum Menschen heranreifenden Wesens im Interesse eines humanitären Zwecks ethisch zu rechtfertigen ist. Optisch ist die Stammzelle nur unter einem leistungsfähigen Mikroskop zu erkennen. Daß zwischen ihr und einem ausgewachsenen Menschen ein Unterschied besteht, liegt klar zu Tage. Ein Embryo und ein Fötus ist sowohl ein eigenes Wesen als auch ein Teil der Mutter. Von der Mutter ist er abhängig, ohne diese wäre er nicht lebensfähig. Im Verlaufe der Schwangerschaft entwickelt er immer mehr eigenes Profil, bis er von der Mutter getrennt und zu einem eigenen Leben befähigt wird. Es gibt Fälle, in denen entschieden werden muß, ob das Leben der Mutter oder das des Kindes gerettet werden soll. Eine solche Entscheidung zu treffen, ist ethisch zulässig, ja geboten, denn es kann doch nicht ethisch korrekt sein, beide Leben erlöschen zu lassen, wenn das nicht nötig ist. Derartige Fälle der Abwägung kommen auch sonst vor, zum Beispiel bei Notwehr und Nothilfe. Auf Erden besteht keine Harmonie im Sinne absoluter Wertgerechtigkeit.

Die Biotechnik könnte mit Hilfe embryonaler Stammzellen ein Heilmittel für zur Zeit noch unheilbare Leiden entwickeln. Heute ist das nur eine Möglichkeit, allenfalls eine Wahrscheinlichkeit. Eines Tages kann daraus, gegebenenfalls außerhalb Deutschlands, Gewißheit werden. Gibt es einmal ein solches Heilmittel, kommen die ethisch argumentierenden Gegner solcher Forschungsziele in ein Dilemma. Können sie, weil nach ihrer Auffassung die Forschung mit Hilfe von Stammzellen ethisch bedenklich ist, erwarten, daß auf die Anwendung der Heilmittel verzichtet wird? Wer wollte einem heilbaren Kranken sagen, du mußt leiden oder sterben, weil das Mittel, das dir helfen könnte, einen moralischen Makel hat?

Einfache Antworten gibt es auch nicht für die Beurteilung der Implantationsdiagnostik, abgekürzt PID. Das ist die zur Zeit verbotene Untersuchung von im Reagenzglas befruchteten Eizellen auf genetische Schäden mit der Folge, daß bei Feststellung solcher Schäden andere, nicht geschädigte Zellen zum Zuge kommen. Es wird sich kaum verhindern lassen, daß Eltern von solchen Möglichkeiten Gebrauch machen, wenn sie einmal da sind, notfalls im Ausland. Das ist zwar kein vorwiegend ethisches Argument, aber allzu unpraktisch darf Ethik nicht werden, wenn sie respektiert und akzeptiert werden soll. Von der Pflicht, einen behinderten Embryo auszutragen, gibt es nach deutschem Recht Ausnahmen. Hat das mit dem Respekt vor Behinderten etwas zu tun? Ich glaube nicht. Die Eltern, die ihr behindertes Kind lieben, können meistens nicht für das Kind bis zu seinem Lebensende sorgen. Sollen Möglichkeiten, solche Tragödien von vornherein zu vermeiden, tatsächlich nicht genutzt werden? Immer mehr von dem, was früher dem Zufall überlassen war, kann der Mensch heute planen und steuern. Weitere Fortschritte sind zu erwarten. Gewiß soll er nicht alles, was ihm möglich ist oder wird, tun. Aber er soll auch nicht so tun, als wären bessere Möglichkeiten zu helfen gar nicht da.

Alles Spitzbuben?

Ein Thema löst das andere ab und beansprucht ungeteilte Aufmerksamkeit. Tagelang beherrschte die Flutkatastrophe die Szene, die in der Tat ein schlimmes Ereignis war. Aber eines ist so gut wie sicher: Als das Wasser wieder abgeflossen war, wendete sich das Interesse von der Flut ab und etwas Neuem zu. Die Bonusmeilen, die noch vor kurzer Zeit die Leidenschaften aufwühlten, kann man fast nicht mehr erwähnen. Aber die Forderung, ein Politiker müsse nicht nur tüchtig und seinem Amt gewachsen, sondern auch noch ein selbstloser Heiliger sein, bleibt. Sie wird, auch wenn gerade nichts Größeres passiert, immer die benötigten Themen liefern. Die Politiker können diesem Maßstab nicht entsprechen. Sie können nicht durchweg tugendreich und tadelfrei sein. Sogar das Recht einzuhalten fällt manchmal schwer. Denn das Recht, vielfach geflickt wie ein alter Fahrradschlauch, enthüllt gelegentlich seinen Inhalt und Sinn nicht einmal Juristen. Aber die Juristen entkommen eher, wenn sie den falschen Weg gegangen sind. Unser Recht und unsere Verwaltung sind so kompliziert, daß Bürger, Politiker und Beamte eigentlich ständig Paragraphen studieren, Rechnungen überprüfen, Auskünfte einholen und Formulare ausfüllen müßten. Aber wer schafft das schon. So übersieht man manches, vermutet und irrt sich, fast immer zum eigenen Vorteil, denn dafür sorgt schon der Instinkt.

Unter meinen Papieren fand ich einen Bericht aus der Frankfurter Rundschau vom 24.5.1993 über den 47. Deutschen Anwaltstag in Stuttgart, auf dem die Politiker attackiert wurden. Am Schluß heißt es: „Einer aber blieb gelassen, und die Furchtlosigkeit, mit der Stuttgarts Oberbürgermeister Manfred Rommel (CDU) die heißen Eisen anfaßte, beeindruckte selbst kritische Juristen. Ob denn ein Politiker, der seinen eigenen Nutzen nicht mehren könne, imstande sei, den der Allgemeinheit zu mehren, fragte er. ‚Nicht nur tüchtig, sondern auch noch heilig – das ist selten', sagte der OB, und bei allen Forderungen nach dem ‚gläsernen Politiker' gab er zu bedenken, daß es am durchsichtigsten dort ist, wo nichts ist." Ich zitiere im allgemeinen nicht mich selber, aber in diesem Falle tue ich das, weil ich mir nicht sicher bin, ob ich heute noch den Mut hätte, so etwas zu sagen, und ob eine solche Aussage heute noch so wohlwollend aufgenommen würde wie damals. Denn wir sind in Nebensachen unglaublich moralisch geworden, vielleicht, weil wir in Hauptsachen nicht immer den Mut haben, es zu sein. Oft liegt das Problem nicht darin, das Richtige zu finden, sondern darin, es auszusprechen, zu begründen und zu tun. Die Vorschläge der Hartz-Kommission zur Bekämpfung der Arbeitslosigkeit mögen nützlich sein. Daß sie stückweise bekannt wurden, trägt aber zur Verwirrung bei. Im dichten Nebel taucht schemenhaft die Idee einer Anleihe von 160 Milliarden Euro (313 Milliarden DM) auf. Von heute auf morgen sind es „nur noch" 20 Milliarden Euro. Das ist auch kein Pappenstiel, sondern eine Zwei mit zehn Nullen dahinter. Die mit weitaus weniger Nullen auskommende Bonusmeilenaffäre sollte nicht so wirken wie das rote Tuch beim Stierkampf, nämlich den Stier von seinen eigentlichen Problemen ablenken. Der Arbeitsmarkt ist schon wichtiger. Erstens müssen die fehlenden Arbeitsplätze im wesentlichen vom privaten Sektor bereitgestellt werden und nicht vom öffentlichen, denn dieser wird mit Abgaben des privaten Sektors finanziert. Dessen Abgabenbelastung darf nicht weiter steigen. Zweitens muß beachtet werden, daß der private Sektor dann Arbeitsplätze schafft, wenn die Firmen durch sie etwas gewinnen und wenn sie bei schlechter Geschäftslage ihre Personalkosten so herunterfahren können, daß sie überleben. Drittens ist ein Politiker, der so etwas ausspricht, nicht unsozial sondern bloß vernünftig.

Daß die wirtschaftlichen Prozesse globalen Regeln folgen und durch nationale Politik immer weniger beeinflußt werden können, legt nahe, die moralische Kritik anderen Themen zu widmen. Wie ein gefundenes Fressen eignet sich hierzu der Umstand, daß unsere Lufthansa die Aktion „Miles and More“ gestartet hat, die jenen, die viel fliegen, Guthaben für weitere Flüge einräumt. Die Vorteile, um die es hier geht, ähneln den Rabattmarken, die früher der bekam, der im Konsum einkaufte. Wer die Rabattmarken fleißig in Hefte einklebte, konnte sich durch sie manches Fläschchen Bier zusätzlich leisten. Auf die Idee, die durch Rabattmarken zugeflossenen geldwerten Vorteile müßten versteuert werden, ist damals, glaube ich, niemand gekommen. Heute wäre das nicht mehr auszuschließen. Nicht alles, über dessen ethische Bewertung sich streiten läßt, muß strafrechtlich verfolgt werden. Ein gewisser Freiraum, in dem nicht das Strafrecht herrscht, sondern der Mensch mit sich selbst und seinen Mitmenschen zurechtkommen muß, sollte offenbleiben. Wer der Überzeugung ist, der Mensch sei ein solcher Bösewicht, daß er nur durch das Recht auf der rechten Bahn gehalten werden kann, hat eigentlich kein Vertrauen in die Demokratie, die doch von dem Ethos der Mehrheit abhängt.

„Mehr Demokratie wagen“ – die berühmte Formulierung aus Willy Brandts Regierungserklärung von 1969 – heißt doch auch, dem einzelnen Menschen mehr zutrauen, auch, daß er Fehler korrigiert, und die Sanktionen durch Staat und Gesellschaft auf das absolut Notwendige zu beschränken. Mich regt es nicht auf, wenn einer auf einer Geschäfts- oder Dienstreise seine alte Tante besucht oder unterwegs eine Stunde zu lange im Wirtshaus sitzen bleibt. Natürlich soll er keine Bonusmeilen nutzen, die ihm nicht zustehen. Aber wenn er es doch getan hat, soll er das Geld der berechtigten Instanz zuleiten, wenn es eine gibt. Von seinem Amt zurücktreten braucht er nicht. Weshalb unterstellen wir eigentlich immer, daß Fehlverhalten absichtlich und vorsätzlich erfolgt, wo doch jeder weiß, wie oft dieses auf Schlamperei und Unkenntnis beruht? Der volkstümliche Bundesinnenminister der Adenauer-Zeit, Hermann Höcherl, meinte einmal, man könne doch nicht dauernd das Grundgesetz unter dem Arm tragen. Heute gibt es handliche Taschenausgaben unserer Verfassung. Aber die gewaltige Menge der Vorschriften mit sich zu schleppen, das schafft keiner. Denken wir über Verbesserungen in unserem Staat nach, pflegen wir unser gutes Verhältnis zu den Freunden und Nachbarn, und achten wir darauf, daß gegen die Arbeitslosigkeit keine Beruhigungsmittel verschrieben werden, sondern Arzneien, die tatsächlich wirken. Jede Mathematik beginnt mit der Frage: Was ist kleiner, was ist größer? Wer hier schon Fehler macht, dem ist nicht zu helfen.

WIE WERDEN WIR REGIERT?

Als Württemberg 1918 eine Republik wurde und der angesehene und beliebte König Wilhelm II. von Württemberg vom Staatspräsidenten Hieber abgelöst wurde, soll ein Landsmann gesagt haben: „Der Hieber ist scho recht, aber mir sottet halt ein gelernte König hau!" Heute träumen den Traum von der aufgeklärten Monarchie nur noch wenige. Der Hochadel bildete den voraussichtlichen Nachfolger auf dem Thron, dessen Geistesgaben und Charaktereigenschaften Glückssache waren, in der Regel sorgfältig aus. Ob die pädagogischen Rezepte immer so gut waren, ist eine andere Frage. Zum Beispiel dürfte die Dressur des späteren Kaiser Wilhelm II., der als behindertes Kind auf die Welt kam, nachhaltige Spuren hinterlassen haben. Carl Eugen von Württemberg, Mentor und Zuchtmeister Schillers, Vater der Hohen Carlschule, erhielt sogar Verhaltensrichtlinien von Friedrich dem Großen von Preußen, die allerdings, wenn überhaupt, erst verhältnismäßig spät Einlaß in seine Seele fanden. Die Fürsten verfügten in der Regel über tüchtige und gut ausgebildete Beamte, die sie berieten und ihre Weisungen ausführten. Ihre Auswahl erfolgte weithin anhand von Prüfungen. Der Fürst konnte im Prinzip machen, was er wollte, aber der Nachhall der Französischen Revolution und die Aufklärung erschütterte ab dem 19. Jahrhundert immer mehr den Glauben, daß die Fürsten durch Gottes Gnade als Herrscher eingesetzt wären, bis er vollends dahinschwand. Die meisten europäischen Fürsten öffneten sich schließlich der Idee der Volkssouveränität.

Die Macht im Staate

„Keine Macht für niemand" war eine Zeitlang auf vielen Mauern zu lesen, bis Sonne und Regen solche Inschriften verblassen ließen oder der künstlerische Drang anderer Besitzer von Spraydosen die alten Inschriften übertünchte. Seitdem ich zum erstenmal diese Inschrift gesehen habe, denke ich darüber nach, was sie eigentlich meint: Niemand soll keine Macht haben, also jeder Macht, wie die Grammatik nahelegt oder niemand soll Macht haben, also jeder ohnmächtig sein, wie mir dies ein junger Mann schilderte, der behauptete, mit dem philosophischen Untergrund dieses Wortes vertraut zu sein. Aber lassen wir lieber das Grübeln und befassen uns mit einem Vorwurf gegen Politiker, die ein Amt haben und es bei einer Wahl behalten wollen, es gehe ihnen nur um die Macht oder um Machterhalt. Was heißt hier „nur"? Natürlich geht es um die Macht. Es kommt darauf an, wer sie hat und wie lange. In der Demokratie haben sie die gewählten Politiker im Rahmen der Verfassung auf Zeit, nämlich bis zur nächsten Wahl. Ein Diktator hat die Macht ohne Begrenzung und auf Dauer, das heißt bis zur nächsten Revolution oder bis zu einer militärischen Kapitulation. Hat niemand die Macht, dann hat sie der Zufall. Der Zufall ist dumm. Das schwäbische Wort „Das Glück ist ein Rindvieh und gesellt sich zu seinesgleichen" ist etwas mißgünstig, hat aber einen wahren Kern. Es kommt vor, daß Politiker aus Sorge, nicht wiedergewählt zu werden, von ihrer Macht nicht so Gebrauch machen, wie sie es selbst für richtig halten, sondern so, wie dies Verbände, Gruppierungen oder der demoskopisch ermittelte mehrheitliche Volkswille fordern. Ein derartiges Verhalten ist in einer Demokratie in einem gewissen Rahmen unvermeidlich und verständlich. Aber richtig ist das nicht. In solchen Fällen bleibt die Verantwortung bei der Politik: Sie kann sich nicht auf Kosten jener herausreden, deren Wünsche sie befriedigt hat. Das gilt auch für den Volkswillen, also die Mehrheit in der Volksmeinung. Der Politiker wird die Verantwortung nicht dadurch los, daß er Meinungsbefragungen durchführen läßt und das tut, was ihm deren Ergebnisse nahelegen, und, wenn die Sache schiefgeht, auf das Volk als Verantwortlichen verweist, womöglich noch in Verbindung mit der Behauptung, er hätte das gleich gesagt. Eine gewisse Entlastung von der Verantwortung mag bei vom Gesetz zugelassenen Volksentscheiden eintreten, aber auch im Zusammenhang mit diesen können die Politiker sich nicht in Schweigen hüllen.

Macht kann Gutes bewirken und Böses anrichten. Bewirkt die Machtausübung, daß Arbeitsplätze geschaffen, die Finanzierung der Renten gesichert, die Kranken geheilt werden und die Jugend gebildet wird, dann ist sie nützlich. Wird sie gebraucht, um den Frieden zu gefährden, Verbrechen zu verüben, den Wohlstand zu zerstören oder die Natur zu schädigen, dann ist sie schädlich. Der Inhaber von Macht kann nicht nur dadurch schuldig werden, daß er von der Macht Gebrauch macht, sondern auch dadurch, daß er von ihr keinen Gebrauch macht, wenn nämlich durch seine Untätigkeit Schaden entsteht. Wenn das Vertrauen in die Funktionsfähigkeit der Demokratie gefährdet ist oder wenn die finanzielle Ordnung sich aufzulösen droht, können die Inhaber der Macht ihre Verantwortung nicht dadurch loswerden, daß sie nichts tun und die Dinge laufen lassen. Politiker, die sich vor ihrer Macht so fürchten, daß sie diese nicht einsetzen, auch wenn das notwendig ist, sind keine besonders guten Menschen, sondern für ihr Amt besonders ungeeignet. Man muß sich darüber wundern, wieso sie sich haben wählen lassen.

In der Demokratie liegt im Rahmen der Verfassung die Macht in der Mehrheit. Minderheiten innerhalb der Mehrheit können Macht über die Mehrheit ausüben, indem sie nicht mehr mit dieser stimmen. Dann wird aus der Mehrheit eine Minderheit, und ihre Macht geht verloren. Es kann dann so kommen, daß niemand die Mehrheit und damit die Macht hat, so daß Ohnmacht eintritt. Ein solcher Zustand ist ernst und nicht nur durch die Anwendung von Riechsalz zu beheben. Es heißt in der Verfassung, daß der gewählte Abgeordnete frei sei und nur seinem Gewissen unterworfen. Sein Gewissen sollte ihn aber auch daran erinnern, daß er durch Aufstellung als Kandidat und durch die Wahl seine Macht nicht erhalten hat, um seine Partei ihrer Macht zu berauben. Nicht immer ist das, was aus dem Inneren zum Menschen spricht, das Gewissen. Mein Gewissen hat mir jedenfalls derartige Tips nie gegeben. Wo die Macht in der Mehrheit liegt, trägt jeder, der an einer Entscheidung mitwirkt, eine ähnliche Verantwortung wie in einer Bank die legitimierten Inhaber unterschiedlicher Tresorschlüssel, die alle gleichzeitig benützt werden müssen, um den Tresor zu öffnen.

Es gibt Macht ohne Verantwortung, es gibt aber auch Verantwortung ohne Macht. Wer Verantwortung trägt, ohne Macht zu haben, weil er sich diese hat wegnehmen lassen, ist kein Politiker oder gar Staatsmann, sondern ein Sündenbock, der sich obendrein für diese Rolle auch noch freiwillig gemeldet hat. Im übrigen bedeutet die Erklärung „ich übernehme die Verantwortung!“ meistens nur, daß man nicht andere als Sündenböcke opfern möchte. Sonst hat die Erklärung keine Bedeutung, auch nicht die, daß man zurücktreten werde. Wer die Mehrheit verloren hat mit der Folge, daß er keine Macht mehr besitzt, kann immer noch die Macht haben zu verhindern, daß die Opposition an die Macht kommt, indem er dafür sorgt, daß diese keine Mehrheit erhält, etwa dadurch, daß die Minderheit, die ihm die Macht genommen hat, auch nicht für die Opposition stimmt. Es gibt aber nicht nur eine Macht der Politik, sondern auch eine Macht der Tatsachen. Diese können stärker sein als die Politik. Was immer in der Politik geschieht und geschehen kann, es wird begrenzt und eingedämmt durch Tatsachen. Die Macht, den Tatsachendruck der Weltwirtschaft zu beseitigen oder ihm auszuweichen, hat die deutsche Politik nicht. Sie muß diesen Druck hinnehmen, sich den veränderten Verhältnissen anpassen und den Sozialstaat auf die neuen Bedingungen ausrichten. Daß unser Land hierzu die Macht hat, davon bin ich überzeugt und das beruhigt mich in unserer Zeit, in der die Notwendigkeit zu entscheiden immer dringender und die Spielräume hierzu kleiner werden. Aber die Politik muß auch die Kraft haben, um von dieser Macht Gebrauch zu machen.

Verschiedene Wege führen nach oben

In Frankreich, der Heimat der Republik, entstand ein System, das auf eine Elite des Geistes abzielte, die anstelle der Elite des Blutes und der Abstammung treten sollte. Dieses System funktioniert noch heute. Die sogenannten „großen Schulen" bilden Spitzenkräfte für Staat und Gesellschaft aus. Zum Studium in diesen Schulen gelangt nur, wer sich in einem scharfen Auswahlverfahren gegen starke Konkurrenz durchgesetzt hat. Eine besondere Bedeutung hat die ENA, die französische Verwaltungshochschule und Kaderschmiede. Der Präsident der Republik und bis zu zwei Drittel der Mitglieder der französischen Regierung sind Absolventen der ENA. Die Bedeutung dieser Elite für die französische Politik wird in Frankreich immer wieder kritisiert. Aber die Kritik hat der ENA bislang nichts anhaben können.

In Deutschland gibt es keine Ausbildung, die in ähnlicher Weise den Weg zu hohen politischen Ämtern im Staate ebnet.

Aber auch das Auswahlverfahren, das man in Deutschland durchlaufen muß, um in der Politik nach oben zu kommen, ist hart. Die Parteien bevorzugen Kandidaten, deretwegen die Partei gewählt wird vor jenen, die wegen ihrer Parteizugehörigkeit gewählt werden wollen. Dies gewährleistet bereits eine gewisse Qualifikation. Die Ämter sind in der Regel finanziell attraktiv, vor allem wegen der günstigen Versorgung, so daß für mehrere Bewerber, also für Konkurrenz, gesorgt ist. Der Zugang zu bestimmten Ämtern erscheint oberflächlich betrachtet zu leicht, zum Beispiel der Zugang zu dem Amt des Bürgermeisters (bei der Wahl meines Nachfolgers Wolfgang Schuster wurde sogar ein Strafgefangener als Kandidat zugelassen, um ja nichts falsch zu machen). Das täuscht aber. Es kostet eine große Anstrengung, gewählt zu werden. Wer ein öffentliches Amt innehat, ist ständiger Beobachtung und Kritik ausgesetzt. Das erträgt nur, wer Substanz hat und nicht nur eine dicke Haut (die braucht er auch). Die Frage, ob die Fähigkeiten, um ein Amt zu erlangen, dieselben sind, um es auszufüllen, stellt sich schon, aber sie stellt sich bei allen Wegen zu öffentlichen Ämtern, auch jenen, die durch Examen eröffnet werden. Auf allen Wegen kommen auch einige Karrieristen und Opportunisten nach oben.

Das Verwaltungspersonal, dem ich selbst lange angehört habe, ist in Deutschland jedenfalls nicht schlechter als in anderen Ländern. Ein Problem ist die starke Reglementierung der Verwaltungstätigkeit, welche Initiativen erschwert und die Juristen unentbehrlich macht. Ein weiteres Problem haben wir bei der Rollenverteilung zwischen Politik und Verwaltung. Der Einfluß, den die Politik in den höheren staatlichen Ebenen auf die Verwaltung ausübt, auch durch politische Besetzung von Stellen, ist zu groß. Gewiß müssen Politiker in Sach- wie in Personalfragen die letzte Entscheidung haben. Aber die Verwaltung sollte zur Beratung von der Politik herangezogen werden. Bei den großen Fragen geschieht das immer weniger. Es wird für demokratischer angesehen, wenn die Politik zunächst einmal die Entscheidungen trifft und die Verwaltung sie dann durchführt. Diese Emanzipation des Politischen von der Sache gelingt bei speziell technischen Fragen nur eingeschränkt. Dort muß auch der vielzitierte Blinde mit dem Krückstock einsehen, daß der Spezialist unentbehrlich ist. Aber bei den grundsätzlichen, langfristigen Fragen werden die Möglichkeiten der Verwaltung unzureichend genutzt. Die Politik steht unter dem starken Druck kurzfristiger Probleme, Affären und Interessen und versucht vor allem mit diesen zurechtzukommen. Was die Medien interessiert, also Aktualität, ist für die Politik nicht gleichgültig. Als ein Gegengewicht sollte die Politik eine Verwaltung hinnehmen, die nicht nur exekutiert und mit der Politik von einer Aktualität in die andere springt, sondern auch längerfristige Überlegungen anstellt, um ihrer Beratungsaufgabe gerecht werden zu können. Dieser längerfristige Ansatz zahlt sich nachhaltig für die Politik aus, weil sie diese davor bewahrt, von Schwierigkeiten überrascht zu werden, die vorhersehbar waren und sich später nur schwer bereinigen lassen. Zum Beispiel wäre es nützlich, die finanzwirtschaftlichen Spielräume abzugrenzen, die für Bildung, Familienpolitik, Investitionen in der Infrastruktur, Bundeswehr, Osterweiterung der EU, neue Bundesländer denkbar sind, bevor wieder einmal durch Leichtsinn und nach Beratung durch die Demoskopen der Ungeist der Utopie aus der Flasche gelassen wird, der dann nicht mehr eingefangen werden kann. Die Meinungsforscher sind keine Religionsstifter, sondern nützliche Informanten. Der Staat darf sich nicht dazu verführen lassen, ihren Ergebnissen entscheidendes Gewicht zu geben. Aufgabe der Politik ist nicht, etwas zu tun, weil es populär ist, sondern das, was sie für notwendig hält, so zu vertreten, daß es akzeptiert wird. Wenn das Notwendige und das Populäre schließlich übereinstimmen, um so besser.

Als ich mich noch in den oberen Sphären von Politik und Verwaltung aufhielt, nahm ich gar nicht so recht wahr, welche erheblichen Kräfte im Innenleben von Staat, Gesellschaft und Wirtschaft durch die interne Suche nach dem Wahren und Richtigen verzehrt werden. Ich habe mich nur gewundert, weshalb alles so gutgeht. Heute – sechs Jahre nach meinem Ausscheiden – weiß ich, warum. Dies bewirkt die interne Koordination und das Bemühen, mit Hilfe der EDV durch Beschränkung auf das Wesentliche mit weniger Personal mehr zu leisten. Wer versucht, von außen mit Behörden, Unternehmen, Körperschaften und Verbänden in Verbindung zu treten, erfährt immer öfter, daß die gewünschten Gesprächspartner für ihn unerreichbar bleiben, weil sie bei Besprechungen oder Konferenzen sind. Je umfassender dieser Meinungsaustausch ist, desto mehr Arbeit entsteht. Weitere Kräfte werden angefordert. Diese machen noch mehr Arbeit. Die Politiker aller Richtungen fördern diesen Prozeß, indem sie sich einmischen. Das Wort „einmischen" hatte früher einen negativen, heute hingegen hat es einen positiven Klang. Die Parteifreunde sollen die Ergebnisse nicht aus der Zeitung erfahren, sondern schon vorher mitreden können. Die Gefahr ist, daß sich die interne Meinungsbildung so breitmacht, daß der Raum für Kontakte mit der Außenwelt immer mehr schrumpft.

Es gibt Ämter mit viel Publikumsverkehr, zum Beispiel in den Städten, und mit weniger Publikumsverkehr, so in den Ministerien. Eine Umfrage von Gesamtpersonalräten der Landeshauptstadt Stuttgart zum Thema „Streß und soziale Belastungen" zeigte schon vor Jahren, daß viele Mitarbeiter darüber klagten, ihre Arbeit werde häufig durch Störungen, vor allem durch eingehende Telefonate oder durch kurzfristige Aufträge, beeinträchtigt. Das verstehe ich, denn es erging mir auch so. Ich hatte nie einen leeren Schreibtisch, obwohl ein solcher früher als Markenzeichen eines Managers galt. Später, im Lichte der Praxis, begann ich zu ahnen, daß ein leerer Schreibtisch eher darauf hinweist, daß dort einer sitzt, der überflüssig ist. Ich strebte danach, meine Arbeitszeit den großen Fragen vorzubehalten und sie nicht für Details zu verbrauchen. Trotz überaus tüchtiger Vorzimmerdamen und effektiver persönlicher Referenten gelang das nicht so recht. Ich mußte sogar hören, den Heiligen Vater in Rom erreiche man telefonisch leichter als mich. An Wochenenden versuchte ich größere Sachen zu bearbeiten. Aber immer mehr Bürger kannten meine Telefonnummer, zumal eine Bürgerinitiative diese in einem gefälschten Schreiben veröffentlicht hatte mit der ebenfalls falschen Behauptung, wer mich anrufe, erhalte eine Freikarte für den öffentlichen Nahverkehr. Gelegentliche Versuche, mich für einen anderen auszugeben, um den Anrufer glauben zu machen, er habe falsch gewählt („Hier Friedhofsamt!"), scheiterten an der Eigenart meiner Aussprache: „Sie brauchet sich net verstelle, Herr Oberbürgermeister, I kenn se an der Stimm!" Meiner Frau, die einen Anrufbeantworter nachzuahmen versuchte, ging es ähnlich.

Eine Verwaltung darf nicht zu viel Kraft und Zeit für die interne Koordination verwenden. Es gilt das Wort Leo Trotzkijs über den Aufbau der Roten Armee: „Hätten wir mehr Zeit gehabt, hätten wir noch mehr Fehler gemacht." Es kommt vor allem darauf an, daß der Bürger gut mit der Verwaltung zurechtkommt. Wer ein sachliches Anliegen hat, der muß die richtige Stelle erreichen können und den Eindruck haben, willkommen zu sein. Davon profitiert auch die Verwaltung, denn Bürgerkontakte schärfen den Blick für das Reale, welchen heute der Trend zur Theorie trübt. Man kann auch kurz, aber höflich mit einem Mitbürger reden. Natürlich brauchen Mitarbeiter keine längeren Unmutsäußerungen entgegennehmen, die sich häufen, wenn das Wetter umschlägt. Aber das ist doch Ausnahme und nicht Regel. Viele Behörden bemühen sich um bessere Qualität ihrer Außenkontakte, meistens mit Erfolg. Auch der Umgangston ist freundlicher geworden. Allerdings kann niemand erwarten, daß vor lauter Güte die Vorschriften unbeachtet bleiben. Auch kann nicht jedes Telefongespräch eine Chefsache sein. Wer Erfahrungen mit der Verwaltung gesammelt hat, weiß ohnehin, daß es sich entgegen dem bekannten Sprichwort empfiehlt, eher zum Schmiedle zu gehen als zum Schmied. Denn das Schmiedle bearbeitet die Sache, und der Schmied hat meistens keine Zeit, um etwas anderes zu tun als das, was ihm das Schmiedle empfohlen hat.

Viele Bürger wenden sich nur dann an die Verwaltung, wenn dies unbedingt notwendig ist oder wenn sie sich über diese fürchterlich ärgern. Diese schlechte Laune äußert sich besonders im Schwäbischen, wo eine gewisse Grobheit zur Volkskultur gehört, gelegentlich in Worten, die, Hochdeutsch verstanden, als Beschimpfungen gelten. Wir Schwaben hingegen sehen, wenn wir nicht selbst betroffen sind, Äußerungen wie „Faulenzer", "Tagdieb" als Versuche an, etwas Heiterkeit in die Auseinandersetzung einzuführen („Es ist net bös gmoint, aber du bist a Rindvieh!"). Das Strafgesetzbuch ist jedoch auf Hochdeutsch geschrieben. Ich rate in solchen Fällen den Gekränkten, ruhig zu bleiben und nicht gleich den Knüppel der Vergeltung zu schwingen. Das fällt nicht leicht, ist aber möglich. Ich habe mir eingeredet: „Du bist nicht beleidigungsfähig!" Zu den Ämtern mit den intensivsten Außenkontakten und dem erregtesten Publikum zählen die Finanz- und Steuerämter. Kaum einer denkt voll Dankbarkeit daran, daß von diesen fast alle Wohltaten abhängen, die der Sozialstaat aus seinem Füllhorn ausschüttet. Als ich noch im Finanzministerium war, las ich ein älteres Buch über die Psychologie im Finanzamt. Dieses empfahl, etwa aufsteigenden Zorn durch den Gedanken daran zu bekämpfen, daß dieser Zorn ausgelöst wird, weil die Nebennierenrinde Adrenalin ausscheidet. Diese Vorstellung der biologischen Ursache bringe die Produktion von Adrenalin zum Stillstand, und der Zorn weiche milder Güte. Ich hab es probiert, es wirkt. Auf der von den Medien beleuchteten politischen Bühne erscheinen fast nur die großen Fragen mit Unterhaltungswert. Aber auch hinter dieser Bühne muß die

Verwaltung funktionieren, auch im Umgang mit dem Bürger, der sie nicht als eine widerborstige und fremde Welt erleben sollte, sondern als eine Einrichtung, die auf sein Vertrauen Wert legt und es auch verdient.

Das Volk und die Macht

Soll das Volk oder Teilmengen des Volks mehr Sachfragen entscheiden? Während der Russischen Revolution soll ein einfacher Genosse Lenin vorgeschlagen haben, die Räte beschließen zu lassen; dann hüpfe das Herz im Leibe. Lenin habe erwidert: „Dir hüpft der Verstand im Kopfe!" Wir haben heute eine Demokratie. Lenin ist nicht mehr maßgebend. Die Entwicklung und Ausbreitung der elektronischen Datenverarbeitung machen es möglich, Bevölkerungsgruppen immer schneller und kostengünstiger zu befragen und die Ergebnisse als Volksmeinung oder gar als Volkswille in die Politik einzubringen. Meinungsumfragen treffen heute genauer die Wirklichkeit als früher. Es ist allerdings seltsam, wenn der Wähler, bevor er seinen Fuß in ein Wahllokal gesetzt hat, bereits erfährt, wie er gewählt haben wird. In der Zukunft werden die Medien uns täglich und stündlich sagen, was Mehrheiten im Volke über diese oder jene Sache denken. Politische Romantiker werden uns nahelegen, dem Volksgeist zu folgen, was letztlich heißt, das eigene Denken einzustellen. Aber es ist besser, wir schwimmen nicht mit in dieser Strömung. Auch mit Hilfe der Informationstechnologie würde eine direkte Demokratie, ein Staat, in dem unmittelbar das Volk die wichtigen Entscheidungen in der Sache trifft, nicht funktionieren. Er scheiterte aus vielen Gründen, auch am Bürger selbst. Bereits der die Gesundheit fördernde Gang zum Wahllokal ist für viele zu anstrengend. Der Bürger hat ein Recht auf Teilhabe am politischen Leben, er erwartet aber, nicht über Gebühr in Anspruch genommen zu werden.

Das Volk an die Macht? Es ist schon dort. Mehr wäre weniger. Als Teil des Volks, nämlich als Bürger, will ich nicht selbst regieren und über Pläne und Gesetze entscheiden, sondern ich will, daß dies Leute tun, die zu diesem Zweck vom Volk gewählt werden, welche die Sachkunde der Verwaltung nutzen und die vom Volk auch wieder abgewählt werden können. Sie, nicht das Volk, sollen die Verantwortung für die Sachentscheidungen tragen. Uns Bürgern und Wählern bleibt dann immer noch die Verantwortung dafür, die Richtigen gewählt zu haben. Die Handlungsfähigkeit des demokratischen Staates ist die wichtigste Voraussetzung dafür, daß der Einfluß und die vielfältigen Interessen des Volks gewahrt werden. Diese Handlungsfähigkeit schafft auch Vertrauen. Einer der Gründe für den Untergang der Weimarer Demokratie war die Meinung zu vieler Bürger, die Demokratie würde nicht funktionieren. Heute ist trotz mancher Mißstimmung das Vertrauen in die Handlungsfähigkeit da. Ich will zwar nicht frei nach Ringelnatz sagen, wenn ich die Macht hätte, alles zu verändern, würde ich alles so lassen, wie es ist. Aber ich meine schon, daß die gegenwärtige Verfassungslage eine optimale Ordnung ist, an der festzuhalten im Interesse des Volks liegt. Volksabstimmungen, Bürgerbegehren und Bürgerentscheide müssen Ausnahmen bleiben, schon deshalb, weil sie einfache Fragestellungen („Ja oder nein“, „entweder oder“) erfordern. Das Leben und die Politik sind aber nicht so einfach und stellen kompliziertere Fragen.

Die Themen, mit denen sich der heutige Staat befassen muß, lassen sich nicht nach dem Schema „Schneckennudel oder Laugenbrezel“ diskutieren. Das komplizierte Räderwerk des Bundesstaates muß rundlaufen. Das erfordert Können, Erfahrung und Kreativität. Das Tempo wird höher, die Welt wird kleiner, die Zusammenhänge werden komplizierter und die Wechselwirkungen größer. Die Zukunft liegt im Nebel. Wie dicht der Nebel ist, zeigt die Diskussion der Vorschläge der Hartz-Kommission für den Arbeitsmarkt, die „bröckelesweise" in die Öffentlichkeit gelangt sind, um dort entweder jubelnd begrüßt oder abgelehnt zu werden. Das Papier, auf dem Strategien dargestellt werden, ist geduldig: Die Arbeitsmarktlage ließe sich entspannen, wenn mehr Arbeitslose trotz des sozialen Netzes eine Arbeit suchten, wenn Unternehmer im privaten Sektor mehr Arbeitsplätze bereitstellten und wenn beide Seiten ihre gegenseitigen Bedürfnisse klarer und zeitnäher erkennen würden. Clausewitz schreibt: „In der Strategie ist alles einfach, aber darum nicht sehr leicht." Eine Finanzreform ist notwendig, eine Ordnung der Finanzen, ein Abschluß der Steuerreform, aber einer, der eine Zeitlang bleibt und der nicht ständig geflickt, umgearbeitet und gewendet werden muß. Solide handwerkliche Arbeit muß geleistet werden. Mehr Klarheit wäre erwünscht. Hier wäre ein Ansatzpunkt für Reformen.

Das Interesse des Bürgers verlangt nicht, daß mehr Elemente der direkten Demokratie eingeführt werden, sondern daß die indirekte Demokratie bei der Beurteilung von Sachverhalten mehr Präzision erreicht. „Mehrheit ist Wahrheit" stimmt nicht immer. Auch Mehrheiten können sich irren. Die Mehrheit irrt sich jede Woche zweimal beim Lotto. Wer das sagt, ist kein schlechter Demokrat, sondern ein Realist. Aber Volksentscheide strahlen eine besondere Würde aus. Ist ihr Ergebnis sachlich falsch, strahlen sie weniger, aber die Würde bleibt und erschwert eine Korrektur. In einem zur Romantik neigenden Land kommt es vor, daß der Volkswille mit mystischem Glanz ausgestattet wird. Aber ein guter Demokrat muß weder glauben, daß Regierung und Parlament alles richtig machen, noch, daß das Volk alles kann. Die Politik muß das Recht beachten sowie die Logik der Mathematik, der Natur und der Wirtschaft. Geschieht das nicht, kommt es zu Fehlern. Diese zu erkennen, aufzudecken, zu korrigieren und künftig zu vermeiden ist Aufgabe der Kritik durch Bürger, Medien und Politiker. Daß sie diese Kritik ermöglicht und fördert, ist ein Vorzug der Demokratie. Die lateinische Sentenz „Volkesstimme ist Gottesstimme“ klingt zwar gut, ist aber wie vieles, was gut klingt, bedenklich. Nicht alles, was von sich behauptet, es sei aus dem Volkswillen entstanden, ist von Gott, und nicht alles, was behauptet, der Volkswille zu sein, kommt vom Volk.

Wer eine eigene Meinung hat und diese nicht grundlos gegen eine anderslautende Mehrheitsmeinung austauscht, ist allemal nützlicher für das demokratische Gemeinwesen als einer, der jeweils dort zu finden ist, wo die Fahne der gegenwärtigen Mode weht. Unsere Verfassung will keine Verbeugungen vor dem, was von oben kommt oder sich als Volksmeinung deklariert, und das Volk will solche Verbeugungen auch nicht. Adenauer und andere große Politiker haben Wahlerfolge gegen die Demoskopie erzielt. Das Volk schätzt nicht immer die, welche ihm nach dem Mund reden.

Was ist sozial?

Wenige Worte werden in der Politik so oft gebraucht wie das Wort „sozial“. Geht man vom allgemeinen Sprachgebrauch aus, dann könnte man meinen, es gehe erst so richtig sozial zu, wenn jemand etwas hergibt, was er nicht hat, und es sei bereits unsozial, wenn er etwas nicht hergibt, was er selbst braucht. Dann wäre auch der Heilige Martin nicht sozial, weil er nur eine Hälfte seines Mantels hergegeben und die andere behalten hat. Das Wort „sozial“ kommt vom lateinischen „socialis“ und heißt „gemeinschaftlich“. Es umfaßt alles, was mit der Gemeinschaft zusammenhängt und sie betrifft. „Unsozial“ ist, wer auf die Gemeinschaft keine Rücksicht nimmt und „asozial“, wer die Gemeinschaft schädigt. Das klingt einfach und wäre es auch, wenn der menschliche Intellekt nicht in Verwirrung geriete, wenn es nicht nur um falsch und richtig, sondern auch um gut und böse geht. Das ist hier der Fall. Als politischer Praktiker habe ich allerdings gelernt, daß es gerade bei wichtigen Fragen darauf ankommt zu relativieren, also: Eher richtig oder eher falsch und eher gut als böse. Denn wer das absolut Gute sucht, landet in der Politik gelegentlich beim absoluten oder relativen Gegenteil. Es ist nicht begründet, etwas für besonders „sozial“ anzusehen, wenn alles für die Gemeinschaft und nichts für den einzelnen geschieht, also die Eigensucht vom Gemeinsinn verschlungen wird. In den dreißiger Jahren stand auf den silbernen Münzen mit Hindenburgs Kopf: „Gemeinnutz geht vor Eigennutz“. Aber was nützt den Bürgern ein Gemeinnutz, der für den Eigennutz nur noch einen schmalen Rest übrigläßt? Kann man dann überhaupt noch von Gemeinnutz reden? Wir Älteren haben solche Zustände im „Dritten Reich“ erlebt. Dort zählte nicht der einzelne, sondern eine Art Rabenvaterland, das ständig neue Opfer forderte. Heute sieht das Vaterland trotz allem wieder freundlich aus. Die Regierenden sind letztlich Personal im Dienst des Volks. Viele Bürger meinen, sie dienten ihnen nicht gut genug. Aber es erhebt sich die Frage: Leistet das Personal zuwenig oder wird von ihm zuviel verlangt? Die Weltvernunft und ihre Begrenzungen aus den Angeln heben können die Regierenden jedenfalls nicht.

Wer bloß an sich denkt, mag vernünftig sein. Wer auch an die anderen denkt, ist auch noch moralisch, sofern seine Gedanken sich nicht in dem polnischen Aphorismus erschöpfen: „Denken wir an die Armen, sagte der Fabrikant aus Lodz, das kostet nichts.“ Moral sollte praktisch werden, was voraussetzt, daß sie auch vernünftig ist. Wer nur seiner Befindlichkeit Ausdruck gibt, meint es vielleicht gut, tut aber wenig. Das Gute geschieht nicht schon dadurch, daß es gedacht wird. Die Legende berichtet, daß der Teufel dem Heiligen Bernhard auf einer Reise nach Rom ein Wagenrad zerbrochen habe, aber von dem frommen Geist des Heiligen gezwungen worden sei, sich zu einem Ersatzrad zusammenzurollen, so daß die Fahrt fortgesetzt werden konnte. Solch unmittelbare Macht über die physikalische Welt hat der fromme Gedanke heute nicht mehr. Ihm muß die Tat folgen. Auch für den Frieden muß man mehr tun als gegen den Krieg sein. Bei der Erörterung sozialer Fragen hat man gelegentlich den Eindruck, was vernünftig ist, sei nicht moralisch, und was moralisch ist, nicht vernünftig, so daß die Position eines Politikers um so moralischer wäre, je unrealistischer sie ist. Gewiß gebührt der Moral Vorrang. Aber wenn etwas, was moralisch ist, verwirklicht werden soll, dann muß dies auch möglich sein oder möglich gemacht werden können. Ist das nicht der Fall, sollte man sich mit dem zufriedengeben, was möglich ist, weil sonst auch das unmöglich wird.

Früher meinten die meisten von uns, auf absehbare Zeit bliebe es bei einem kräftigen jährlichen Zuwachs der Arbeitsplätze und des Sozialprodukts. Es werde jedes Jahr mehr geben. Die Versuchung war groß, die Beschäftigungsverhältnisse nach dem Vorbild des Beamtentums zu regeln. Viele Arbeitsverträge in Deutschland entsprechen diesem Vorbild. Auch setzte sich die Vorstellung durch, daß ein ordentlicher Sozialstaat dem Bürger möglichst viele Lebensrisiken abnehmen sollte, zum Beispiel im Krankheitsfalle. Was in den Jahren zugestanden wurde, als der Horizont noch rosa leuchtete, sind die sogenannten Errungenschaften, für heilig erklärte Besitztümer, die anzutasten moralisch verwerflich sein soll. Nun ist das wirtschaftliche Wachstum wesentlich geringer, als dies jene im ganzen durchaus wünschenswerten Errungenschaften voraussetzen. Und es ist denkbar, daß wir auch in Zukunft mit bescheidenem oder gar keinem Wachstum leben müssen. Was nun? Weiter so, Augen zu und durch? Das ist entweder der Kopf durch die Wand oder der Sprung in ein dunkles Loch.

Nehmen wir das heiße Thema einer Lockerung des Kündigungsschutzes für kleinere und mittlere Betriebe in Augenschein. Wir gehen davon aus, daß die Arbeitsplätze, die wir brauchen, im privaten Sektor erhalten oder geschaffen werden müßten, und zwar von kleinen und mittelständischen

Betrieben. Wenn der geltende Kündigungsschutz Arbeitsplätze gefährdet oder verhindert, dann muß überlegt werden, wie dieses Hindernis beseitigt werden kann. Solche Überlegungen sind nicht weniger sozial als der Wunsch, den Kündigungsschutz unangetastet zu lassen. Wenn nämlich weniger Arbeitnehmer beschäftigt werden können und mehr als Opfer vermeidbarer Firmenpleiten ihren Arbeitsplatz verlieren, weil der gegenwärtige Kündigungsschutz fortbesteht, so wäre auch das ein sozial unbefriedigender Zustand. Die eine Meinung ist der anderen nicht moralisch überlegen. Es geht um die Zweckmäßigkeit, um die sachlich beste Lösung eines Problems. Daß die Gewerkschaften hierbei auch die Interessen ihrer Mitglieder wahrnehmen, das ist ihre Aufgabe. Aber das Gute ringt hier nicht mit dem Bösen. Es muß darauf geachtet werden, daß die Krankheit nicht mit der falschen Arznei behandelt wird, zum Beispiel Husten mit Abführmitteln. Sonst bleibt das Leiden, aber die Folgen verschlechtern sich. Auch die Arbeitgeber sollten in ihrer Argumentation stärker auf den sozialen Nutzen wirtschaftlicher Vernunft abheben. Sie sollten Verständnis zeigen für die schwierige Lage der Gewerkschaften, die nicht nur Beschwichtigungstherapien praktizieren können. Das Gebot der Stunde heißt Versachlichung. Gegen die Globalisierung läßt sich leicht demonstrieren. Raten, wie man mit ihr umgehen soll, ist schon schwieriger. Jedem Land steht frei, an ihr nicht teilzuhaben, indem es seine Verbindungen mit der Weltwirtschaft kappt. Aber die Folgen einer solchen Isolierung wären verheerend. Die technischen und ökonomischen Änderungen lassen sich meistern. Aber sie lassen sich nicht bremsen.

Lagerpolitik

Die Aufspaltung der politischen Szene in Lager nützt dem Lager, das die Mehrheit hat, solange es sich intern einigen kann und solange es bei der Mehrheit verbleibt. Ändern sich die Mehrheitsverhältnisse zugunsten des anderen Lagers, ist es aber um diesen Nutzen geschehen. Denn das jeweilige Minderheitslager wird dauernd überstimmt und tendiert schließlich dazu, sich zur Opposition zu erklären, die berechtigt ist, alles was nicht populär ist, abzulehnen und Forderungen zu erheben, deren Erfüllung nicht möglich ist. Die Lager motivieren und polarisieren in der Bürgerschaft. Das heißt, es ist weniger wahrscheinlich, daß Bürger, die grundsätzlich für die eine Partei Sympathien haben, den Kandidaten (oder Kandidatin) einer anderen Partei wählen, weil sie ihn (oder sie) für den besseren Mann (oder Frau) halten. Je härter sich die Lager bekämpfen, je schärfer sie sich voneinander abgrenzen, desto stärker der Zwang, sich für eines der Lager zu entscheiden und sich mit ihm zu solidarisieren.

Wer Kandidaten präsentieren kann, deren persönliche Qualität auch in anderen Parteien und Gruppierungen anerkannt wird, muß daran interessiert sein, daß das Lagerdenken nicht die Politik beherrscht, sondern milde praktiziert wird. Das heißt, es müssen auch Entscheidungen möglich sein, die das Minderheitslager mitträgt oder sogar initiiert hat. Je liberaler, pragmatischer und sachbezogener die Handlungsweise des Mehrheitslagers ist, desto eher kann es erwarten, bei den Wahlen Stimmen von solchen Bürgern zu erhalten, die keinem oder auch dem anderen Lager zugeneigt sind. Besonders in der Großstadt ist das so, in der auf engem Raum Menschen unterschiedlichen Herkommens und unterschiedlichen Kulturbewußtseins leben. Irgendwie ahnen sie alle, daß das politisch Entscheidende für alle nützliche Toleranz und Sachbezogenheit sind. In Stuttgart haben 23 Prozent der Bürger keinen deutschen Paß. Von diesen sind aber die EU-Angehörigen bei den kommunalen Wahlen wahlberechtigt. Viele Bürger mit deutschem Paß waren früher Ausländer. Und unter den einheimischen Deutschen in der Großstadt tritt eine Mehrheit für die Ausländer ein. Eine Polemik gegen Ausländer oder auch nur der Verdacht, gegen Ausländer eingestellt zu sein, ist deshalb auch bei den Wahlen von Nachteil. Die Notwendigkeit, Deutsch zu lernen und das Ziel ausreichender deutscher Sprachkenntnisse für alle, werden mehrheitlich akzeptiert, auch von vielen hier lebenden Ausländern. Gewicht hat das Argument der Chancengleichheit. Es muß verhindert werden, daß der deutschen Sprache Unkundige in der Schule nicht mitkommen und ein Proletariat bilden, dem nur eine Sozialhilfekarriere offenbleibt.

Die deutschen Großstädte haben die Aufgabe, Strategien zu entwickeln und zu verfolgen, die bewirken, daß Christen und Muslime im Geiste der Demokratie eine gemeinsame Gesellschaft bilden. Das Thema „Islam und die westliche Welt" ist ein wichtiger Faktor für die Bewahrung des Weltfriedens. Es kommt nicht nur auf Theorien an, sondern auch auf die Praxis im Sinne der Einübung des Zusammenlebens. Was in den Großstädten praktisch funktioniert, kann in der Theorie nicht so leicht bestritten werden. Die Türkei hat sich der westlichen Zivilisation weit mehr angenähert als alle anderen Länder mit überwiegend muslimischer Bevölkerung. Sie hat eine Brückenfunktion. Die Integration der türkischen Mitbürger in die deutsche Stadtgesellschaft hat eine Bedeutung, die über die Aufrechterhaltung von Recht und Ordnung weit hinausgeht. Sie nimmt den Extremisten im Lager der Muslime und im christlichen Lager den Wind aus den Segeln.

Seid einig einig einig

Bei der Beratung des Zuwanderungsgesetzes im Bundesrat kam es zu Tumulten, weil sich die Kontrahenten nicht einig waren, weder in der Sache noch in der Frage, wie das Brandenburger Verhalten zu werten ist und ob der Bundesrat jetzt zugestimmt hat oder nicht. Die Meinung, daß Einigkeit der ideale Zustand sei, ist ein alter Aberglaube, der in zahlreichen erhabenen Zitaten in der deutschen Literatur zum Ausdruck kommt, auch in unserer Nationalhymne: „Einigkeit und Recht..." Sogar der Rütlischwur in Schillers Wilhelm Tell, bei dem es doch um die Freiheit ging, beschwört den Wert der Einigkeit. Nun will ich nicht in Abrede stellen, daß es Werte gibt, über die man sich einig sein sollte, zum Beispiel den Wert der Demokratie. Aber im übrigen ist es normal, daß Menschen nicht einig sind, sondern sich streiten. Einigkeit macht vielleicht stark, aber oft auch dumm. Die Vorgänge im Zusammenhang mit dem Zuwanderungsgesetz sind kein Grund für Staats-, Politiker- oder Politikverdrossenheit. Im Gegenteil: Der Bürger erfuhr ständig, was passiert war. Er erfuhr, daß eine Entscheidung vorlag, über deren rechtliche Haltbarkeit die Verfassungsjuristen streiten. Wenn einzelne Politiker in der Sitzung des Bundesrats ihre Empörung eher gespielt als empfunden haben, kann mich das nicht arg aufregen. Immerhin war eine gewisse Rationalität im Spiel.

Ständig kommen Probleme auf uns zu. Teilweise sind dies neue, teilweise alte, auch solche, die wir aus den Augen verloren haben. Entweder sie überwältigen uns oder wir bewältigen sie. Daß die Menschheit auch mit unbewältigten Problemen leben kann und es in seltenen Ausnahmefällen sogar besser sein kann, wenn sie diese nicht bewältigt hat, sondern sich von ihnen überwältigen ließ, das zeigt die Weltgeschichte. Die größte Herausforderung ist es, den Überblick über das Ganze zu behalten und aus dieser Sicht zu handeln. Nach den Beschlüssen über die Steuerreform, die zunächst die Einnahmen vermindert, tun Politiker auf fast allen Gebieten so, als stünde mehr Geld zur Verfügung, das nur darauf warte, ausgegeben zu werden. Überall redet man von Prioritäten, also Vorrang; welches aber die nachrangigen Aufgaben sind, unterliegt der Geheimhaltung. Die Wortschöpfungen sind entlarvend: „Nachrangige Priorität" oder „zweite Priorität" – das sind nicht nur logische Ungereimtheiten, sondern auch Verschleierungsvokabeln. Woher soll das Geld kommen für die Bildungsreform, eine Aufgabe von „höchster" Priorität? Soll die Bildungsreform zu Lasten familienpolitischer Verbesserungen oder Errungenschaften finanziert werden? Aber diese sind doch auch eine Aufgabe von hoher oder höchster Priorität oder etwa nicht? Oder zu Lasten der Sozialpolitik oder der Gesundheitspolitik?

Solche Herausforderungen zu meistern und dabei auf dem Boden der Wirklichkeit zu bleiben, ist die wichtigste innenpolitische Herausforderung. Ich bilde mir ein, daß die Bürgerinnen und Bürger eine nüchterne Politik schätzen würden, die sich nicht scheut, das Wort „Nachrang" auszusprechen, auch dann nicht, wenn es konkret wird. Die Politik muß auf eine nüchterne Sicht der Verhältnisse hinwirken, und zwar, indem sie selbst nüchtern bleibt. Hier ist manches verbesserungsbedürftig und fähig. Hervorheben will ich die sterile Aufgeregtheit um den Rinderwahn. Es ist noch nicht sicher nachgewiesen, daß die Erkrankung des Menschen an Kreuzfeld-Jakob durch den Rinderwahn ausgelöst wird. Aber wir tun so, als ob der Verzehr eines Rumpsteaks der Einnahme von Zyankali gleichkommt. Der Mensch ist auf einer Autobahnfahrt von Aachen nach Berlin wohl einem höheren Lebensrisiko ausgesetzt, als wenn er vierzig Jahre lang Rindfleisch verzehrt. Woher kommt das Rindfleisch? Aus dem Ausland! Deutsche, eßt deutsch! Aber zu unserem maßlosen Schrecken kommen auch kranke Kühe aus Deutschland. Das bis dahin geschmähte Ausland freut sich. Doch das ist voreilig. Aber verlassen wir die Rindviecher, reden wir über die Leitkultur! Es gibt einen Leitartikel, eine Leitplanke, einen Leithammel und neuerdings eine Leitkultur. Wenn unter „Leitkultur" nur zu verstehen ist, daß ein Mensch, der dauernd hier lebt, Deutsch können und die sich aus dem Grundgesetz ergebenden Pflichten anerkennen sollte, dann wird dieser verwirrende Begriff nicht gebraucht. Wenn darunter aber mehr verstanden werden soll, dann bestehen Bedenken in der Sache. Eine Kultur, die anderen Kulturen zeigt, wo's langgeht, wollen wir nicht. Leider sind manche Begriffe unklar. Aber Vorsicht! Der Verzicht auf die Verwendung unklarer Begriffe würde die politische und gesellschaftliche Diskussion verstummen lassen. Leiten läßt sich eine Kultur ohnehin nicht. Wohl aber können sich die nationalen Kulturen gegenseitig beeinflussen. Das haben sie immer getan, und das sollen sie auch künftig tun. Ohne solche Einflüsse wären die deutsche Kultur wie auch alle anderen Kulturen in einem traurigen Zustand. Deshalb enthält der Begriff „Interkulturalität" nichts Schreckliches, sondern nur Notwendiges, auch im Blick auf Europa, das zu erweitern und zu festigen eine zusätzliche Herausforderung ist. Dieser werden wir Deutsche gerecht, wenn wir bescheiden auftreten. Wir können das leisten, ohne Schaden zu nehmen an unserer Seele.

VON KRIEG UND FRIEDEN

Das Hauptwerk von Clausewitz trägt den Titel „Vom Kriege“. Dieses Buch ist keine Anleitung für Eroberungskriege, sondern es geht vorwiegend um Abschreckung und Verteidigung. Clausewitz schreibt: „Der Eroberer ist immer friedlich, er zöge gerne ruhig in unseren Staat ein!“ So habe es Napoleon gemacht, dessen Feldzüge so etwas wie das Basismaterial des Buches darstellen. Es ist ein gescheites Buch, das dem viel geben kann, der einen Sinn hat für die hinter dem tatsächlichen Ablauf der Geschichte wirkenden Regeln und Zusammenhänge. Viele lesen so etwas nicht – schon deshalb, weil sie gegen den Krieg sind. Diesem wollen sie ihren Abscheu zum Ausdruck bringen durch die Weigerung, die von ihm handelnde Literatur in die Hand zu nehmen. Aber wenn der Krieg merkt, daß er verabscheut wird, weigert er sich noch lange nicht auszubrechen. Frieden? Schön wäre es, wenn er so leicht zu erhalten oder zu erlangen wäre. Es gibt Beschwörungsrituale gegen den Krieg: Demonstrieren, Kerzen anzünden, Mahnwachen. In den sechziger Jahren sprach man vom Kriege immer mit dem Zusatz: „den Gott verhüten möge“. Aber Kriege sind nach wie vor möglich. Sie sind Unternehmen, die einen Machtanspruch mit Gewalt durchsetzen wollen. Insofern stellen sie das letzte Mittel dar. Das vorletzte Mittel ist die Drohung mit Gewalt. Sie wirkt aber nur, falls der Bedrohte glaubt, daß der Drohung die Gewalt folgt, wenn der Bedrohte nicht einlenkt. Nach dem Krieg kommt es meistens zum Streit, wer ihn begonnen hat. Auch über die Festlegung im Versailler Friedensvertrag, daß am Ausbruch des Ersten Weltkriegs 1914–1918 ausschließlich Deutschland und Österreich-Ungarn schuld gewesen seien, kam es zu einer Kontroverse – mit der Wirkung, daß die Gegner sich nicht versöhnten, sondern erneut gegeneinander stellten. Die finsteren Kräfte, die den Streit weiter schüren wollten, erhielten dadurch Nahrung. Eine umfassende Literatur verfocht mit Leidenschaft die jeweiligen Meinungen. Frankreich und Großbritannien verwiesen darauf, daß das Deutsche Reich zuerst über das neutrale Belgien angegriffen hätte, während die Mittelmächte argumentierten, sie seien durch den Aufmarsch in Frankreich und Rußland zu diesem Angriff gezwungen gewesen, weil sich im Falle einer gleichzeitigen Offensive des französischen und des russischen Heeres die deutschen und österreichischen Möglichkeiten, sich zu verteidigen, drastisch verschlechtert hätten. Max Weber hat zu dieser Diskussion Beachtliches beigetragen. Auf die Frage, wo ein Krieg aufhört, Verteidigungskrieg zu sein und zum Angriffskrieg wird, läßt sich schwerer eine Antwort finden als je zuvor. Gewiß sind Kriege mit dem Ziel der dauerhaften Inbesitznahme eines fremden Landes oder Kriege mit dem Ziel der Vernichtung eines anderen Volks oder Kriege, deren Zweck die Ausplünderung eines Landes sind, Angriffskriege. Aber ist ein Schlag gegen eine potentielle Aggression ein Angriffskrieg? Oder müßte der Bedrohte zuerst einen feindlichen Schlag abwarten und sich danach mit der Möglichkeit, sich zu rächen, zufriedengeben? Das Recht, sich zu verteidigen, meint doch auch die Möglichkeit, den Angriff aus eigener Kraft zum Scheitern zu bringen und sich vor Verletzungen bewahren zu können. Die Waffentechnik schreitet fort, und die Fähigkeit, sie anzuwenden, breitet sich aus. Was früher Monate, Wochen, Tage gedauert hat, beansprucht heute nur noch Sekunden oder Sekundenbruchteile. Entsteht das Recht zur Abwehr erst, wenn es nichts mehr gibt, was verteidigt werden könnte? Die Kombination Terrorismus plus Massenvernichtungsmittel ist keine eingebildete, sondern eine reale Gefahr. Daß die USA diese Gefahr besonders ernst nehmen, ist nicht erst seit dem 11. September 2001 verständlich. Wie verhält es sich mit dem Terrorismus, der überraschend irgendwo aus dem Dunkeln zuschlägt, künftig wohl auch mit Massenvernichtungsmitteln? Muß ein angegriffener Staat solche Schläge hinnehmen und sich mit den Kondolenzschreiben trösten oder darf er präventiv die Ausgangspunkte der terroristischen Aktionen unschädlich machen? Wie soll sich die Friedensstrategie orientieren? Gewiß im Sinne der Weltregierung Immanuel Kants, also der UNO. Aber es macht eben doch einen Unterschied aus, ob ein Land unmittelbar durch eine Aggression bedroht wird oder ob es nur als Mitglied der Völkerfamilie von ihr Kenntnis bekommt. Hinzu tritt noch die Möglichkeit, Fehlinformationen zu erliegen. Auch Geheimdienste schützen vor dieser Möglichkeit nicht, wie die Vorfälle der letzten Zeit demonstriert haben. Der Mensch glaubt gerne das, was seine Meinung stützt, im Kleinen wie im Großen. Gewiß wird niemand auf das Grab der Diktatur des Saddam Hussein die Inschrift setzen „hanged by mistake". Aber jetzt ist nicht die Zeit der Zwietracht, sondern der Eintracht. Nüchtern muß Bilanz gezogen werden, um die gemeinsame Grundlage für Europa und die USA wiederherzustellen. Innerhalb weniger Jahre hat sich die militärische Landschaft von Grund auf verwandelt. Die NATO sieht ganz anders aus als früher. Die USA, die Supermacht, orientiert sich neu. Als Feind des Friedens hat sie den Terrorismus im Visier. Deutschland ist nicht mehr ein Lieblingskind, sondern gilt zusammen mit dem befreundeten Frankreich als unzuverlässig. Langsam scheint die Besonnenheit zurückzukehren. Es wird auch Zeit! Alle Andersdenkenden bitte ich um Vergebung, aber ich habe Verständnis für die USA und hoffe, daß die alten Bündnispartner wieder zueinander finden.

Israel und Palästina

In seiner Philosophie des Rechts schrieb Hegel den berühmten Satz: „Was vernünftig ist, das ist wirklich, und was wirklich ist, das ist vernünftig." Wie dieser Satz zu verstehen sei, darüber gab es Streit. Hegel soll Heinrich Heine, dem einiges in der Wirklichkeit ziemlich unvernünftig erschien, entgegnet haben: „Um so schlimmer für die Wirklichkeit!" Sogenannte Linkshegelianer behaupteten, der Satz des Meisters richte sich an die Zukunft und meine: „Was vernünftig ist, wird wirklich, und was wirklich ist, wird vernünftig." In einer Nachschrift der Hegelschen Vorlesung von 1819/20, die vor einiger Zeit in einer amerikanischen Bibliothek gefunden wurde, heißt es tatsächlich, „wird wirklich" beziehungsweise „wird vernünftig". Aber in Hegels eigener Schrift steht nun einmal das Wort „ist". Vielleicht hat er aber „wird" gemeint?

Unabhängig von dem, worauf Hegel letztlich hinauswollte, sollte sich die Politik darüber Gedanken machen, welche Wirklichkeit vernünftig ist, damit sie diese anstreben und welche Wirklichkeit unvernünftig wäre, damit sie diese vermeiden kann. Besonders dringlich sind solche Einsichten für globale Krisenherde wie den Nahen Osten und das Verhältnis der arabischen Staaten sowohl untereinander als auch zu Israel. In Europa und den USA haben viele Zeitungsleser, Fernsehzuschauer und Radiohörer den Eindruck, daß sich Haß und Unvernunft im Verhältnis der Parteien in letzter Zeit ständig gesteigert haben. Die Wirklichkeit ist komplizierter. Es geht nicht nur um Emotionen, sondern auch um eiskaltes Kalkül. Jene Hintermänner, welche die jugendlichen Steinewerfer ins Gefecht schicken und Selbstmordattentäter aussuchen, ausbilden, ausrüsten, motivieren und lenken, wollen eine Einigung mit Israel verhindern. Gelänge das, führte es im günstigsten Fall zu gar nichts und im schlimmsten Fall zum Krieg. Ein fünfter Krieg endete wohl mit Zehntausenden von Opfern mit derselben Problemlage, die bereits jetzt besteht.

Was wäre vernünftig? Daß die Staaten im Nahen Osten sich respektieren, die Minderheiten dulden und schützen, und daß sie zusammenarbeiten für eine gute Zukunft der Region. Dazu gehört ein Israel mit gesicherten Grenzen und guten Beziehungen zu seinen arabischen Nachbarn. Die Globalisierung des Wettbewerbs, der technische Fortschritt sowie die sozialen und ökologischen Fragen werden schließlich eine Weltinnenpolitik erzwingen. An sich hätte der Nahe Osten gute Aussichten. An begabten Menschen ist kein Mangel, auch nicht in den arabischen Ländern. Über Jahrhunderte hinweg war die islamische Welt dem Abendland kulturell überlegen. Es gibt keinen größeren Standortvorteil für ein Land als die friedliche Nachbarschaft zu Ländern wie Israel, das zur technischen Weltspitze gehört.

Vernünftig wäre auch, Jerusalem, das immerhin 600 000 Einwohner hat, die Chance zu geben, sich zu einer modernen Großstadt zu entwickeln. Den religiösen Gruppierungen wie den einzelnen Stadtvierteln sollten zwar möglichst viele Selbstverwaltungsrechte zugebilligt werden. Die Stadt Jerusalem zu teilen oder zu internationalisieren würde nicht nur die Stadtentwicklung erschweren, sondern auch neue Gründe für Streit und Hader schaffen. Keine Stadt, auch nicht Jerusalem, kann die heutigen Fragen sozusagen fortbeten. Im Sinne des früheren Bürgermeisters Teddy Kollek sollte Jerusalem ein Ort der Toleranz, der Einheit in der Vielfalt sein, in dem sich die drei großen Buchreligionen wiederfinden. Die Welt braucht solche Orte, um der ökonomischen Globalisierung Sinn und Richtung zu geben. Immer mehr Städte auf dieser Welt werden in der politischen Verantwortung eines einzigen

Staates stehen, aber Heimat von Menschen mit unterschiedlichem kulturellen und religiösen Hintergrund sein.

Bei meinem ersten Besuch fragte mich der frühere israelische Innenminister Joseph Burg in den achtziger Jahren, ob ich schon eine Lösung für den Nahen Osten hätte. Als ich sagte, ich hätte keine, zumal ich erst zwei Tage in Israel sei, erklärte der gebürtige Dresdner: „Das ehrt Sie, denn viele unserer Besucher wissen schon nach zwei Tagen, was wir tun sollen!“ Ich will diese Zurückhaltung auch heute noch üben. Aber da der Mensch eher etwas herausfindet, was mit Sicherheit falsch ist, als etwas, das gewiß richtig ist, erlaube ich mir einige Anmerkungen.

Erstens sehen viele den Nahen Osten als einen Ort an, der so weit von Europa entfernt ist, daß wir die dortigen Auseinandersetzungen unbesorgt als Zuschauer betrachten können. Das ist falsch. Eine Krise im Nahen Osten ist immer eine Weltkrise, und zwar nicht nur wegen des Öls. Zweitens: Mit einigen Vergeltungsaktionen Israels haben Europäer und Amerikaner Probleme. Auch ich habe manchmal Zweifel an ihrem Nutzen. Ich möchte aber nicht erleben, wie wir Deutsche reagieren würden, wenn zu uns fast täglich Fanatiker einreisten, um sich mit möglichst vielen wahllos herausgegriffenen Menschen in die Luft zu sprengen. „Tue Gutes jenen, die dich hassen“ klingt so liebenswürdig, wurde aber auch von uns Christen selten praktiziert. Drittens wird Israel gerne als Eroberer angesehen, weil es sich in vier Kriegen behauptet hat. Das ist eine sehr bedenkliche Meinung. 1517 bis Ende des Ersten Weltkriegs war Palästina einschließlich des heutigen Israel türkisch, danach britisches Mandatsgebiet im Auftrag des Völkerbunds. Als das dieses Mandat erlosch, wurde am 15. Mai 1948 der Staat Israel ausgerufen und danach völkerrechtlich anerkannt.

Trotz der Zerstörung des alten jüdischen Staats zu Beginn des ersten Jahrtausends durch die Römer bestand die jüdische Gemeinschaft und ihre Religion fort – eine einzigartige Kulturleistung. Daß militärische Gewalt bei der Bildung von

Staaten eine Rolle spielt, ist nicht ungewöhnlich. Auch das 1871 von Bismarck geschaffene deutsche Kaiserreich ist nicht nur dadurch entstanden, daß sich Monarchen und Staatsmänner gerührt umarmten. Jedenfalls hat Israel dasselbe Recht auf Bestand wie jeder andere Staat. Wir wollen hoffen, daß in diesem mythischen Raum, in dem so viele erleuchtet wurden, die Kraft der Inspiration, Einsicht und Friedfertigkeit immer noch lebt und sich Vernunft verwirklicht. Dem skeptischen Einwand, dies sei ein frommer Wunsch, begegne ich mit dem Argument: Wo denn sonst sollen fromme Wünsche helfen, wenn nicht im Heiligen Land?

Eine neue Form des Kriegs

Clausewitz definierte noch den Krieg als Fortsetzung der Politik mit anderen Mitteln, räumt also der Politik den Vorrang ein. Ludendorff kehrte nach dem Ersten Weltkrieg diese Definition um und behauptete, die Politik sei die Fortsetzung des Krieges mit anderen Mitteln. Die Lust zu solchem Streit erlahmte nach dem Zweiten Weltkrieg, nicht nur aus moralischer Einsicht, sondern wegen der Erfindung und Fortentwicklung der atomaren Waffensysteme. Diese stellten das sogenannte Gleichgewicht des Schreckens her. Die potentiellen Gegner konnten sich waffentechnisch gegenseitig vernichten. Keiner dachte ernsthaft daran, eine Selbstvernichtung durch einen Atomkrieg in Kauf zu nehmen. Man rüstete um die Wette. Immer mehr Mittel wurden zur Aufrechterhaltung des Gleichgewichts ausgegeben, bis schließlich auf wunderbare Weise die Frage im Raum stand: Warum das alles? Ebenfalls auf wunderbare Weise blieb diese Frage nicht einfach im Raum stehen, sondern löste einen Denkprozeß aus, der schließlich den kalten Krieg beendete.

Der Gedanke, daß auch der Terrorismus neue Tätigkeitsfelder finden könnte, lag angesichts der gewaltigen Erweiterung waffentechnischer Möglichkeiten nahe. Dieser Gedanke vergrößerte auch den virtuellen Erlebnisbereich durch zahlreiche Filme und Fernsehserien, in denen sogenannte Aliens aus dem Weltraum in Erscheinung traten, zur Freude der Science-Fiction-Fans. Und dann, am 11. September 2001 real, nicht virtuell, dieser furchtbare terroristische Angriff auf New York und Washington. Irgendwann vielleicht auf Berlin, London, Paris, denn die Anschläge wurden wohl nicht als einmalige Ereignisse gedacht, sondern als Vorboten künftigen Unheils oder, konkreter, als Ankündigungen künftiger Erpressungen. Die USA haben dem Terrorismus den Kampf angesagt und die Staaten dieser Welt mit der klaren Aussage konfrontiert: Wer nicht für uns ist, ist gegen uns. Die UNO-Resolution gegen den Terrorismus war ein erster Erfolg. Was der amerikanische Präsident erklärte, klang entschlossen, aber besonnen. Denn es konnte nicht das Ziel sein, für die Opfer der Terroristen möglichst massiv Vergeltung zu üben und dabei in Kauf zu nehmen, daß dadurch dem Terrorismus weitere Anhänger und weiterer Nachwuchs zuströmen. Vielmehr ging und geht es darum, dem Terrorismus seine politischen, wirtschaftlichen, finanziellen, religiösen, moralischen Grundlagen zu entziehen und ihn weltweit einzuschrumpfen. Mit dem Vorschlaghammer kann man keiner Ameisenplage Herr werden. Aber Nichtstun und Kerzen anzünden hilft nicht gegen diese gefährliche und sehr reale Bedrohung.

Noch immer wissen wir so gut wie nichts, was im Kopf eines Menschen vorgeht, der jahrelang an westlichen Hochschulen einen Freundeskreis hatte, der fleißig studiert und plötzlich auf Befehl aufbricht, ein vollgetanktes Flugzeug mit fünfzig ihm völlig unbekannten Menschen entführt, mit diesem Flugzeug samt Passagieren in ein Hochhaus rast, in dem Tausende von Menschen tätig sind, die er auch nicht kennt, und der sich möglicherweise auch noch einbildet, er leiste etwas, das Gott erfreut. Gott hat ihn sicher eines Besseren belehrt, als er seinen Lohn abholen wollte. Aber das war für ihn und für seine Opfer zu spät.

Wenn die Idee des Weltethos eine Chance haben soll, müßte es doch gelingen, eine Ächtung derartiger Mordtaten durch alle Religionen zu erreichen. Auf den menschlichen Selbsterhaltungstrieb können wir nicht bauen, wie seit langem die palästinensischen Selbstmordattentate beweisen. Menschen waren immer bereit, sich zu opfern. Ohne diese Bereitschaft gäbe es keine Werte, keine Freiheit, keine Menschlichkeit. Die Sache, für die dieses Opfer gebracht werden, kann eben aber auch höchst fragwürdig sein. Vor allem in totalitären Staaten oder in fanatisierten Gruppen ist es möglich, Menschen durch Gehirnwäsche, Täuschung und Zwang faktisch zu entmündigen und todesbereit zu machen. Überdies zeigt sich: Je mehr Opfer für eine nicht unbedenkliche Sache gebracht werden, desto größer ist die Neigung, ihr unkritisch einen Wert beizumessen. Dieses gefährliche Phänomen läßt sich vor allem in sinnlos gewordenen oder gewesenen Kriegen beobachten. Hoffnungen, in einer anderen Welt für das Opfer entlohnt zu werden, sind nicht unbedingt das Motiv. Jene, die in den großen Kriegen in den Tod gegangen sind, erwarteten meist keinen himmlischen Lohn.

Schon durch die Ereignisse in Israel, aber erst recht nach den terroristischen Angriffen auf Amerika war klar: Auf jeden Fall muß den Manipulateuren das Handwerk gelegt werden, die Menschen zu Automaten und Selbstmordattentätern ausbilden und sie als lebende Steuerungsaggregate zu Mordtaten einsetzen. Jeder terroristische Täter muß zur Verantwortung gezogen werden, vor allem aber die Drahtzieher im Hintergrund. Nach der Intervention in Afghanistan wissen auch die Regierungen, die solche Täter schützen wollen und dulden, daß in ihrem Gebiet Anwerbung, Ausbildung, Training und Lenkung von Terroristengruppen stattfinden, daß sie nicht einfach mit dem Hinweis davonkommen, das sei ihre innere Angelegenheit. Die Beihilfe zu Mordanschlägen in anderen Ländern ist keine interne Sache. Leistet ein Staat Beihilfe, muß er damit rechnen, daß ihn die übrigen Staaten als Aggressor betrachten und gegen ihn vorgehen, auch militärisch. Denn das Recht zur Notwehr setzt nicht erst dann ein, wenn der Angegriffene bereits massakriert ist.

Bei Bemessung von Art, Umfang und Form des militärischen Einschreitens empfiehlt es sich gewiß, die Verantwortlichen zu treffen, die Bevölkerung aber zu schonen. Solcher Rat ist leicht zu erteilen und schwer zu befolgen, aber er wurde sowohl in Afghanistan als auch im Irak trotz aller Pannen beherzigt. Denn je mehr unschuldige Menschen getötet oder verletzt werden, desto größer ist das Risiko, daß durch die Anwendung militärischer Gewalt Zahl und Handlungsmöglichkeiten der Gegner nicht kleiner, sondern größer werden. Diese Gefahr ist besonders groß, wenn die Bevölkerung des Landes eine andere Religion hat als die der Länder, welche die Interventionstruppen stellen. Dennoch kann nicht hingenommen werden, daß sich eine Regierung, die Terroristen eine Heimstatt gibt, unbehelligt davonkommt, weil sie sich hinter dem Schutzschild ihrer Bevölkerung versteckt und ihr Land deshalb seine gefährliche Rolle als Terroristenparadies weiter spielen kann. Dann würde die Zukunft noch gefährlicher, als es angesichts des raschen Wandels ohnehin der Fall ist. Deshalb müssen die unter amerikanischer Führung ergriffenen Maßnahmen gegen den Terrorismus fortgeführt werden. Daß auch soziale Ursachen beachtet werden müssen, ist selbstverständlich. Aber es wäre tragisch, wenn neben oder an Stelle der Furcht vor Kriegen das Wissen träte, vom Terrorismus erpreßt zu werden, ohne daran viel ändern zu können.

Die kluge Else und die Talibane

Das Grimmsche Märchen „Die kluge Else" schildert, wie Else zum Bierholen in den Keller geht, über sich eine vergessene

Hacke hängen sieht, sich vorstellt, wie es sei, wenn sie heiratet, ein Kind bekommt, das Kind zum Bierholen schickt und dann die Hacke herunterfällt und ihr Kind erschlägt. Else fängt laut zu jammern an; nach und nach erscheint ihre ganze Familie in dem Keller und jammert mit. Auf die Idee, die Hacke wegzuräumen und die Gefahr zu beseitigen, kommt niemand. Manches, was heute zum Thema Terrorismus und seine Folgen gesagt wird, ähnelt den fruchtlosen Überlegungen der klugen Else und ihrer Familie.

Die Talibane in Afghanistan haben Bin Laden und seinen Ausbildungseinrichtungen für Terroristen und Selbstmordattentäter Schutz und Unterschlupf gewährt und sich geweigert, diesen für den Rest der Welt höchst bedrohlichen Zustand zu beenden. Das Verhalten der Talibane stellte nach den terroristischen Mordanschlägen in New York und Washington einen Akt der Aggression dar. Auf diese Aggression hin wollten die Betroffenen und Bedrohten die Zentren für Einsatz und Ausbildung der Terroristen zerstören. Denn die Zerstörung dieser Zentralen ist mit Abstand das wirksamste Mittel zur Gefahrenabwehr. Der Verzicht auf die Ausschaltung der Ursache und die Beschränkung auf den Versuch, Objekte zu bewachen, die Terroristen angreifen könnten, hätte das Problem nicht gelöst. Denn der Terrorist ist als Angreifer zuerst immer im Vorteil. So viele Wachposten wären gar nicht aufzubringen und aufzustellen, um alle Orte abzudecken, die Terroristen als lohnende Ziele ansehen könnten.

Es war von vornherein damit zu rechnen, daß Beschießung und Bombardierung der Flugabwehr der Talibane und der Stützpunkte der Terroristen notwendig werden. Vorauszusehen war auch, daß die Talibane mit ihrer mittelalterlichen Gesinnung und die von ihnen beherbergten Terroristen sich bemühen würden, die Schuld an dem Elend Afghanistans von sich selbst auf die USA und deren Verbündete abzuwälzen. Die terroristischen Drahtzieher hofften, daß es gelingt, die Muslime der ganzen Welt gegen Amerika und Europa aufzuhetzen, einen Kampf der Kulturen auszulösen, ihre Gegner moralisch zu diffamieren und sie in einem Maße in Furcht und Schrecken zu versetzen, daß sie ständig erpreßt werden könnten.

Ein russischer General fragte mich einmal: „Welchen Fehler darf ein General auf keinen Fall machen?" und antwortete gleich selbst: „Den größtmöglichen!" Hier bestand die Chance, gleich mehrere große Fehler zu vermeiden. Zunächst nicht zu dulden, daß der Konflikt zu einem Streit zwischen der europäisch-amerikanischen Kultur und der des Islam hochgeredet werden konnte. Er ist nichts anderes als ein Konflikt zwischen jenen, die Erpressung durch Mord oder Drohung mit Ermordung unbeteiligter Menschen als Mittel zur Durchsetzung ihrer Ziele anwenden, und jenen, die das ablehnen. Die Grenze wird gezogen zwischen Verbrechern und jenen, welche die elementare Moral einhalten. Besonders in Deutschland mußte davor gewarnt werden, andere Grenzen hinzunehmen, etwa pauschal fundamentalistische Muslime unter Terrorismusverdacht zu stellen und bei ihnen eine Ansammlung von sogenannten „Schläfern" zu vermuten. Die größere Gefahr geht meines Erachtens ohnehin nach wie vor von Schläfern anderen Typs aus.

Auch ist es falsch zu behaupten, der Islam sei im Unterschied zum Christentum mit der Demokratie unvereinbar. Das Christentum hat lange Zeit gebraucht, um seine demokratische Berufung zu entdecken. Falsch ist es, die Propaganda der Terroristen widerspruchslos hinzunehmen, ohne die Militärschläge der USA und ihrer Verbündeten wären in Afghanistan alle satt und glücklich. Auch Geschäftsführer von manchen Wohltätigkeitsorganisationen haben sich mit solchen Behauptungen gefallen. Diese sind aber Wasser auf die Mühle der Terroristen.

Schließlich ist es falsch, von den Militärs zu erwarten, daß sie ihre Einsätze nicht nur ohne eigene Verluste durchführen, sondern auch Verluste bei der Zivilbevölkerung mit Sicherheit vermeiden. Der Krieg hat immer schon Opfer bei der Zivilbevölkerung gekostet, auch wenn das nicht erwünscht war, zum Beispiel bei der französischen Bevölkerung während der alliierten Landung 1944 durch Bomben und Granaten. Seit dem Zweiten Weltkrieg wurde beim Einsatz von Waffen eine weitaus größere Präzision erreicht. Das trägt dazu bei, daß die Bevölkerung den Auswirkungen der Kampfhandlungen weniger ausgesetzt ist als früher. Aber Waffen dienen nach wie vor in erster Linie der Zerstörung. Die wohltätige Rakete ist noch nicht erfunden, die zum Küchenfenster hereinfliegt, Geschirr spült, das Licht ausknipst und wieder den Heimflug antritt. Wer von den USA und ihren Verbündeten verlangt, daß bei Militäreinsätzen niemandem etwas passiert, der fordert in Wahrheit den Verzicht auf militärische Maßnahmen und damit die Hinnahme der anwachsenden Bedrohung. Er duldet also, ohne das zu wollen, letztlich die Unterwerfung unter die Gewalt. Das war und ist den meisten Demonstranten für den Frieden nicht bewußt, wäre aber die logischen Konsequenz, wenn sie sich durchsetzten.

Je lauter wir mit den Zähnen klappern, desto mehr ermutigen wir den Terrorismus. Und lassen wir den Islam in Ruhe! Vielleicht wäre gerade der gegenwärtige Zeitpunkt geeignet, um erste Schritte zur Einführung des islamischen Religionsunterrichts an den deutschen Schulen zu tun. Unabhängig von der Religionszugehörigkeit sind wohl alle Vernünftigen darin einig, daß nicht mit himmlischer Belohnung rechnen kann, wer mitten im Frieden Menschen ermordet, die zufällig an einem Ort beisammen sind, und daß, wer das Gegenteil meint, sich der Blasphemie schuldig macht.

Frieden auf Erden

In der Weihnachtsbotschaft (Lukas 2,10-14) verkündigt der Engel: “Ehre sei Gott in der Höhe und Friede auf Erden bei den Menschen seines Wohlgefallens." Luther hatte noch übersetzt: „und den Menschen ein Wohlgefallen". So viel ist jedenfalls klar: Gott ist für den Frieden, er hat an bestimmten Menschen ein Wohlgefallen und wünscht, daß Friede bei ihnen herrsche. Die Bibel versteht unter Frieden nicht nur, daß Krieg vermieden werden soll, sondern auch Respekt vor dem Nächsten, Gerechtigkeit, Hilfsbereitschaft, Duldsamkeit. Aus der Bibel ist aber nicht zu entnehmen, daß die Friedfertigen die Friedensfeinde gewähren lassen sollten. Terroranschläge gegen Unbeteiligte und Drohung mit weiterem Terror haben einen Krieg gegen die Terroristen ausgelöst und die sie fördernde und beschützende Talibanregierung in Afghanistan gestürzt. Afghanistans neue Regierung wird beim Wiederaufbau finanziell unterstützt. Aber es geht nicht nur um Geld. Das Problem sitzt tiefer. Wie entsteht weltweit der Wille zum Frieden? Viele von uns sind gerührt und betroffen durch das Leid in der Welt. Aber durch Gefühle allein läßt sich Friede nicht schaffen. Hegel hat bemerkt: „Käme es auf die Gefühle an, wäre der Hund der beste Christ!" Vernunft und Augenmaß sind gefragt, um mit Max Weber zu sprechen, dem großen Philosophen und Soziologen aus unserem Land, und die Bereitschaft, in dicke Bretter zu bohren.

Es ehrt den Christenmenschen, wenn er sich auch dort schuldig fühlt, wo er es nicht ist, aber es trübt den Blick für das Praktische und Mögliche. Vor einiger Zeit war zu lesen, das reichste Fünftel der Menschheit verfügte 1960 über 70 Prozent des Welteinkommens, 1998 aber über 86 Prozent, während sich das ärmste Fünftel 1960 mit 2,3 Prozent zufriedengeben mußte und 1998 nur noch 1,3 Prozent erhielt. Ich habe das nicht nachgerechnet, aber es wird in etwa stimmen. Müßten wir teilen, um den Frieden zu erlangen? Müssen wir nach dem Vorbild des deutschen Finanzausgleichs das Welteinkommen durch sechs Milliarden Menschen dividieren und das Ergebnis mit der Einwohnerzahl des jeweiligen Landes multiplizieren, um festzustellen, was dieses Land behalten darf, hergeben muß oder zu bekommen hat? Das wäre von jenen, die etwas geben sollen, zuviel verlangt. Es besteht keine Pflicht, sich zu ruinieren. Gott hat den Menschen nicht geschaffen, wie er nicht sein soll, damit dieser danach strebt, so zu werden, wie er nicht sein kann. Aber die neu ins Bewußtsein getretene Erkenntnis muß praktisch werden, daß die Nächsten nicht nur die eigenen, sondern auch die fremden Menschen sind. Es muß geholfen werden, so gut es geht, auch im eigenen Interesse. Zum Beispiel könnte sonst der Zuwanderungsdruck, der schon jetzt groß ist, unerträglich werden.

Das Wohlstandsgefälle besteht nicht als statischer Zustand, sondern entsteht durch einen dynamischen Prozeß. Es ist das Ergebnis des ökonomischen Wettbewerbs, auch des Wettbewerbs der Kulturen. Die Faszination des Diesseits und des Jenseits, das Verhältnis zur Technik, die Bedeutung des Ökonomischen, das soziale Prestige von Arbeit, Bildung und Besitz sowie die Einschätzung der sekundären Tugenden wie Fleiß, Pünktlichkeit, Mut – das alles spielt eine Rolle. In der Fabel von Lafontaine spricht das Gefühl für die Zikade, die nur singt und nichts sammelt, doch die ökonomische Vernunft spricht eher für die Ameise, die sammelt, aber nicht singt. Max Webers Betrachtungen über „Protestantismus und kapitalistischer Geist“ haben bewußtgemacht, in welchem Maße die Ethik des Apostel Paulus („Wer nicht arbeiten will, soll nicht essen“) das wirtschaftliche Geschehen prägt. Die übrigen Kulturen stehen unter Anpassungsdruck. Die sittlich gebotene Berufspflicht, die rationale Lebensführung, die Kapitalbildung durch asketischen Sparzwang, womöglich auch noch die Einschätzung des Wohlstands als Zeichen göttlicher Gnade – das alles hat neben Renaissance und Aufklärung bewirkt, daß die abendländische Zivilisation die anderen technisch und wirtschaftlich überholt hat.

Die konfuzianische Ethik der Chinesen ähnelt stark der christlichen. Vielleicht gelang deshalb einigen fernöstlichen Staaten der Sprung in die Moderne. Es ist verständlich, daß alte

Kulturen sich für bedroht halten, deren Werte ökonomisch weniger nützlich sind. Die Ökonomisierung des menschlichen Lebens gefällt auch in Europa und Nordamerika nicht allen. Aber die Leistung bietet dem Menschen heute mehr Sicherheit und Macht als der Besitz. In Saudi-Arabien entsprach der Lebensstandard vor Jahrzehnten noch dem der Vereinigten Staaten, nunmehr gerade noch dem von Griechenland und Ungarn – trotz, vielleicht auch wegen des gewaltigen Ölvorkommens. Über ein Viertel der Saudis, heißt es, seien arbeitslos. Nach dem World Almanach 2003 sind 42,5 Prozent der 23,5 Millionen Einwohner unter 15 Jahre alt. Auch in den anderen arabischen Ländern ist der Kinderreichtum groß, aber die beruflichen Aussichten und die Chancen, an den tagtäglich vom Fernsehen angepriesenen Früchten dieser Welt teilzuhaben, gering. Ein tunesischer Minister sagte mir vor zehn Jahren: „Glauben Sie nicht, daß sich die jungen Muslime von heute mit der Hoffnung auf die Freuden des Himmels abspeisen lassen!"

Gibt es Auswege? Kann unsere Zivilisation der Welt einen sicheren und guten Weg in die Zukunft bieten? Sie muß das versuchen, aber sie hat ihre eigenen Probleme. Je mehr Maschinen unter dem Druck des globalen Wettbewerbs die menschliche Arbeit verdrängen, desto gewichtiger wird die Frage: Wie kommt das Geld, das die Maschine verdient, in die Taschen jener, die durch sie arbeitslos geworden sind, damit sie das kaufen können, was die Maschine produziert. Auch ist es nicht so leicht, die Marktwirtschaft in Ländern einzuführen, die zwar über erstklassige Wissenschaftler, Techniker und Arbeiter verfügen, die aber bislang Planwirtschaft gehabt haben und die Strukturen, welche eine Marktwirtschaft braucht (Kleingewerbe, mittelständische Unternehmen, Markttransparenz, Bankwesen) erst noch entwickeln müßten. Die Verhältnisse in Rußland und den übrigen GUS-Staaten zeigen das. Es gibt noch viel zu tun auf dem Weg zum Frieden. Möge nicht nur guter Wille, sondern auch Vernunft diesen Weg beleuchten.

Friedensstifter

Viele sind der täglichen Schreckensnachrichten aus dem nahen Osten überdrüssig und meinen, Israel sollte doch auf weitere Vergeltungsmaßnahmen verzichten, denn der Klügere gibt schließlich nach. So einfach liegen die Dinge aber nicht. Es fragt sich, ob der, der nachgibt, immer der Klügere oder nicht manchmal auch der Dumme ist. Bei Differenzen in der israelischen Regierung neige ich meist eher zu der Position der moderaten Politiker als zu der von Ministerpräsident Scharon, soweit ich als Zeitungsleser und gelegentlicher Gesprächspartner von Leuten, die besser informiert sind, die Sache beurteilen kann. Aber es ist doch in jedem Fall zu überlegen, ob die Extremisten es nicht als Sieg des Terrorismus feierten, wenn Israel einseitig nachgibt, und welche Folgen das hätte.

Was die palästinensische Seite anlangt, fragt sich überdies, ob irgend jemand so viel Autorität hat, wie nötig wäre, daß das, was er zusagt, von den übrigen auf Dauer mitgetragen wird, zum Beispiel auch von Hamas und Jihad. Auf dem Felde der Unvernunft leisten wir Deutsche zwar auch Beachtliches. Aber Palästina ist nicht gerade die Heimat der Vernunft. Es wäre der schlechteste Fall, wenn durch ein Nachgeben Israels ein Triumphgeschrei der Terroristen und ihrer Hintermänner ausgelöst würde und dadurch die gerade eingedämmte Bereitschaft zu Selbstmordattentaten neuen Auftrieb erhielte. Angesichts dieser Möglichkeit können wir uns nicht einreden, daß das Ganze nur ein Problem Israels und Palästinas sei. Die gesamte Welt wäre betroffen. Fast alle Staaten haben ein vitales Interesse daran, daß der Terrorismus zurückgedrängt wird und erlischt. Denn ihre Städte, ihre Technik, ihre Versorgungseinrichtungen und ihr Verkehrswesen bieten dem Terrorismus so viele Angriffsflächen, daß sie unmöglich alle gesichert werden könnten. Die Sicherung gegen Angriffe würde sich von der Defensive hin zur Prävention verlagern, das heißt, anstatt einen Angriff abzuwarten, würde man ihm zuvorkommen. Nicht Tatsachen, sondern schon ein Verdacht würde die Gewalt auslösen.

Den Bestand des Staates Israel zu sichern und die Interessen Israels zu berücksichtigen, ist eine weltpolitische Notwendigkeit. Immer wieder wecken Äußerungen das dunkle Gefühl, daß dieser Anspruch zwar allen anderen Staaten zugebilligt wird, nicht aber Israel, denn es gibt fast kein Opfer, das Israel zum Zwecke der Erhaltung der europäischen Gemütsruhe nicht abverlangt würde. Israel ist bereit, sich mit den Palästinensern und den Nachbarn zu einigen. Aber je größer die verbleibende Feindseligkeit und Unberechenbarkeit ist, desto vorsichtiger wird Israel sein. Die jüdischen Menschen haben mit Wehrlosigkeit, Vertrauensseligkeit und Kompromißbereitschaft nicht immer gute Erfahrungen gemacht. Dennoch ist Israel mit seinen Angeboten für eine Friedenslösung sehr weit gegangen. In Deutschland empfiehlt sich sowieso Zurückhaltung mit weitergehenden Vorschlägen. Verständnis und ein gewisses Maß an Solidarität schulden wir Israel schon. Wir wollen uns schließlich nicht das bittere Wort von Heinrich Heine entgegenhalten lassen: Der Beleidiger verzeiht niemals.

Die Verfolgung der Juden im NS-Staat sahen seinerzeit viele als Nebensache an. Auch in anderen Ländern reagierte man auf die Verfolgung zunächst mit Gelassenheit, obwohl die deutschen Juden seit Hitlers Machtergreifung ausgegrenzt, diffamiert, beraubt, vertrieben und schließlich ermordet wurden. Eine Massenerhebung zu ihren Gunsten blieb aus. Hätte es damals schon einen jüdischen Staat gegeben, wäre so ein ungeheuerliches Unternehmen, das sich bis zur Geheimsache erklärten Ermordung von sechs Millionen Menschen steigerte, kaum möglich gewesen. Der Judenhaß wurde zwar von einer Minderheit empfunden. Weit mehr verbreitet als der Haß war aber die Neigung, die Verfolgung der Juden nicht zur Kenntnis zu nehmen oder hinter anderen Ereignissen und Sorgen zurücktreten zu lassen. Selbst als nach dem Ende des

Dritten Reichs die furchtbare Wahrheit an den Tag gebracht wurde, dauerte es ziemlich lange, bis die ganze Ungeheuerlichkeit der Öffentlichkeit bewußt wurde.

Es kommt nicht nur darauf an zu trauern, sondern auch zu lernen und etwas zu tun. Aus der Vergangenheit lernt, wer die Zukunft besser macht. Erstens muß das Existenzrecht des Staates Israel unangefochten sein und notfalls auch durchgesetzt werden. Zweitens kann nicht geduldet werden, daß irgendwo in der Welt Attentäter motiviert, dressiert, finanziert, honoriert und glorifiziert werden, damit sie beliebige Menschen eines anderen Volks ermorden können. Kein Zweck und kein Ziel kann eine so menschenverachtende Manipulation von Menschen zu einem so menschenverachtenden Verhalten entschuldigen oder gar rechtfertigen. Gelegentlich hört man, die Palästinenser könnten sich doch nicht anders wehren. Ganz abgesehen davon, daß Israel zu Verhandlungen bereit war und ist, Massenmord an Unbeteiligten ist kein zulässiges Mittel, um sich zu wehren. Wer kein anderes Mittel hat, darf deshalb noch lange nicht Besucher eines Markts oder eines Restaurants umbringen, um die übrigen in Furcht und Schrecken zu versetzen.

Es ist schrecklich, wenn junge Menschen für eine Sache in den Tod geschickt werden oder sich selbst umbringen. Aber man muß schon die Sache auf den Prüfstand stellen. Der Tod 14jähriger Pimpfe, die 1945 mit einer Panzerfaust bewaffnet in den sinnlosen Krieg geschickt wurden, entbehrt gewiß nicht der Tragik. Das ist aber doch kein Grund, auch noch die Sache zu glorifizieren, welche die Tragödie herbeigeführt hat. Im Gegenteil, es ist doch eine bodenlose Gemeinheit, junge Menschen einer Gehirnwäsche zu unterziehen, sie zu Mord und Selbstmord anzustiften, sie zum Zwecke der Anwerbung weiterer Märtyrer zu Helden hochzustilisieren und ihnen auch noch neben irdischem Geld für die Familie und ohne jede jenseitige Vollmacht einen guten Platz im Himmel nebst diversen Jungfrauen und Freibillets für die Verwandtschaft zu versprechen. Überdies ist das, wie mir muslimische Freunde versichern, eine Beleidigung und Verhöhnung des Islams mit der Wirkung, daß die Beleidiger keinen Jungfrauen im Himmel, sondern dem Teufel in der Hölle begegnen werden, wenn ihre letzte Stunde gekommen ist. Aber wer seine Sünden bereut und sie nicht weiterhin begeht, der könne seine Seele noch retten, wenn ihm Gott verzeiht.

Die USA und der Frieden

Seit dem 11.September 2001 hat sich die Welt verändert. Es ist völlig offen, ob sie noch einmal so wird wie früher. Den Amerikanern ist bewußt geworden, daß Amerika für Attentäter unzählige Möglichkeiten bietet, um Waffen und Bomben, konventionelle, chemische, biologische und eines Tages auch atomare, in das riesige Land zu bringen und auch einzusetzen. Sie wissen, daß es mächtige Organisationen gibt, die solche Möglichkeiten schaffen und nützen wollen, um die USA zu erpressen und zu terrorisieren, und daß es Staaten gibt, die diesen Terrorismus unterstützen. Eine rein defensive Strategie gegen diese Gefahren wäre, wenn überhaupt, nur durch Einschränkung der Bürgerfreiheiten möglich. Demokratien im Sinne Orwellscher Visionen zu verändern, ist höchst problematisch. Deshalb liegt nahe, daß die Vereinigten Staaten und die mit ihnen verbündeten Demokratien versuchen, erstens die Hintermänner des Terrorismus dingfest zu machen und auszuschalten, zweitens zu verhindern, daß Selbstmordanschläge gegen Nichtbeteiligte als Märtyrertum glorifiziert werden und drittens Diktaturen davon abzubringen, Stoffe und Waffen herzustellen, die dem Massenmord dienen.

Die Vereinigten Staaten sind die größte Wirtschafts- und Militärmacht der Erde. Sie tragen deshalb für das Schicksal der Erde Verantwortung. Diese Verantwortung akzeptieren sie auch, manchmal allerdings, zum Beispiel bei der Reduzierung des Kohlendioxyds, nicht so, wie sich das andere Länder vorstellen. Sie möchten die Menschen glücklich machen, indem sie diese mit Geld und guten Worten anhalten, friedlich, demokratisch, fleißig, zuverlässig, gottesfürchtig, also so zu sein, wie die Amerikaner sich selbst gerne sehen und wie viele von ihnen auch sind. Ich habe viele amerikanische Freunde, unter ihnen viele Offiziere. Ich kenne die Amerikaner gut, und ich bewundere sie: wegen ihres moralischen Kerns, wegen ihrer Großzügigkeit, ihrer Toleranz, ihres praktisch nutzbaren Wissens und wegen ihres Tatsachensinns und ihres Bedürfnisses, Worten Taten folgen zu lassen. Etwa zwölf Millionen Amerikaner, größtenteils Soldaten und deren Familien, haben nach dem Zweiten Weltkrieg in Deutschland gelebt. Die meisten von ihnen mögen uns. Nach dem Krieg waren sie großzügige Sieger. Bereits 1946 begannen sie, uns die Rückkehr in die Familie der freien Nationen zu öffnen. Unter ihrem Schutz konnten wir uns zu einer geachteten und relativ wohlhabenden Demokratie entwickeln. Wenn uns die Sowjetunion in den Zeiten des kalten Kriegs bedrohlich erschien, kletterten wir Uncle Sam auf den Schoß und streckten den Russen die Zunge heraus. Wir schulden den Vereinigten Staaten keinen bedingungslosen Gehorsam, aber Loyalität und Takt, so wie das unter Freunden sein muß, wenn die Freundschaft Bestand haben soll. Wir sind vom Terrorismus genauso bedroht. Mußten deutsche Politiker bei dieser Sachlage in öffentlichen Versammlungen erklären, daß wir nicht mitmachen, nicht einmal im Falle eines UNO-Beschlusses, daß wir unseren eigenen deutschen Weg gehen und daß wir sogar unsere paar Spürpanzer aus Kuweit zurückziehen wollen? Andere europäische Länder, die auch Bedenken hatten, formulieren diese weit vorsichtiger. Auch ich bin nicht für eine Position, die in Anlehnung an Hašeks braven Soldaten Schweijk „Auf nach Bagdad!“ lautet. Aber der Ton macht die Musik, auch im Umgang mit den USA. Saddam Hussein wurde in einem

Kriege besiegt, den er durch seinen Angriff auf Kuwait selbst ausgelöst hat. Er ist verpflichtet, die Entwicklung und Produktion von chemischen, biologischen und atomaren Waffen einzustellen. Weil er das nicht getan hat, waren Sanktionen gerechtfertigt. Seine unerfreulichen Produkte hätten vom Terrorismus verwendet werden können. Mußte abgewartet werden, bis das geschieht? Gar nichts zu tun und Saddam die Freude am Gedeihen seiner Projekte zu gönnen, war nicht vertretbar.

Nach der Wiedervereinigung sagte ich dem früheren sowjetischen Botschafter Semjonow, man begänne die Sowjetunion zu vermissen. Die Westmächte hätten sich immer mehr darauf verlassen können, daß die Sowjetunion sie nicht überfällt, aber ihre militärische Präsenz habe für den Zusammenhalt des Westens gesorgt. Und nun müßten wir ohne Gegner einig sein. Aber heute haben die demokratischen Staaten wieder einen Gegner. Er heißt Terrorismus. Wie man gegen ihn vorgeht, sollte jeder Staat für sich entscheiden. Aber der „Schlimmste Fall" mußte auf jeden Fall vermieden werden. Dieser wäre eingetreten, hätte man hingenommen, daß die Situation im Irak bedrohlich geblieben wäre. Deshalb kam es zur militärischen Intervention der USA, Großbritanniens und ihrer Alliierten im Irak. Weil dabei der Irrtum nicht ausgeschlossen werden konnte, habe ich mich an die Devise gehalten: Lieber mit den Amerikanern irren als gegen sie.

Friede und Terror

Für den Frieden muß man mehr tun als gegen den Krieg sein. Das wahre Engagement für den Frieden zeigt sich in der Bereitschaft, über die Ursachen von Krieg und Gewalt ergebnisoffen nachzudenken, nach Erkenntnis und Einsicht zu suchen und entsprechend der Einsicht zu handeln. Wer sich statt dessen mit einer vagen Vision zufrieden gibt, der tut für den Frieden eigentlich nichts, weil er sich von dem Problem entfernt.

Angeblich in Bratkartoffel und Pommes enthaltene Cancerogene, Viehseuchen und Dosenpfand ziehen viel öffentliche Aufmerksamkeit auf sich – zu Recht, denn die möglichen Folgen für Kunden und Handel sind noch nicht zu übersehen. Soll die Verpackung von Lebensmitteln aus ökologischen Gründen überhaupt abgeschafft werden, so daß wir schließlich den Karpfen am Schwanz heimtragen müssen? Die Frage, ob Bratkartoffeln, Pommes und Knäckebrot dem Menschen lebensgefährlich werden könnten, hat die Erregung der öffentlichen Meinung bislang nicht ausgelöst, zum Glück, denn das Risiko ist denkbar gering.

Auf die Gefährdung des Friedens durch Saddam Hussein und einen denkbaren Militärschlag gegen den Irak unter Führung der USA reagierte die deutsche Öffentlichkeit Ende 2002/Anfang 2003 zunächst zurückhaltend und gelassen, zumal der Kanzler etwas voreilig erklärt hatte, daß Deutschland einen eigenen Weg gehen wolle. Dabei erschien die Wahrscheinlichkeit, daß es zu einer militärischen Auseinandersetzung mit Saddam Hussein kommt, immer größer zu werden. Was tun? Wie sollten die Prioritäten gesetzt werden?

Unter dem Druck der USA öffnete Saddam sein Land schließlich wieder der Kontrolle der UN-Inspekteure, der er sich eigenmächtig entzogen hatte. Das war bereits ein Erfolg. Druck kann nur ausüben, wer es notfalls ernst meint. Denn wenn hinter vorgehaltener Hand geflüstert wird, so schlimm sei es auch wieder nicht, hätte man das ganze Unternehmen gleich abblasen können. Saddam durfte nicht glauben, die Sache aussitzen zu können. Die Lage war klar: Sollten die UN-Inspekteure bei ihren Untersuchungen nicht behindert werden und nichts Gravierendes finden, würde es neuer Argumente bedürfen, um die Weltöffentlichkeit davon zu überzeugen, daß ein Militärschlag gegen den Irak nötig ist. Würden die Inspekteure aber behindert oder fänden sie Hinweise, die den Verdacht gegen den Irak erhärtet hätten, mußten Saddam und sein Regime verschwinden, notfalls nach einem Militärschlag.

Was dann? Würde es gelingen, im Irak eine einigermaßen demokratische Regierung zu bilden? Wie lange müßten wieviel Truppen der USA und ihrer Alliierten in der Region bleiben? Zunächst einmal mußte jedoch die Frage beantwortet werden, ob der Irak, dessen Diktator nicht gerade ein unbeschriebenes Blatt war, über Massenvernichtungsmittel verfügte oder nicht? Hatte er es unternommen, sich solche Mittel zu beschaffen? Und gewährleisten Kontrollen, daß er künftig über solche Mittel nicht verfügen und den Terrorismus nicht unterstützen wird? Auch wir Deutsche mußten ein großes Interesse daran haben, daß die USA diese Ziele erreichten. Auf keinen Fall hätten sich die USA und Europa wegen des Irak zerstreiten, und schon gar nicht hätte Deutschland sein gutes Verhältnis zu den USA aufs Spiel setzen dürfen. Freunde müssen sich auch dann helfen, wenn sie nicht ganz übereinstimmen.

Auch wenn der Militärschlag gegen Saddam ausgeblieben wäre, hätte das Problem einer wachsende Gefahr für Frieden und Sicherheit weiterbestanden. Seit dem September 2001 sind terroristische Angriffe auf die USA mit Tausenden von Toten nicht mehr Phantasieprodukte. Die Möglichkeiten des Terrorismus werden größer und gefährlicher. Obwohl dem koreanischen Volk vor Hunger der Magen knurrt, soll Nordkorea beabsichtigen, bis zum Jahr 2015 Raketen zu entwickeln, die das gesamte Gebiet der Vereinigten Staaten und ganz Europa erreichen und atomare Sprengköpfe, chemische oder biologische Kampfmittel transportieren können. Solche Aussichten sind alles andere als gemütlich. Der Kampf gegen den Terror, gegen die Duldung, Ausbildung und Unterstützung von Terroristen sowie gegen die Herstellung und Beschaffung für Terror geeigneter Waffensysteme ist eine bittere Notwendigkeit. Man sollte nicht die Augen vor dieser Gefahr verschließen und sie erst wieder aufmachen, wenn es zu spät ist. Die historischen Beispiele für eine solche Politik empfehlen sich nicht zur Nachahmung. Wer Gegengewalt ablehnt, muß sich damit abfinden, daß sich Gewalt durchsetzt; und wenn immer der Klügere nachgibt, kann das Ergebnis nicht intelligent sein.

Durch die rasche Ausbreitung des technischen Wissens und Könnens und angesichts der Fähigkeit, die Bedienung komplizierter Systeme narrensicher zu machen, fallen Beschaffung und Einsatz von Mitteln zur Massenvernichtung immer leichter. Gewinnsucht und Geldgier in den alten Industrieländern sind diesem Trend förderlich, wie sich in zahlreichen Strafprozessen auch in Deutschland gezeigt hat. Die fortschreitende Verkürzung von Vorwarnzeiten ist eine große Gefahr. Verteidigung im Sinne von Notwehr kann dem Bedrohten nicht erst dann gestattet sein, wenn er bereits tot ist. Wenn alles so bleibt, wie es ist, und nichts geschieht, vergrößert sich das Risiko, daß Nationen, die sich bedroht fühlen, erpreßt oder aus dem dunkeln von einem Terrorakt getroffen werden, auf Verdacht Präventiv- und Vergeltungsschläge führen. Das wäre der Anfang vom Ende; man hätte den Weg zurück ins Chaos eingeschlagen.

Die Gefährdung des Friedens durch Ausbreitung von Massenvernichtungswaffen wird in der Öffentlichkeit unterschätzt. Außer den Großmächten verfügen einige weitere Staaten über solche Mittel. Dies ist kurzfristig nicht zu ändern. Aber noch ist das Problem beherrschbar und klein – gemessen an der Dimension, die es künftig annehmen könnte. Die gutgesinnten Nationen müssen zusammenarbeiten, damit die Ausbreitung von Mitteln zur Massenvernichtung kontrolliert, gebremst und zurückgedrängt wird. Entscheidendes hängt von den USA und deren Verbündeten und Freunden ab. Wir brauchen uns gegenseitig nicht weniger, sondern mehr als in den Zeiten des kalten Krieges. Die besondere Situation der Großmächte muß anerkannt werden. Was die Großen haben, brauchen die Mittleren und Kleinen nicht auch. Gerecht sein, heißt nicht, das gleich behandeln, was nicht gleich ist: Für das Prinzip der Gerechtigkeit gibt es im übrigen auf dieser Erde würdigere Themen.

Amerikafeindlichkeit

Fast alle europäischen Staaten, in denen heute Meinungsfreiheit herrscht, verdanken das den USA. Die USA haben nie eine Belohnung gefordert, auch nicht dergestalt, daß sie von der Kritik, zu der die Meinungsfreiheit führt, ausgenommen werden. Das müssen sie auch jetzt aushalten, aber ihre Kritiker müssen die Gegenkritik ertragen. In der Irakfrage nicht mit dem Präsidenten der USA übereinzustimmen, ist noch keine Amerikafeindlichkeit. Die USA haben wohl damit gerechnet, daß es der rot-grünen Koalition angesichts der pazifistischen Wurzeln der beiden Regierungsparteien schwerfällt, einem Militärschlag gegen den Irak zuzustimmen. Bereits wegen Kosovo und Afghanistan hatten sie erhebliche interne Probleme gehabt. Am Beginn der achtziger Jahre richtete die Sowjetunion Mittelstreckenraketen vom Typ SS 20 auf die Bundesrepublik. Helmut Schmidt trat daraufhin, um ein strategisches Gegengewicht zu schaffen, für die Aufstellung amerikanischer Pershing-Raketen ein. Aber seine eigene Partei, die SPD, versagte ihm damals die Gefolgschaft und nahm lieber den Machtwechsel in Bonn zugunsten der Union in Kauf. Die Nachrüstung mit den Pershingraketen wurde dann eine der wichtigen Ursachen für die Entfernung der SS-20, die Beendigung des Wettrüstens, des kalten Krieges, für Glasnost und Perestroika, die Wiedervereinigung, kurz: des Friedens.

Eine junge Dame sagte mir seinerzeit, die Demonstranten gegen die Pershingstellungen seien das, was im „Dritten Reich“ das Attentat von Graf Stauffenberg auf Hitler war. Ich erwiderte, es sei doch ein Unterschied, ob man um den Kopf komme oder ins Fernsehen. Phantasie ist gut, aber sie muß rational kontrolliert bleiben. Die alten Perser sollen betrunken beraten und nüchtern entschieden haben. Heute sollte jedenfalls nicht umgekehrt verfahren werden. Daß Völker nicht in Kriege verwickelt werden wollen, ist nur natürlich. Das gilt auch für das deutsche, dessen Erinnerung an die Verbrechen des NS-Staates, an den Luftkrieg und an das grauenhafte Sterben von Stalingrad vom Fernsehen immer wieder wachgerufen wurde. Aber Kriege lassen sich nicht durch Wehrlosigkeit verhindern, so empfindsam sind Aggressoren nicht. Druck muß ausgeübt werden, zunächst durch Drohungen. Aber Drohungen helfen nur, wenn hinter ihnen der Wille steht, das, was angedroht wird, auch zu tun. Fehlt es an diesem Willen, wird die Drohung zu einer zahnlosen Beschimpfung. Ich respektiere Pazifisten, aber ich bin keiner, weil der Pazifismus nur funktioniert, wenn auch der Gegner einer ist.

Die meisten Bürger sind für den Frieden, aber auch für die USA. Sie wissen, wieviel Gutes sie in den letzten sechzig Jahren für Deutschland und Europa getan haben und daß das Bündnis mit ihnen auch für die Zukunft wichtig ist. Sie empfinden auch Dankbarkeit. Aber einige Bürger empfinden anders, unter ihnen auch etliche aus der intellektuellen Elite. Die USA seien zu mächtig, zu ökonomisch, zu oberflächlich, zu optimistisch, zu aktiv, während sie selbst dieses nicht seien und deshalb die besseren Menschen wären. Woher diese Abneigung kommt, ist nicht so richtig klar, denn die Amerikaner sind doch in der Regel auf das Glück der Menschen anderer Nationen bedacht, auch wenn sie zur Annahme neigen, daß diese am ehesten auf dem gleichen Weg glücklich würden, den sie selbst eingeschlagen haben. Der American Way of Life ist jedoch hierzulande nicht jedermanns Sache. Dabei haben gerade wir Deutsche die USA von der positiven Seite kennengelernt.

Die Präsenz von US-Truppen hat einen Krieg in Europa verhindert. Die USA und ihre westlichen Verbündeten stellten das verlorene deutsche Vertrauen in die Demokratie wieder her. Der westliche Teil von Berlin blieb frei. Die USA ermöglichten unter Führung des Vaters des jetzigen Präsidenten Bush die deutsche Wiedervereinigung. Dennoch gab es auch in Deutschland ständig das Mißtrauen eines Teils der Bürgerschaft. Der sogenannte US-Kapitalismus wurde sogar in die Nähe zum Faschismus gerückt.

Hier prallten zwei Kulturen aufeinander: die europäische, alte, eher pessimistische, mit bösen Erfahrungen belastete, ziemlich intolerante. Und die amerikanische, junge, optimistische, an die Demokratie und eine gute Zukunft glaubende. Man hat sich aneinander gewöhnt, sogar voneinander gelernt; die Naturwissenschaftler, Techniker, Ökonomen verstehen sich ohnehin prächtig. Aber während des Vietnamkriegs wurde nicht gegen die kommunistischen Angreifer demonstriert, sondern gegen die USA; im Golfkrieg nicht gegen den Aggressor, Bakterienzüchter, Kampfgasproduzenten und Atomwaffenaspiranten Saddam Hussein, sondern ebenfalls gegen die USA. Wenn man mit den Demonstranten sprach, zeigten sie sich verwundert, daß ihre Aktivitäten als Parteinahme für den Diktator im Irak verstanden werden konnten. Man meinte es ja gut, denn man war doch für den Frieden. Sogar Kerzen hatte man angezündet.

Wie kommt es zum Antiamerikanismus in der Welt? Gründe dafür sind sicherlich die überwältigende militärische und wirtschaftliche Macht und der Reichtum der USA. Aber es spielt noch ein tieferer Grund eine Rolle: Im alten Athen konnten Bürger durch ein Scherbengericht auf zehn Jahre verbannt werden. Im fünften Jahrhundert vor Chr. wirkte in Athen der Feldherr und Politiker Aristeides, genannt der Gerechte. Auch über seinen Verbleib in Athen fand ein Scherbengericht statt. Ein Bauer, der ihn nicht erkannte, soll ihn gebeten haben, den Namen Aristeides auf eine Scherbe zu schreiben. Auf die Frage, ob er ihm etwas getan hätte, sagte der Bauer: „Gar nichts. Aber es ärgert mich, daß ihn alle den

Gerechten nennen." Darauf schrieb Aristeides seinen eigenen Namen auf die Scherbe. Soweit gehen die Amerikaner nicht. Jedenfalls hoffe ich das.

Hegel schreibt in der Vorrede zu seiner Philosophie des Rechts: „Die Philosophie kommt immer zu spät. Als der Gedanke der Welt erscheint sie erst in der Zeit, nachdem die Wirklichkeit ihren Bildungsprozeß vollendet hat. Wenn die Philosophie ihr Grau in Grau malt, dann ist eine Gestalt des Lebens alt geworden, und mit Grau in Grau läßt sie sich nicht verjüngen, sondern nur erkennen; die Eule der Minerva beginnt erst mit der einbrechenden Dämmerung ihren Flug." Minerva ist die Göttin der Weisheit und die Eule ihr Haustier. Möge die Weisheit in unserer Zeit starten, solange die Welt noch bunt ist.

Unsere Türken und der Islam

Als 1663 ein Krieg zwischen dem Heiligen Römischen Reich und den Türken ausbrach, wurden jeden Tag um zwölf Uhr die Türkenglocken geläutet, damit die Menschen für die Abwendung der Gefahr beteten. Die badischen und die württembergischen Truppen zeichneten sich in den Kriegen gegen die Türken besonders aus. Während unsere Truppen gegen die islamischen Türken in Ungarn kämpften, statteten uns unsere französischen Mitchristen einen Besuch ab und nahmen mit, was sie brauchen konnten. Dies zeigt, daß sogar ein gemeinsamer Glaube noch lange nicht zu einer gemeinsamen Politik führt.

In unseren Tagen könnte uns kaum etwas Schädlicheres widerfahren als eine Konfrontation des Islam mit dem Christentum. Streiten wir uns, worüber immer wir wollen, aber nicht über Religion. Unser jeweiliger Glaube wird es doch hoffentlich erlauben, auch Menschen anderer religiöser Überzeugung zu respektieren und ihnen die Menschenrechte zuzubilligen. Leistet unser Glaube das nicht, ist es geboten, kritisch zu überprüfen, ob wir Gott, die Propheten, die Priester, Heiligen und Märtyrer richtig verstanden haben. Meine Schwiegermutter Evanthia wurde in Konstantinopel, das heute Istanbul heißt, geboren. Nach der Eroberung Konstantinopels durch die Türken 1453 konnte ihre Familie griechisch-orthodox bleiben; niemand zwang sie, zum Islam überzutreten. Ob Entsprechendes auch einer islamischen Familie in einem von Christen eroberten Raum gestattet worden wäre? Bei der Reconquista in Spanien war das zunächst so, aber Anfang des 16. Jahrhunderts wurden die nichtchristlichen Mauren vertrieben – wie schon zuvor die Juden.

Die Vereinigten Staaten und Frankreich haben die Trennung zwischen Kirchen und Staat vollzogen. Es scheint dort unter dem Eindruck der Terroranschläge vom September 2001 eine Tendenz zur Konfrontation zwischen Christentum und Islam zu geben, die auch das Verhältnis von Bürger und Staat berührt. Eine solche Tendenz arbeitet dem Terrorismus in die Hände und fördert das religiöse Märtyrertum, welches in den Dienst politischer Zwecke gestellt werden kann. Das fehlte uns gerade noch. Deshalb sollte Versuchen von modernen Schriftgelehrten, aus einzelnen Stellen im Koran die Unvereinbarkeit von Islam und Demokratie herzuleiten und Konfrontationsideologien zu formulieren, mit Skepsis begegnet werden. Jede Religion muß in einem demokratischen Staat Verfassung und Gesetze respektieren. Aber sind wir so großzügig wie das Bundesverfassungsgericht bei Bewertung der Verfassungsmäßigkeit von Parteien? Die an den Islam Glaubenden sind in der Regel keine Islamisten. Jedenfalls stehen die Muslime, die ich im Stuttgarter Raum kenne, ebenso zur Demokratie wie ich. Frankreich und Deutschland mit ihrem hohen Anteil an Mitbürgern islamischen Glaubens haben die besondere Verantwortung zu demonstrieren, daß Islam und Demokratie harmonieren. Wenn es da und dort noch etwas im Getriebe knirscht, ist das nicht verwunderlich.

Auch das Christentum hat mit der Demokratie und der Toleranz seine Probleme. Eine erfolgreiche Praxis erzeugt auch ihre Theorie. Besonders wichtig im Umgang der christlichen Welt mit der islamischen ist die Türkei. Die Türkei ist das in Richtung Europa am weitesten fortgeschrittene Land mit einer islamischen Bevölkerung. Die Toleranz wurde dort mehr gepflegt als in vielen christlichen Staaten. Während der NS-Zeit hat die Türkei zahlreiche deutsche Emigranten und jüdische Flüchtlinge aufgenommen und geschützt.

Gewiß ist die Aufnahme- und Integrationsfähigkeit der EU begrenzt. Eine Überforderung durch eine zu rasche und zu umfangreiche Erweiterung gefährdet den Zusammenhalt. Europa läßt sich nicht einfach befehlen; es muß zusammenwachsen. Aber die EU kann der Türkei nicht dauernd verschlossen bleiben. Und niemand sollte mit ihr umspringen wie die Buben mit einem Passanten, der sich nach einem Geldbeutel bückt, welcher im letzten Moment mit einer Schnur weggezogen wird. Seit Kemal Atatürk ist die Türkei auf dem Weg nach Europa. Mehrere Jahrhunderte lang war sie zusammen mit Spanien und vielleicht noch Venedig die beherrschende Kraft im Mittelmeerraum. Der Stolz der Türken auf ihre Geschichte und auf ihre Kultur besteht nach wie vor, auch die Sympathie für Deutschland. Wir sollten ihren Stolz nicht verletzen und ihre Sympathie nicht aufs Spiel setzen. Keine Nation eignet sich so gut wie die Türkei, um Brücken zu bauen zu den muslimischen Nationen.

Ende 2002 veröffentlichte die französische Zeitschrift „Express“ verschiedene Stellungnahmen zur Frage Türkei und Europa. Ein Wirtschaftsexperte sieht zwar politische Gründe für einen Beitritt, der aber teuer komme. Ein Historiker meint, die türkische Welt sei Europa fremd und eine Vermischung nütze keiner Seite etwas; ein anderer Historiker hingegen sieht das Problem nicht so eng und hält eine Integration in Europa für möglich. Der frühere Premierminister Frankreichs, Michel Rocard, steht in der Tendenz positiv zur

Aufnahme der Türkei in die EU. Es ließen sich noch viele Argumente dafür und dagegen aufzählen. Aber der entscheidende Punkt für uns Deutsche ist: Wir haben in unseren Städten bereits viele türkische Mitbürger. Nicht wenige türkische Familien in Deutschland, wenn nicht die meisten, kommen aus ländlichen Gegenden. Sie brauchen mit ihren Traditionen und Gewohnheiten Zeit, um mit uns zurechtzukommen. Die erfolgreiche Integration von Muslimen in den europäischen Städten wäre ein Beitrag zum Weltfrieden.

Die türkischen Stuttgarter, Frankfurter, Kölner, Berliner, die sich hier legal aufhalten, müssen sich gleichberechtigt fühlen können und die Stadt oder den Raum, in dem sie leben, als ihre Heimat und deren Menschen als ihre Landsleute ansehen. Aber wer auf Dauer in Deutschland leben will, muß sich in der deutschen Sprache verständigen können. Diese Forderung dient nicht der Befriedigung nationaler Sehnsüchte. Sie muß erhoben werden im Interesse der Chancengleichheit, denn wir wollen kein aus Immigranten rekrutiertes Proletariat, dem Mängel bei der Ausbildung den Weg zum Lebensglück versperren. Ein solches Proletariat wäre auch für die Völkerverständigung und die Europaidee schädlich. Unsere türkischen Mitbürger bitten wir um Geduld und um Gelassenheit. Sie sollten uns ruhig kritisch, aber milde betrachten. Wir kommen schon zusammen, sofern wir es nicht bereits sind.

Nachkriegsdeutschland und der Irak

„Wenn im Felde die Kanone kracht, das Herz im Leibe lacht" heißt es in einem österreichischen Soldatenlied zu Ehren des Feldherrn Radetzki. Derartige Gefühle, und seien es auch nur die eines Liedermachers, sind heute nicht mehr vorstellbar. Aber es sind nicht ganz neunzig Jahre her, seitdem die Völker Europas mit Begeisterung gegeneinander in den Krieg gezogen sind. Das heißt, alle werden nicht begeistert gewesen sein.

Darauf weist schon die ironische Aufschrift auf einem Güterwagen hin, mit dem badische Truppen in den Ersten Weltkrieg transportiert wurden: „Ganz Rußland muß badisch werden!" Heute gehen die Gefühle in die entgegengesetzte Richtung: Die Verfluchung des Kriegs und jener, die ihn führen. Auch vernünftige und besonnene Menschen sind zu einer nüchternen Sicht kaum zu bewegen. George W. Bush habe einen Angriffskrieg geführt.

Ich will niemand die Freude nehmen, der meint, auf dem rechten Wege zu wandeln. Aber ein sinnvoller Ausweg aus der verfahrenen Situation ist nur mit Hilfe der Vernunft zu finden. Die Vision des amerikanischen Präsidenten lief darauf hinaus, den Irak militärisch zu besetzen und vorübergehend eine wohlwollende Militärregierung einzusetzen, die dann wie 1945 in Deutschland im Irak als Hebamme einer Demokratie zur Geburt verhelfen soll. Diese Demokratie werde dann die Kräfte des von Saddam unterdrückten irakischen Volks zur Entfaltung bringen und das Vertrauen der anderen Nationen finden. Man sollte sich nicht von vornherein gegen Visionäre wenden. Gorbatschow, der den kalten Krieg beendet hat, war auch ein Visionär. Es ist auch wahr, daß die amerikanischen, britischen und französischen Militärregierungen Deutschland sehr geholfen haben. Das gilt für den Wiederaufbau, für die Neugründung des demokratischen Staates, die Überwindung der NS-Ideologie, für die Währungsreform und für die Rückkehr zur Marktwirtschaft. Ob Deutschland dies alles aus eigener Kraft gelungen wäre, ist unwahrscheinlich. Bis auf wenige Ausnahmen hatten sich die Deutschen von dem mit Blutschuld belasteten NS-Staat losgesagt. Deutschland war aber kein Entwicklungsland, sondern ein moderner Industriestaat. Die private Struktur seiner Wirtschaft, ohne die keine Marktwirtschaft möglich ist, bestand noch. Alle Menschen, ob Einheimische oder die zwölf Millionen Vertriebenen, ob vom NS-Staat Verfolgte oder frühere Anhänger, einigte ein Ziel: Deutschland wieder aufzubauen. Das

Deutschland nach dem Zweiten Weltkrieg läßt sich aber weder mit dem Irak noch mit Afghanistan vergleichen.

Die Bombardierungen der deutschen Wohngebiete durch die alliierte Luftwaffe hatten keinen Aufstand gegen Hitler ausgelöst. Wenn ein Volk einmal einer Diktatur ausgeliefert ist, hat es wenig Chancen, sie von innen wieder loszuwerden. Die Amerikaner und die Briten ließen die Deutschen während des Zweiten Weltkriegs im unklaren, was mit ihnen geschieht. Sie forderten die bedingungslose Kapitulation, auch gegenüber der Sowjetunion. Die deutsche militärische Führung in Frankreich hoffte im Jahre 1944, England und die USA wären zu einem Frieden mit Bedingungen mit einer anderen deutschen Regierung dann bereit, wenn die Landung ihrer Truppen auf dem Kontinent abgewehrt werden könnte. Diese Hoffnung zerschlug sich aber schon in den ersten Tagen nach der Landung. Hitler dazu zu bringen, den Krieg als verloren zu erkennen und die Folgerungen zu ziehen, scheiterte. Auch der Plan, in Frankreich gegen den Befehl und Willen Hitlers zu kapitulieren, mißlang. Am 17.Juli 1944 entschieden britische Jagdbomber den weiteren Ablauf. Sie beschossen das Kraftfahrzeug meines Vaters und verwundeten ihn schwer. Hitler überlebte das Attentat des Grafen Stauffenberg am 20. Juli 1944. Der NS-Staat richtete ein furchtbares Blutbad mit dem Ziel an, die oppositionellen Kräfte auszurotten. Mit dem blinden Mut der Verzweiflung wehrten sich deutsche Soldaten bis zum 8. Mai 1945, als sich das Deutsche Reich auf Gnade und Ungnade ergab. Dieser Tag war Ende und Anfang. Ende der Diktatur Hitlers und Anfang einer neuen Demokratie in Deutschland mit Hilfe der Amerikaner, Briten und Franzosen.

Diese politische Erfahrung läßt sich freilich nicht auf andere Länder und Zeiten übertragen. In der Regel wehren sich Völker dagegen, wenn sie von außen zu ihrem Glück gezwungen werden und ererbte Vorstellungen und Gewohnheiten preisgeben sollen. Fünf Pfadfinder bezeichneten es als ihre gute Tat, daß sie eine alte Dame über die Straße gebracht hatten. Auf die Frage, ob dazu so viele von ihnen nötig gewesen wären, antworteten sie: „Ja, die Dame wollte nämlich nicht!" Die US-Regierung will im Irak eine Demokratie aufbauen. Das ist in Ordnung. Aber diese Wohltat sollte nicht auch anderen Staaten mehr oder weniger sanft aufgedrängt werden. Die Unruhe in der Welt des Islam zeigt, daß solches Drängen als Bedrohung von Kultur und Religion empfunden und von Agitatoren mißbraucht wird. Zurückhaltung ist geboten, wenn nicht noch mehr feindselige Gefühle aktiviert und der Terrorismus neuen Auftrieb bekommen soll. Ein Land zu erobern, um es zu befreien, löst emotionale Reaktionen aus, mit denen schwer zurechtzukommen ist. Für Gefühlswerte wie Heimat und Vaterland und für den Glauben wird härter gekämpft und leichter gestorben als für materiellen Nutzen und praktische Vorteile. Es ist zu hoffen, daß diese Erfahrung sich auf die Dauer nicht auch im Irak bestätigt. Überlegenheit im Krieg der Maschinen ist allein nicht ausschlaggebend. Es muß die Tapferkeit hinzukommen und die Weisheit und Delikatesse, um den Feind zum Freund zu machen. Auf keinen Fall sollte ein Religionskrieg losgetreten werden.

Die Meinungsverschiedenheiten darüber, was völkerrechtlich gilt, zeugt von der Phantasie der Juristen, ist aber sonst von Übel. Die offenen Fragen müssen geklärt werden. Das Recht darf der Entwicklung nicht hinterherlaufen. Die Formel „Angriffskrieg ist alles, was kein Verteidigungskrieg ist" stimmt nicht mehr, sofern sie je gestimmt hat. Die moderne Kriegstechnik mit ihren hohen Geschwindigkeiten und kurzen Warnzeiten und die Kampfform des Terrorismus machen alte Rechtsmeinungen zu Makulatur. Nicht erst dann darf ein Krieg als Verteidigungskrieg anerkannt werden, wenn der Aggressor das Opfer bereits überwunden hat. Das Opfer muß eine Chance haben, sich zu wehren, wenn es keine andere Möglichkeit gibt, indem es gegen einen Gegner vorgehen darf, der verdächtig ist, ein Zusammenspiel von Terrorismus und Technik der Massenvernichtung zu dulden oder sogar zu fördern. Der Terrorismus ist heimtückisch. Er schlägt aus dem Dunkeln zu. Wenn in ein Land die Pest getragen zu werden droht, braucht es sich nicht darauf beschränken, ins Dunkel hineinzurufen: Ich protestiere!

Pax Americana

Es gibt mehr Macht als je zuvor. Sie äußert sich durch Wirtschaftskraft, militärische Stärke, aber zum Glück auch durch moralische Autorität. Die militärische Stärke hängt ab von der Wirtschaftskraft. Flugzeuge, Raketen, Kriegsschiffe, Satellitensysteme werden immer teurer, wenn sie mit den technischen Verbesserungen Schritt halten sollen, die weltweit ständig erfunden werden. Militärische Stärke und Reichtum sind eine gefährliche Mischung. Hätte die Welt Saddam Hussein gewähren lassen, als er Kuwait überfiel, wäre seine Macht sprunghaft angewachsen. Er hätte nicht nur das Land gehabt, sondern auch das Öl und damit das Geld. Die benachbarten Staaten wären genötigt gewesen, sich mit ihm gutzustellen, denn auf wirksame Hilfe gegen ihn hätten sie nicht hoffen können. Dadurch wäre Saddam noch stärker geworden, noch mächtiger und die Risiken für den Frieden noch größer.

Auf der Grundlage der Erfahrungen der vergangenen Jahre ist es empfehlenswert, über Kriegsvermeidung und Friedenssicherung, über Macht und Ohnmacht vertieft nachzudenken und sich nicht mit der emotionalen Kriegsgegnerschaft zufriedenzugeben, die sich in letzter Zeit eindrucksvoll geäußert hat. Hier ist neben den Gefühlen auch Realismus und praktische Vernunft gefragt. Der Friede wäre in einer demokratisch verfaßten Welt sicherer. Eine Diktatur kann das Volk eher hinters Licht und in einen Krieg führen als eine

Demokratie. Das ist unbestritten. Deshalb ist die demokratische Verfassung eines Staates ein Element der Sicherheit, das dessen Friedfertigkeit zwar nicht unter allen Umständen gewährleistet, aber doch sehr wahrscheinlich macht. Weshalb demokratische Strukturen in den einzelnen Staaten die wichtigste Grundlage einer weltweiten Friedensordnung sind. Das heißt natürlich nicht, daß Staaten, deren demokratische Institutionen zu wünschen übriglassen, zwangsweise zur Demokratie bekehrt werden sollen. Erzwungene Glaubensbekenntnisse und Zwangstaufen passen kaum mehr in unsere Zeit.

Die einzige Supermacht ist heute die USA. Kein Land der Welt kann sich einen so wirksamen und modernen Militärapparat leisten. Rußland ist militärisch zwar immer noch eine Großmacht. Es wird aber nicht mehr mit den USA gleichziehen können. China wird möglicherweise versuchen, gegenüber den USA aufzuholen. Ob es das wirklich unternimmt und wenn ja, mit Erfolg, ist noch offen. Aber was machen die Europäer? Sollen sie eine Unipolarität der USA zum Anlaß nehmen nachzurüsten, um Multipolarität möglich zu machen? Oder sollen sie sich bemühen, die NATO als gemeinsames Dach für gemeinsame Anstrengungen zur Friedenssicherung zu nutzen? Aber werden dann nicht die Amerikaner noch stärker und das militärische Gewicht Europas noch unbedeutender? Wollen wir uns damit abfinden, daß der Frieden eine Pax Americana sein wird, also ein letztlich von der Stärke der USA gewährleisteter Frieden? Es gab den Frieden Roms, die Pax Romana, und die meisten, die er schützte, waren recht zufrieden mit ihm.

Ich habe keine Sklavenseele, aber ich bin für die Pax Americana und für die Wiederbelebung der NATO mit einem modernisierten und aktualisierten Aufgabenkatalog. So soll sich auch die gemeinsame Sicherheitspolitik einrichten. Ich kann mir nicht vorstellen, daß die europäischen Staaten mit ihren vielen Problemen zu ähnlich großen Opfern für die Friedenssicherung bereit wären wie die USA. Die Zusammenarbeit mit ihnen ist eingespielt und hat Tradition. Dem Gedanken eines Europa, das den USA militärisch Konkurrenz machen kann, vermag ich nichts abzugewinnen. Was haben wir davon, wenn auf den Weltmeeren nicht nur amerikanische, sondern auch europäische atomar angetriebene und bewaffnete Flugzeugträger herumschwimmen? In der Zusammenfügung des amerikanischen mit dem europäischen militärischen Potential liegen große Möglichkeiten, Synergien zu nutzen. Es besteht doch kein Grund für die Befürchtung, die US-Administration würde eines Tages Unbotmäßigkeiten eines Verbündeten mit der Entsendung eines auf den zweiten Stock, drittes Fenster von links programmierten Marschflugkörpers beantworten, als eine Art letzte Mahnung. Die Vorstellung einer multipolaren Welt hat ihren Reiz, jedoch auf politischem, kulturellem und wirtschaftlichem Gebiet. Warum nicht zu einer Pax Americana beitragen, eine moderne Version der Pax Romana, der friedlichen Herrschaft Roms.

PROPHEZEIUNGEN

Die Sehnsucht der Menschen zu wissen, was kommt, wird sich zu ihrem eigenen Heil nicht erfüllen. Es läßt sich nicht vermeiden, daß gelegentlich auch Prophezeiungen eintreffen. Das bewirkt Talent in der Einschätzung von Wahrscheinlichkeiten in Verbindung mit einem glücklichen Zufall. Aber man sollte an Prophezeiungen nicht glauben und sich nicht auf sie verlassen. Besser ist es, selbst nachzudenken. Politiker sollten Prophezeiungen vermeiden und sich mit Prognosen zufriedengeben, denen das Irrationale, Geheimnisvolle und Pathetische der Prophezeiung fehlt. Und die Bürger sind gut beraten, wenn sie nicht erwarten, daß ihre Politiker Propheten sind.

Glaskugel und falsches Maß

Eine Wahrsagerin sagte nach längerem Studium der Glaskugel einer Kundin voraus: „Sie werden heiraten und drei Kinder haben." Als sie nach Jahren ihrer Kundin wieder begegnete, erkundigte sie sich, ob ihre Voraussage eingetroffen sei. Die Kundin antwortete: „Die drei Kinder habe ich. Jetzt warte ich nur noch auf den Ehemann!" Es läßt sich nicht bestreiten, daß hier mit unwissenschaftlichen Mitteln ein der Wahrheit einigermaßen nahekommendes Ergebnis erzielt wurde. Jedenfalls sind viele wissenschaftliche Prognosen nicht präziser. Während in der Physik fast immer und in der Chemie meistens vorausgesagt werden kann, welche Wirkungen eine bestimmte Ursache auslöst, ist das auf dem Felde der Politik und Wirtschaft anders. Dort wird die Zukunft von zu vielen Faktoren und Zufälligkeiten beeinflußt. Die Unsicherheit wird durch die weltweiten Verflechtungen noch verschärft. Das Argument, es gelänge einigen bei jeder Lottoziehung das Richtige vorauszusehen, geht an der Sache vorbei. Hier regiert eben der Zufall. Bei großer Meinungsvielfalt werden immer einige recht haben, aber nicht deshalb, weil sie die Gescheitesten sind, sondern weil sie Glück gehabt haben.

Fehler können nicht nur in einer falschen Sicht der Wirklichkeit liegen, sondern auch in der Anlegung falscher Maßstäbe. Diese sind ein Problem unserer Zeit. Jahrzehntelang konnten wir davon ausgehen, daß das Sozialprodukt und damit auch das Steueraufkommen von Jahr zu Jahr wachsen. Das war das Normale, die Regel. In unserer Zeit könnte es aber zur Regel werden, daß das reale Sozialprodukt gelegentlich sogar schrumpft und die beste Politik diesen Zustand nicht ändern kann. Was dann? Ist wirklich immer jemand schuld, wenn unsere Erwartungen und Wünsche nicht erfüllt werden? Versagt der Staat, wenn er eher Leistungen kürzen muß als erhöhen kann? Wir Bürger sollten das Maß überprüfen, mit denen wir die Politik messen. Das fällt nicht leicht, denn die Politiker neigen dazu, ihren Einfluß auf das Geschehen größer darzustellen, als er tatsächlich ist.

Einige unserer Hoffnungen und Wünsche sind bewußt oder unbewußt auf der Erwartung stetigen wirtschaftlichen Wachstums gegründet. Ist diese Erwartung noch realistisch? Gewiß kann und sollte es Wachstum geben. Das wird auch in einzelnen Wirtschaftszweigen der Fall sein. Aber es ist schwerer geworden, es in der Gesamtwirtschaft zu erzielen. Durch die Globalisierung ist der Einfluß der einzelnen Staaten auf ihre Wirtschaft kleiner, und die Einwirkungen von außen sind größer geworden. Dieser Trend dauert an. Auch in den goldenen Jahren, als kräftige Zuwächse bei den Einnahmen selbstverständlich waren, sprach man von Mangel an Geld, als ob es sich dabei um einen politischen Betriebsunfall handelte. Von kommenden Zeiten war die Rede, in denen endlich „wieder Geld da sei“, eine Illusion. Wo nur das Wünschenswerte Zielmarke der Politik ist, wachsen die Wünsche mit Sicherheit schneller als die Möglichkeiten, sie zu erfüllen. Es geht eine Zeitlang gut – mit Hilfe von Krediten, aber bei wachsendem Unbehagen. Die bescheideneren Zuwächse, die noch möglich sind, müssen hart erarbeitet werden. Sie setzen überdies gemeinsame Anstrengungen der Industriestaaten voraus. Wirtschaftspolitik wird immer mehr zur Außenpolitik. Besonders die Bundesrepublik mit ihrer hohen Exportquote muß diese Zusammenarbeit fördern. Daß die USA auch hier großes Gewicht haben, sollte Deutschland nicht außer Betracht lassen und deshalb seinen schulmeisterlichen Eifer zügeln.

Wird bescheideneres Wachstum zur Regel, haben wir die Wahl zwischen Utopie und Realismus, zwischen Pessimismus und Optimismus. Die Parteien werden vor den Wahlen mit Versprechungen und auch mit Kritik der Konkurrenten zurückhaltender sein müssen. Aber es ist noch nicht so weit, daß die wesentlichen Wahlkampfaussagen von Regierungsparteien auf die Aussage eingeschränkt werden müßten: „Es hätte noch schlimmer kommen können“. Aber was nicht ist, kann noch kommen. Die Übertreibung, die Beschimpfung, das Sprücheklopfen, das Moralisieren, das Auftrumpfen gehören nun einmal zu einem Wahlkampf. Aber es bringt wenig, wenn die Parteien sich gegenseitig Versagen vorwerfen, weil die jeweilige Konkurrenz nicht tut, was man selbst auch nicht tun könnte. So etwas fördert nur die Politikverdrossenheit. Es gibt noch genügend konkrete und sehr reale Probleme, über die gestritten werden kann. Die Streitfragen gehen nie aus, darauf wenigstens ist Verlaß.

Fürst Bismarck meinte schon im 19. Jahrhundert, der Mensch könne den Fluß des Geschehens nicht umleiten, sondern auf dem Fluß nur navigieren. Der den Strömungen dieses Flusses ausgesetzte Mensch greift nach jedem Halt, auch nach trügerischem, zum Beispiel nach der These: „Mehrheit ist Wahrheit". Aber die prophetische Kraft einer Aussage wächst eben nicht mit der Zahl jener, die sie für richtig halten. Dennoch muß grundsätzlich die Mehrheit recht bekommen, denn sonst funktioniert die Demokratie nicht. Wo Vorausberechenbarkeit nicht zu erreichen ist, sind weniger „richtig" und „falsch" brauchbare Fragestellungen, sondern „möglich" und „unmöglich", „wahrscheinlich" und „unwahrscheinlich", „mehr falsch oder weniger" oder „mehr richtig oder weniger". Das ist lästig, zumal dann, wenn die Zukunft zur Vergangenheit geworden ist. In der Rückschau läßt sich leichter feststellen, ob etwas richtig oder falsch war. Nachher ist man klüger. Wenn es sicher wäre, daß die Aktienkurse fallen, würden die Aktionäre um jeden Preis verkaufen, wodurch sich die Prophezeiung noch klarer erfüllt. Die Hoffnung der Rationalisten, der Menschheit werde es schließlich gelingen, die Zukunft vorauszusehen, ist – ich sage: Gott sei Dank – nicht begründet. Weder werden wir die sichere Prophezeiung erleben, noch werden wir die aus der Literatur bekannte Zeitmaschine erfinden, die es uns erlaubt, in die Zukunft oder die Vergangenheit zu reisen und dort in das Geschehen einzugreifen. Wir müssen uns quälen und nach dem Falschen suchen, um es zu vermeiden und so das Richtige wenigstens ahnen zu können. Aber hierzu hat uns Gott mit einem Verstand ausgerüstet, der gar nicht so schlecht ist, wenn man ihn in Gebrauch nimmt.

Deutsche Probleme und Handicaps

Die gegenwärtige Lage Deutschlands wird markiert durch einige Handicaps: geringes wirtschaftliches Wachstum, hohe soziale Verpflichtungen mit entsprechendem Finanzbedarf – Renten, Pensionen, Gesundheitskosten – , ungünstiger Altersaufbau, zu hohe Kreditfinanzierungen, Rückstände im internationalen Wettbewerb der Bildungssysteme und in der Infrastruktur sowie die vielfach beschimpfte, aber doch praktizierte deutsche Regulierungswut. Jedes andere Land hat ähnliche Sorgen, oft weitaus größere. Deutschland muß aber darüber hinaus die hohen Kosten des erfreulichsten Ereignisses seiner neueren Geschichte tragen, nämlich der Wiedervereinigung. Das Volumen dieser Kosten ist vergleichbar mit den Reparationen des Versailler Vertrags, allerdings mit dem Unterschied, daß sie letztlich ganz Deutschland zugute kommen. Aber zur Zeit fehlt es an Geld, und zwar an ein bißchen viel Geld. Staat und Kommunen müssen sich einschränken und zusätzliches Geld aufbringen. Hierbei müssen Entscheidungen getroffen werden, auch solche, die unpopulär sind. Unterbleiben solche Entscheidungen, entstünden Zustände, die noch unpopulärer wären.

Wo soll der Schwerpunkt liegen? Auf der Förderung des Wirtschaftswachstums zur Erhaltung und Schaffung von Arbeitsplätzen, Verminderung der Kosten der Arbeitslosigkeit und Erhöhung des Steueraufkommens? Oder auf der gerechten Verteilung schrumpfender Mittel und wachsender Lasten? Auf der Ermutigung von Initiative oder auf der Reglementierung? Zwischen diesen Polen bewegt sich die Politik. Die Koalitionsvereinbarung fordert einen starken Staat. Das geht in Ordnung. Aber welche Art Staat ist stärker: Der sich in seinem Regelungsstreben und seinem Mißtrauen überall einmischt oder der Staat, der möglichst große Freiheitsspielräume für alle Bürger anstrebt, weil er ihnen vertraut? Zur Zeit will unser Staat noch beides, aber es gibt Hinweise darauf, daß wir uns entscheiden müssen und entscheiden werden. Einen solchen Umbau schafft man nicht von heute auf morgen. In unserer Zeit, in der sich die Welt stärker verändert als je zuvor, löst man sich leicht, ja auch leichtfertig von herkömmlichen Werten und Lebensregeln. Teilweise gibt es hierfür Gründe, teilweise aber auch nicht. Aber müssen wir die alten Fragen nach dem Verhältnis der Geschlechter, nach dem Wert der Ehe, nach dem Recht auf Selbstverwirklichung gerade jetzt lostreten und in einer Weise beantworten, die den Eindruck erweckt, der Mensch sei jahrhundertelang blind und blöd gewesen, um heute plötzlich sehend und gescheit zu werden?

Auf steilem Pfad

Wenn Alpenfreunde einen Berg besteigen, dann kommen sie entweder irgendwann an und haben ihre Ruhe oder sie kehren um oder sie stürzen ab. Abstürzen können Politiker auch, umkehren meistens nicht, ankommen an einem gemütlichen Ort, an dem sie sich ausruhen könnten, werden sie selten. Denn meistens tauchen, während sie noch wandern, neue Ziele auf. Somit dauert die Wanderung der Politiker im Prinzip ewig, mit Ausnahme weniger Denkpausen. Allerdings scheiden immer wieder einige aus der Wandergruppe aus, weil sie irregegangen sind, weil sie jemanden beschimpft haben, den man nicht beschimpfen sollte, weil ihnen das Gepäck zu schwer geworden ist, weil sie Blasen an den Füßen haben oder weil sie zu alt sind. Aber andere Wanderer gesellen sich hinzu, und es geht weiter, an Abgründen vorbei und tiefen Schluchten, aber auch an prächtigen Bergwiesen voller Blumen, auf denen Rindviecher stehen, die kauen, verdauen und gelegentlich etwas fallen lassen, in das der Bergfreund besser nicht hineintritt.

Der Rucksack für eine Wanderung sollte nur das enthalten, was gebraucht wird. Das kann schwer sein. Aber es ist sinnlos, anstatt etwas Schwerem, das gebraucht wird, etwas Leichtes, das nicht gebraucht wird, herumzuschleppen. Die Regierung braucht ein Konzept zur Bekämpfung der Arbeitslosigkeit. An papierenem Material hierfür fehlt es nicht. Aber es nützt nichts, dieses Papier zu zerknittern und den Rucksack damit auszufüllen, um Volumen vorzutäuschen. Ein wirksames Konzept trägt sich nicht leicht. Es steht und fällt mit der Fähigkeit und der Bereitschaft privater Unternehmer, mehr Arbeitnehmer einzustellen und die bezahlen zu können, die sie schon haben. Diese Fähigkeit und Bereitschaft haben private Unternehmer dann, wenn sie durch die Arbeitsplätze etwas verdienen und wenn sie bei schlechter Auftragslage die Arbeitskosten senken können, damit die Firma überlebt. Notfalls muß die Senkung der Arbeitskosten auch zu Lasten von sozialen Errungenschaften erfolgen. Das sollte der Gesetzgeber möglich machen. Die Marxsche Theorie vom Klassenkampf ist nicht mehr aktuell. Aber das Gefühl, daß es ungerecht sei, Regelungen, die Arbeitnehmer begünstigen, zurückzufahren, ist weit verbreitet. Dennoch, wenn das die einzige Möglichkeit ist, um Firmen nebst deren Arbeitsplätzen zu retten und neue Arbeitsplätze zu schaffen, dann muß es sein, gerade auch im Interesse der Arbeitnehmer.

Das zweite Gepäckstück von ziemlichem Gewicht ist unser Verhältnis zu den USA. Es ist zur Zeit schlecht. Das darf nicht so bleiben, denn wir brauchen die USA und schulden ihnen aus vielen Gründen Dank. Damit es besser wird, genügen trotz des Charmes unseres Außenministers und des etwas herberen unseres Bundeskanzlers wohl nicht ein paar freundliche Worte. Es geht nicht nur um Irritationen, auch in der Sache muß man sich einigen. Deutschland kann keinen eigenen Weg gehen, es sei denn einen in die Isolierung, sondern nur einen gemeinsamen mit seinen Verbündeten in den USA und Europa. Denn nicht nur die Amerikaner sind durch den internationalen Terrorismus bedroht, wir sind es auch, haben es aber entweder noch nicht gemerkt oder ertragen es mit einer

Gelassenheit, die uns bei der Bewertung der wesentlich geringeren Kernkraftrisiken fehlt.

In dieser Lage dürfen die Beziehungen zwischen Regierung und Opposition nicht denen eines zänkischen Ehepaars ähneln, die beide eine Liste von wirklichen und angeblichen Verfehlungen auswendig gelernt haben, um sie dem Partner jeweils vorhalten zu können. Die Parteien werden um so mehr Respekt genießen, je deutlicher sie zeigen, daß es ihnen in erster Linie um die Bürger geht und erst in zweiter Linie um Parteitaktik. Auf alle Fälle sollte der Ton im Umgang der Parteien sachlicher und freundlicher werden, wie das bei der Gesundheitsreform ja schon der Fall war und bei der Steuerreform trotz Landtagswahlkampfterminen gelegentlich anklang. Auch wäre es gut, wenn gelegentlich die Regierung der Opposition und die Opposition der Regierung recht gäben.

Themen von eher musealem Wert wie zum Beispiel die Finanzierung der Wiedervereinigung in den neunziger Jahren können in den Hintergrund treten. Ohne hohe Kreditfinanzierung hätte man damals die gewaltige Aufgabe gar nicht anpacken können. Kein Bundesland hatte sich jedenfalls freiwillig gemeldet, um mehr zu bezahlen, damit die Schuldenlast des Bundes vermindert werden kann. Auch auf der Äußerung des Kanzlers über die Zahl der Arbeitslosen im Jahre 2002 sollte nicht länger herumgeritten werden. Man begnüge sich mit der Erkenntnis, daß, wer nichts Sicheres weiß, auch nichts versprechen sollte. Es gibt undeutlichere und unverbindlichere Formulierungen, die sich energisch anhören. Vor der Bundestagswahl fragte mich eine Zeitung, was ich täte, wenn ich Bundeskanzler wäre. Meine Antwort war: Zurücktreten, schon aus Altersgründen. Aber auch ein älterer Mensch kann erkennen, daß heute Überalterung, Struktur- und Konjunkturprobleme, Finanzierungsfragen, Erfordernisse der Währungsstabilität, Europa und die Pflege unserer Beziehungen mit anderen Nationen Anforderungen an die Politik stellen wie kaum zuvor in der Geschichte der Bundesrepublik.

Achillesferse der Demokratie

Wie wir es uns ständig gegenseitig bestätigen, kann jeder etwas für die Demokratie und für sein Land tun, indem er sich gegen den Rechtsextremismus wendet, wo immer er sich äußert. Dieser Rechtsextremismus ist peinlich und abträglich für das Ansehen Deutschlands – mit seiner Verwurzelung im NS-Staat, den rassistisch motivierten Sprüchen und Gewalttaten und wegen der Versuche, den inneren Schweinehund gegen Ausländer und Andersdenkende zu aktivieren. Wie die Grippe oder die Maul- und Klauenseuche wird er immer wieder ausbrechen. Nicht nur bei uns. Aber in Deutschland ist das besonders unerfreulich, weil dies jeweils Mißtrauen gegen uns weckt. Überdies ist etwas dran an dem Hinweis Heinrich Heines zu Beginn des 19. Jahrhunderts, daß bei uns keiner so verrückt sei, daß er nicht einen anderen fände, der ihn versteht. So kommt es zur Gruppenbildung. Eine Gruppe ist eine Anzahl von Menschen, die etwas gemeinsam haben, zum Beispiel dieselbe Meinung, auch wenn sie ihren Grund nur darin hat, daß die anderen sie auch haben. Je hartnäckiger sich die Mitglieder der Gruppe gegenseitig versichern, daß sie recht haben, desto dümmer wird das Ganze. Eine Gruppe ist auch eine kleine militärische Einheit. Daran erinnert das im letzten Kriegsjahr gelegentlich gesungene Lied:

„Lieg' ich erst im Massengrab
ist mir alles schnuppe,
ob ich einen Zug geführt,
oder eine Gruppe."

Der Rechtsextremismus ist durch unsere Geschichte in einem Maße diskreditiert, daß man sagen kann: Eine ernsthafte Gefahr für die deutsche Demokratie ist er nicht. Auch von den Linken droht keine solche Gefahr. Die PDS ist innerlich gespalten (wie die Rechtsextremen auch), und die am äußeren linken Rand des Spektrums verbleibenden Unentwegten kann man eigentlich vergessen. Eine ernste Gefahr für die Demokratie wird kaum durch Hakenkreuz und Hitlerbild auf sich aufmerksam machen. Sie könnte aber von innen kommen, ausgelöst durch Gleichgültigkeit und Überdruß und diese beruhend auf dem Unvermögen, in der Kritik einen Nutzen zu sehen. Nicht wo viel kritisiert werden darf und wird, droht Gefahr, sondern dort, wo nicht kritisiert werden darf, sondern gelobt werden muß. In der Regel ist nicht in der Demokratie, wo kritisiert wird, viel falsch, sondern in der Diktatur, wo Kritik nicht stattfindet. Kritik zu üben und Kritik zu ertragen muß allerdings gelernt werden.

Zu leichtfertig wird dahergeredet, daß bei uns Dilettanten, Wichtigtuer, Schwätzer und Absahner das Sagen haben. „Mer woiß net, wen mer von dene noch wähle soll!“ hört man in Schwaben (und anders formuliert auch anderswo) noch öfter. Die Ursachen solcher Ratlosigkeit sind vielfältig. Sie liegen in der programmatischen Annäherung der politischen Positionen der Parteien, den gegenseitigen Beschimpfungen und Verdächtigungen und dem Unbehagen wegen der Mißstände, auf die der Bürger Tag für Tag hingewiesen wird. Die Demokratie ist hervorragend für die Erkenntnis der Wirklichkeit, aber kein guter Boden für Begeisterung. Begeisterung betrachtet die Demokratie eher skeptisch. Denn Begeisterung entsteht gerne dort, wo keine Gedanken sind. Gelegentlich wird vergessen, daß die Demokratie der Gegensatz zur Diktatur ist, ein Gegensatz, so wie positiv zu negativ, richtig und falsch. Staat ist nicht gleich Staat. Aus dem komplizierten Gesamtbild des modernen Staats tritt dieser prinzipielle Unterschied nicht so anschaulich hervor, wie das wünschenswert wäre.

Im NS-Staat war das Volk für Hitler da, in der Demokratie ist die Regierung für das Volk da. Das Volk war im NS-Staat von Hitler abhängig, in der Demokratie braucht die Regierung die Zustimmung des Volks bei den Wahlen. Kritik an Hitler war im NS-Staat ein Verbrechen, das mit dem Tode bestraft wurde, in der Demokratie ist die Kritik an den Regierenden gestattet; sie wird fast als eine Bürgerpflicht angesehen. Im NS-Staat hatten die Medien die Aufgabe, das Regime zu loben, seine Fehler zu vertuschen und zu verhindern, daß die Wahrheit bekannt wird. In der Demokratie sollen die Medien kritisieren, damit die Wahrheit ans Licht kommt. Die Gesetze waren im NS-Staat Instrumente der Unterdrückung des Bürgers. In der Demokratie sollen sie den Bürger schützen. Unter Freiheit verstand das NS-Reich uneingeschränkte Macht für Hitler, nicht aber für den einzelnen „Volksgenossen". In der Demokratie ist die Freiheit des einzelnen Bürgers gemeint. Diese Vereinfachung klingt zwar nach staatsbürgerlichem Unterricht, sie ist aber nützlich und richtig.

Seit dem Ende des „Dritten Reichs" gibt es die Vorstellung, die wahre demokratische Haltung sei die Verweigerung gegenüber Ansinnen des Staates. Ein bei feierlichen Anlässen noch immer vorkommendes, aus dem Zusammenhang gelöstes Zitat lautet: „Seid Sand, nicht Öl im Getriebe der Welt."(Günther Eich) Die früher preußisch genannten, heute als sekundär bezeichneten Tugenden wie Gehorsam, Fleiß, Mut, Pünktlichkeit, Sparsamkeit wurden als Eigenschaften des NS-Staats angesehen und entsprechend verdächtigt. In Wirklichkeit kommt es darauf an, ob das von dem Lyriker und Hörspielautor Günther Eich (1907-1972) erwähnte Getriebe im Dienst der Demokratie steht oder einer Diktatur und ob einer als Bankräuber gehorsam, fleißig, mutig und pünktlich ist oder als Pflegekraft in einem Krankenhaus. Die Demokratie ist positiv und der totalitäre Staat negativ.

Mathematisch gesehen ist das Ergebnis positiv, wenn ein positives Verhalten einer positiven Sache dient. Dient es einer negativen Sache, ist das Ergebnis negativ. Verhält man sich negativ zu einer negativen Sache, ist das Ergebnis wiederum positiv, während sich ein negatives Verhalten zu einer positiven Sache negativ auswirkt. Einige Philosophen meinen, die

Welt beruhe letztlich auf mathematischen Grundlagen. Ich bin auch dieser Meinung. Es wäre traurig, wenn eine gute Gesinnung für die Demokratie wegen logischer Fehler nicht wirksam würde. Die Demokratie stellt keine Harmonie her im Sinne der wirren Parole: Seid einig, einig, einig – im Gegenteil, sie fördert den Streit der Meinungen. Aber ohne gemeinsame Grundlagen funktioniert sie nicht. Es ist erfreulich, daß die brutale Kriegserklärung des Terrorismus die Solidarität der Demokraten gefestigt hat. Ganz allgemein wären, wie schon gesagt, mehr Fairneß und mehr Höflichkeit im Umgang der demokratischen Parteien miteinander angebracht. Niemand muß alles, was er denkt, sagen. Wenn es der Höflichkeit und damit der Friedfertigkeit dient, sind sogar kleinere Unwahrheiten erlaubt.

Die Kommunen und die Dreigroschenoper

Aus Bert Brechts Dreigroschenoper kennen wir den Text: „Und die einen sind im Dunkeln und die andern sind im Licht, doch man sieht nur die im Lichte, die im Dunkeln sieht man nicht." Das trifft nicht nur auf Menschen zu, sondern auch auf Probleme. Die vom öffentlichen Interesse beleuchteten Themen gelten als wichtiger denn jene, die in der Düsternis des öffentlichen Desinteresses dahinsiechen. Aber diese Einschätzung kann falsch sein. Sie ist wohl falsch hinsichtlich der Lage der kommunalen Selbstverwaltung, deren Bedeutung für den Bürger sich umgekehrt proportional zu dem Interesse verhält, das sie in der Bundespolitik findet.

Die Berliner Bundestagsfraktionen streiten sich wegen der Kommunen fast nicht. Die vielen Einzelfragen sind längst bekannt. Die kommunalen Sprecher, zu denen auch ich einst zählte, gelten als routinierte Jammerlappen. Ihnen bleibt aber nur das Jammern, weil die Kommunen im Bundesrat keine Stimme haben. Ich schlage nicht vor, das zu ändern. Um Gottes willen, alles würde noch komplizierter und schlimmer, wenn auch noch die Kommunen Sitz und Stimme im Bundesrat hätten. Aber die Meinung, die Lage der Kommunen ähnele der von Molières „eingebildetem Kranken“, denn in Wirklichkeit gehe es ihnen doch ganz ordentlich, ist zwar bequem, aber falsch. In vielen Städten geht es nicht gut, ja es geht nicht länger so weiter, wenn es nicht eines Tages zu einem Eklat kommen soll, der die öffentliche Aufmerksamkeit von anderen Themen abwendet und den Kommunen zuwendet. Zwei Drittel der öffentlichen Investitionen fallen in die kommunale Zuständigkeit. Das soziale Netz ist weithin kommunal. Und einzelne Städte zahlen bereits jetzt ihre laufenden Personal- und Sachausgaben für Sozial- und Jugendhilfe mit Hilfe von Kassenkrediten. Ein von der Finanzlage erzwungener Kahlschlag im kommunalen Leistungsangebot – von der Kinderkrippe bis zum Schwimmbad und Theater – hat nicht nur Einfluß auf die allgemeine politische Stimmung, sondern auch negative Auswirkungen auf die Standortqualität und damit auf die Investitionen.

Karpfen im Teich der Hechte?

Diese Überschrift, welche den Kommunen die Rolle der Hechte zuweist und dem Staat die des Karpfens, ist stark übertrieben. Die Kommunen wollen den Staat nicht verschlingen, sondern ihn beweglich erhalten. Die stark entwickelte kommunale Selbstverwaltung ist zum Beispiel ein Merkmal des Landes Baden-Württemberg. Ihr angehört zu haben, erfüllt mich auch noch im Alter mit Stolz. In meinen Reden behaupte ich zwar, ein Teil meiner Beschwerden sei darauf zurückzuführen, daß ich mich jahrelang vor der Landesregierung und dem Regierungspräsidenten hätte verneigen müssen, was mein Rücken so sehr abgenutzt hätte, daß ich des aufrechten Gangs nicht mehr fähig sei. Diese Behauptung wird vom Publikum gerne gehört, viel belacht und mit Beifall bedacht, stimmt aber nicht.

Nach 1945, besonders in den ersten Jahren des 1952 vereinigten Südweststaats gelang es der kommunalen Ebene, für die Bürgermeister eine im Bundesgebiet einmalige Regelung durchzusetzen: Die Bürgermeister wurden beim ersten Mal auf acht Jahre, beim zweiten Mal auf zwölf Jahre gewählt – ohne Altersgrenze. Sie konnten also bis zum Tode Bürgermeister bleiben. Da war man fast auf dem Wege zum Lehensstaat. Aber kurz vor der Neueinführung des erblichen Adels wurden auch die zweite und die folgende Wahlperiode der Bürgermeister auf acht Jahre gekürzt und die Altersgrenze auf 68 Jahre festgesetzt. Mir und manchem Kollegen hat diese Regelung wohl das Leben gerettet. Ich wurde praktisch aus dem Rathaus hinausgeworfen. Freiwillig wäre ich nicht gegangen.

Nach wie vor erhalten Politik und Verwaltung ihre Dynamik zu einem guten Teil durch die kommunale Selbstverwaltung. Von den Bürgermeistern und den Landräten erwarten die Bürger eine emsige Tätigkeit bei sparsamem Umgang mit Steuermitteln. Aber sie gönnen ihnen auch etwas, jedenfalls ein schönes Auto und ein würdiges Dienstzimmer von beachtlicher Größe. Im alten Indien sollen einzelne Völker die Gewohnheit gehabt haben, ihren Fürsten in regelmäßigen Abständen in Gold auszuwiegen. Anstatt ihm eine strenge Diät aufzuerlegen, haben sie sich darüber gefreut, wenn er wieder einige Kilo zugelegt hatte. Soweit geht die Verehrung von Landrat und Bürgermeister in Baden-Württemberg nicht. Hier dürfen Bürgermeister bis zu dem Monatsende im Amt bleiben, das auf ihren 68. Geburtstag folgt. Landräte werden schon mit 65 Jahren aus ihrem Amte entfernt. Wahrscheinlich verbrauchen sich Landräte schneller als Bürgermeister, die durch die Feuerprobe der direkten Volkswahl gehen müssen und dadurch gestählt bis zum 68. Lebensjahr ausharren können.

Früher, als es für die Bürgermeister, ihre Wiederwahl vorausgesetzt, gar keine Altersgrenze gab, war ihr Vorgesetzter neben unserem Herrgott das wahlberechtigte Volk. Dieses hat in der Regel ein Herz für seinen im Amt ergrauten Schultes und verzeiht ihm, wenn er nicht mehr alles weiß, manches durcheinanderbringt und Reden voller (gelegentlich unfreiwilligem) Humor hält. Anders ist es bei einem Landrat, denn in dem Kreistag, der ihm übergeordnet ist (wer dieses nicht glaubt, soll in der Kreisordnung nachlesen), sitzen ausgewiesene Fachleute, nämlich die Bürgermeister. Frustrierend für den Landrat ist die ihm obliegende Kommunalaufsicht über Kreisgemeinden, denn bei der allgemein anerkannten Qualität des baden-württembergischen Bürgermeisters gibt es weder etwas zu beaufsichtigen noch etwas zu beanstanden. Es ist nicht leicht, Aufgaben wahrzunehmen, die sich eigentlich erübrigen; der Fall des vergessenen Postens, der eine Woche die Kaserne bewacht, obwohl sein Regiment schon längst abgerückt ist, sei hier angeführt.

In einer Zeit, in der sich in Europa andere, früher auf ihren Zentralismus stolze Staaten auf den Weg zur Dezentralisation begeben, sollten nicht ausgerechnet wir Deutsche durch Regelungsperfektionismus und finanzielle Austrocknung der kommunalen Ebene wieder den Zentralstaat oder einen Bund von Zentralstaaten einführen, sozusagen durch die Hintertür. Es geht hier nicht nur um örtliche Interessen von Städten, Gemeinden und Landkreisen, sondern auch um die Grundlagen des demokratischen Staats in einem geeinten Europa im 21. Jahrhundert. Dieses Europa muß nach dem Subsidiaritätsprinzip aufgebaut sein, wenn nicht das demokratische Element durch bürokratische Techniken ausgehebelt und in seiner Funktion eingeschränkt werden soll.

Die Nähe zur Praxis

Von Bedeutung für den Staat ist die Nähe der Kommunen zur Praxis und deren Fähigkeit, aus Erfahrungen nutzen zu ziehen. Es fällt auf der örtlichen Ebene nicht so leicht, an Vorstellungen festzuhalten, die durch die Praxis überholt sind. Eine elektronische Maus, die ein Labyrinth durchqueren soll und mit einem Gedächtnis für Fehlentscheidungen ausgestattet ist, macht den selben Fehler nur einmal und wird deshalb die Durchquerung von Mal zu Mal schneller schaffen. Der Mensch denkt, sofern er das überhaupt tut, komplizierter. Auch ist er vergeßlicher. Deshalb wiederholt er gerne die selben Fehler. Es läßt sich geradezu eine Anthologie und Typologie sich ständig wiederholender Fehler aufstellen. Zu diesen Fehlern gehört zum Beispiel die Verwendung des Wortes „Priorität“ anstatt „wichtig“, so daß jetzt alles Priorität hat, was nicht sein kann, weil Priorität Vorrang heißt und dort, wo etwas Vorrang hat, auch etwas Nachrang haben muß. Um dieser Konsequenz auszuweichen, gibt es jetzt die „absolute Priorität“, was ein Unsinn ist, denn jede Priorität ist relativ zu der Posteriorität. Auch ein Unsinn ist das Wort „nachrangige Priorität“, was ein nachrangiger Vorrang wäre, wenn es ihn gäbe. Es gibt ihn aber nicht.

Fatal ist die Meinung, wo ein Bedarf sei, gebe es auch eine Nachfrage und die Mittel, sie zu befriedigen. In Wahrheit ist der Umstand, daß ein Bedarf besteht, eher ein Hinweis darauf, daß die Mittel fehlen. Denn wären sie da, gäbe es den Bedarf nicht, weil er bereits befriedigt wäre. Auch kein Hinweis auf die Aktivierung eines höheren Intelligenzquotienten ist die Behauptung, nur die konsumtiven Löhne, Renten und Sozialleistungen hätten moralische Qualität, nicht aber die Investitionen in die Infrastruktur, welche die Einnahmen sichern und Arbeitsplätze entstehen lassen. Wo in der Politik das moralische Argument die praktische Vernunft in einem Maße zur Seite drängt, daß einzelne Vorgänge nur noch durch Wunder erklärt werden können, sollte, bevor dem Himmel gedankt wird, zunächst einmal die Rechnungsprüfung mit der Untersuchung des Sachverhalts beauftragt werden. Weitere Fehler ließen sich anführen, so auch die gerne geübte Praxis, über Geld zu streiten, ohne geprüft zu haben, ob es überhaupt da ist. Jedenfalls sind wir Veteranen der kommunalen Selbstverwaltung davon überzeugt, daß wir von Gesellschaft und Politik gebraucht werden, denn wenn diese schon Fehler machen, dann wenigstens neue und nicht auch noch die alten. Aber das ist wohl ein frommer Wunsch. Aus Erfahrung wird Gewohnheit, aus Gewohnheit Unbeweglichkeit. Je tiefer die ausgefahrenen Gleise werden, desto schwerer fällt es, sie zu verlassen. Jüngere Leute haben es leichter, Neues zu erwägen und zu riskieren, weil sie noch keine eingekerbten Gewohnheiten haben.

Häufiger als früher scheint die Regel zu gelten: Je höher die Zahlen, desto wahrscheinlicher der Irrtum. Solche Gedanken kommen dem Menschen auch dann, wenn er plötzlich erfährt, daß große Unternehmen, an deren solide Grundlagen er fest geglaubt hat, pleite sind – ohne daß dies die Wirtschaftsprüfer oder einer der Fachleute in den Aufsichtsgremien rechtzeitig bemerkt hat. Es ist kein Hinweis auf eine strukturkonservative Gesinnung, wenn in diesem Buch immer wieder darauf hingewiesen wird, daß sich ohne Pünktlichkeit, Aufrichtigkeit, Zuverlässigkeit, Verantwortungsbewußtsein und Mut vor den Tatsachen weder das Erreichte sichern noch die Zukunft meistern läßt. Die Vernachlässigung der sekundären Tugenden können wir uns nicht leisten. Das gilt für den Bildungsauftrag der Schulen und für das Leben ganz allgemein. Freiheit muß ja nicht unbedingt als Freistellung von Pflichten unter gleichzeitiger Ausweitung der Rechte mißverstanden werden. Nach allerlei Flickwerk tut eine wohldurchdachte Reform des gesamten Finanzsystems not, auch des kommunalen. Dem Beispiel des Till Eulenspiegel als Sanierer eines Krankenhauses sollte man nicht folgen. Er zwang die Kranken zu gehen, indem er jene, die bleiben wollten, mit dem Tode bedrohte. Alle gingen, um wiederzukommen, als er weg war, so daß die Verhältnisse nach der Reform schlechter waren als vorher.

Auch die stückweise Demontage der Gewerbesteuer hat ihre Schattenseiten. Es gibt keinen brauchbaren Ersatz. Der Vorschlag des Bundesverbands der Deutschen Industrie (BDI), der in der Bundes- und Landespolitik einflußreiche Befürworter gefunden hat, will die Gewerbesteuer abschaffen und die Gemeinden mit einem kommunalen Zuschlag auf die Körperschaftssteuer, Einkommenssteuer und Lohnsteuer abfinden. Die Gemeinden sollen ein Hebesatzrecht erhalten. Die Industrie hätte wohl keine rechte Freude an einer solchen Lösung. Denn die Kommunen bekämen das Geld unabhängig davon, ob sie ein Gewerbe haben oder nicht. Die Industrie braucht aber das kommunale Interesse an dem Gewerbe, das nicht nur ein ideelles, sondern auch ein materielles sein sollte. Je nach Wohnsitz und Hebesatz müßte eine unterschiedlich hohe Lohn- und Einkommenssteuer bezahlt werden. In Großstädten mit ihren höheren Kosten je Einwohner wird auch der Hebesatz und damit die Steuer höher sein müssen. Hierin liegt ein gefährliches Konfliktpotential. Dieses wird nicht dadurch entschärft, daß sich Gutverdienende den Ort mit der günstigsten Einkommenssteuer aussuchen können, während weniger Gutverdienende mangels Mitteln dort bleiben müssen, wo sie sind. Es empfiehlt sich deshalb, über eine Aufwertung der Gewerbesteuer nachzudenken: durch Modernisierung des Gewerbebegriffs und Einbeziehung der freien Berufe, so, wie das der Deutsche Städtetag vorschlägt. Es ist klar, daß auch diese Lösung keine Begeisterungsstürme auslöst, aber sie ist der Sache angemessener als die Lösung über die Einkommenssteuer.

Berliner Republik

Ist die Berliner Republik noch die Bonner Republik? Bin ich noch der, der ich 1944, 1952, 1974 war? Eigentlich nicht. Die Menschen ändern sich und ihre Institutionen auch. Aber die tragenden Normen der Verfassung gelten nach wie vor, für Deutschland, ein Land, das seit der Wiedervereinigung an Fläche größer, an Einwohnern zahlreicher und an Problemen reicher geworden ist. Inwieweit verändert die größere Quantität die Qualität? Gewiß verändert, nicht unbedingt verbessert hat sich die Lebensqualität der Politiker in der jeweiligen Hauptstadt.

1966, als ich für sehr kurze Zeit im Kanzleramt war, war – wenn man von der Gastfreundschaft der Landesvertretungen absieht – die größte gastronomische Attraktion im Regierungsviertel das Wirtshaus zur Rheinlust. Dort konnte man kostengünstig einen „halven Hahn" bekommen – so heißt dort ein Käsebrot – und mit Hosenträgern geschmückten Politikern dabei zusehen, wie sie über die Parteigrenzen hinweg Skat spielten. Heute ist die Attraktion aller Attraktionen das Hotel Adlon in Berlin, dessen Preise Ehrfurcht gebieten, selbst den an Milliardensummen gewöhnten Politikern. Einige von ihnen geben ihrer Ehrfurcht dadurch Ausdruck, daß sie noch nie dort waren. Ich auch.

Aus der Provinz in die Metropole, wenn das den Menschen, seine Regierung und sein Parlament nicht verändert! Bonn und Godesberg sind reizvolle, solide, aber bescheidene Orte, während Berlin sich als eine Großstadt begreift, die einmal Weltstadt war und fest entschlossen ist, das wieder zu werden. Lebendig ist Berlin, dynamisch, voller Konflikte, mit ungewöhnlichen Menschen, die nicht zufrieden sind, einige von ihnen ebenso wie die Berliner Polizei in Straßenschlachten erprobt. Da können Ruhe und Zufriedenheit, die größten Feinde der Kultur, nicht Einzug halten. In meiner Jugend sang man einen Schlager, der in etwa lautete: „Du bist verrückt mein Kind, du mußt nach Berlin, wo die Verrückten sind, da gehörst du hin!" So schlimm ist es noch nicht. Besonders der Reichstag, heute Bundestag, mit seinem Glasmützchen erweckt das Vertrauen, daß die Verrücktheiten sich in Bereichen abspielen, die weniger Risiken in sich bergen als die

Politik. Ein Medium verbreitete vor geraumer Zeit die Nachricht, in den Toiletten im Bundestag seien Hinweise auf Drogenkonsum gefunden worden. Das war eine gewaltige Übertreibung. Offenbar gab es zwar geringe Spuren von Drogen, deren Ausbreitung auf mehrere Toilettendeckel aber darauf beruhte, daß für deren Reinigung derselbe Lappen benutzt worden war.

Die nach Bonn gereisten Landesfürsten konnten seinerzeit noch sagen, sie seien aus ihren Metropolen in die Provinz gekommen. Das können sie heute nicht mehr behaupten. Berlin ist im Sinne des Sprachgebrauchs „kein Geld mehr da" pleite, aber trotzdem zahlungsfähig und vor allem planungsfreudig. Das sieht nach einem Wunder aus und ist deshalb verdächtig, weil Wunder in Geldfragen weder von Jesus noch einem Heiligen bewirkt worden sind. Aber der Fall der Mauer und die Wiedervereinigung mit sowjetischer Zustimmung waren ja auch so etwas wie Wunder. So wollen wir auf Rettung vor den Folgen hoffen, aber uns nicht darauf verlassen, daß sie uns als Himmelsgeschenk in den Schoß fällt. Jedenfalls ist Berlin mit seinen Visionen, Konfusionen und Illusionen ein Kulturboden, von dem noch viel zu erwarten ist, zumal Kunst nach Meinung des in Stuttgart geborenen, aber in Berlin zu Weltruhm gelangten Hegel eher auf der Nachlassung des Geistes und den dadurch ausgelösten Inspirationen beruht.

Nicht nur Berlin und die Berliner Republik, die Welt hat sich geändert. Der amerikanische Präsident wird in Moskau freundlicher begrüßt als in Berlin. Allerdings sind die amerikanischen Präsidenten in Berlin auch früher nicht mit Freundlichkeit überschüttet worden, ausgenommen John F. Kennedy. Aber den brauchte man damals gegen die Russen. Heute sind auch die Russen unsere Freunde. Gerhard Schröder ist per Du mit Putin, Helmut Kohl ist per Du mit Jelzin. Berlin war als Hauptstadt wohl unvermeidlich. Ich beginne das einzusehen, obwohl auch ich mich nach der Wiedervereinigung dafür ausgesprochen hatte, daß Bonn Bundeshauptstadt bleibt. Ich tat das wegen der Kosten, an die nicht gedacht zu haben die Ursache so mancher von patriotischen Gefühlen getragenen Fehlentscheidung ist. Zum Beispiel hätte das Kostenargument auch gegen die meisten Kriege gesprochen. Aber lassen wir das. Berlin ist und bleibt Hauptstadt. Ende der Diskussion.

Die neuen Bundesländer wirken im Bundesrat bei der Gestaltung der nationalen Politik mit. Sie vertreten auch ihre eigenen Interessen, wie das die alten Bundesländer ebenfalls tun. Die Interessen der alten und der neuen Bundesländer stimmen nicht immer überein. Das erschwert die Berechenbarkeit. Den Kampfruf aus der Zeit der Wiedervereinigung „Teilen“ hört lieber, wer etwas zu bekommen hofft, als wer etwas hergeben muß. Es geht um Geld. Das ist immer etwas korrumpierend. Jemandes Leid zu teilen ist leichter, als ihm Geld zu geben. Wie leicht das ist, erleben wir im Fernsehen, wenn dort die guten Menschen auftreten. Man glaubt gar nicht, wieviel Leid der Mensch teilen kann, wenn das für ihn keine finanziellen Folgen hat.

Die Solidarität zwischen dem Osten und dem Westen Deutschlands hat bislang ganz gut funktioniert. Aber die nur begrenzt übereinstimmenden Interessen in Ost und West stören etwas, wenn es gilt, Wahlkampfstrategien zu erarbeiten und das Wählerverhalten vorauszusagen. Wer die Interessen des Ostens vernachlässigt, riskiert, dort einen auf den Hut zu bekommen. Für die Mehrheit unsere Landsleute im Osten war die Wiedervereinigung zwar ein angestrebtes Ziel. Aber als es erreicht war, war es mit erheblichen Härten verbunden, mit den Folgen zurechtzukommen. Ein großer Teil der Industrie im Osten ging im globalen Wettbewerb ein wie rote Blumen eingehen, wenn in einer kalten Winternacht das Gewächshaus geöffnet wird. Die ungesunde Subvention der Preise entfiel. Die beachtlichen sozialen Leistungen für die Jugend mußten stark eingeschränkt werden. Die Stasi-Unterlagen, mit preußisch-sächsischer Sorgfalt erstellt, belasteten den gesellschaftlichen Zusammenhalt und erschwerten die Versöhnung. Die Arbeitslosigkeit stieg und entwickelte sich zu einem zentralen Problem. Der Staat wurde umgebaut und die kommunale Selbstverwaltung wieder eingerichtet. Das Recht der alten Bundesrepublik wurde auch in der ehemaligen DDR in Kraft gesetzt. In hastig zusammengestellten, aber wenigstens von Könnern erarbeiteten Broschüren versuchte das Bundesinnenministerium, den Inhalt der wichtigsten Rechtsnormen in verständlichem Deutsch bekanntzumachen. Grundstücke sollten an Enteignete oder deren Erben zurückgegeben werden, sofern sie nicht in gutem Glauben an ihr Recht andere nutzten. Aber die alten Grundbücher galten nicht mehr. Zum Glück waren meistens die alten noch da. Investoren, aber auch Beutelschneider reisten in die Ostländer und boten ihre Dienste an.

Inzwischen kennen unsere Landsleute im Osten uns im Westen nicht nur von der guten Seite. Aber Tausende von Experten sind freiwillig aus dem Westen in den Osten gegangen und haben dazu beigetragen, daß der Übergang in die Demokratie und Marktwirtschaft nicht noch größere Härten auslöste. Nicht wenige haben für die Interessen des Ostens härter gekämpft als die Einheimischen. Rückblickend und im Besitze praktischer Erfahrung muß man sich darüber wundern, daß doch vieles gelungen ist und daß das Erscheinungsbild der Städte und Gemeinden im Osten sich nachhaltig verbessert hat. Die Transferleistungen von West nach Ost – man schreibt und redet von 750 Milliarden Euro – müssen doch irgendwo sichtbar werden. Allerdings wird durch sie keine Pflicht zur Zufriedenheit begründet. Die Demokratie gewährt ihren Bürgern auch das Recht zur Unzufriedenheit, selbst dann, wenn diese nicht begründet ist. Unzufriedenheit ist überdies der Motor des Fortschritts. Unsere Landsleute im Osten haben schon lange gemerkt, daß Zufriedenheit den Verdacht auslöst, man hätte etwas zu Unrecht bekommen, und daß man mehr fordern muß, als man bekommen kann, um wenigstens das zu bekommen, was man braucht. Aber allein durch Teilen kommen wir nicht weiter. Es kommt darauf an, wie hoch die absoluten Beträge sind, die Deutschland für die Pflege der Infrastruktur erwirtschaften kann und bereitzustellen vermag. Immer weniger immer gerechter zu verteilen, führt vielleicht in den Himmel, aber nicht zum irdischen Erfolg. Das Geld, das dem Staat zufließt, kann aus sozialen Erwägungen nicht nur dahin gelenkt werden, wo der soziale Geldbedarf am größten ist, sondern es muß auch dahin gelangen, wo die Rentabilität am günstigsten ist. Andernfalls versiegt die Quelle. Die Summe der Eigeninteressen ist keine Ordnung, sondern das Chaos.

Das wichtigste Ziel, nämlich daß das Bruttoinlandsprodukt in den neuen Bundesländern stärker wächst als in den alten, wurde nicht erreicht. Im Gegenteil, es wächst weniger stark. Besonders deutlich wird das, wenn man das durch die Transferleistungen und Subventionen ausgelöste Wachstum herausrechnet. Sollte das Wirtschaftswachstum im Westen weiterhin größer sein als im Osten, würde das Gefälle zwischen West und Ost zunehmen und deshalb auch der Länderfinanzausgleich für die Geberländer immer einschneidender werden. Das ist ein schwerwiegendes Problem. Verteilungsgerechtigkeit ist nicht die einzige Form der Gerechtigkeit. Entscheidend für das wirtschaftliche Wachstum auch in den neuen Bundesländern ist die Privatwirtschaft. Deren Produktivität und Qualität muß erhöht werden. Insbesondere darf sie möglichst nicht mit vermeidbaren Kosten belastet werden, solange nicht ein angemessenes, das heißt den konkurrierenden Wirtschaftsräumen entsprechendes Niveau erreicht worden ist. Es ist an der Zeit, die praktischen Erfahrungen auszuwerten und die weitere Politik auf dieser Grundlage aufzubauen. Falls die Weichen falsch gestellt sind, läßt sich das nicht durch erhöhte Geschwindigkeit ausgleichen. Damit sie richtig gestellt werden, brauchen wir ein ungefärbtes Bild der

Wirklichkeit und eine realistische Sicht der Möglichkeiten. Lothar Späth hat ein besonderes Talent – nämlich auch Unerfreuliches anschaulich, klar und mit ironischen Einschüben in einer Weise darzustellen, daß die Zuhörer applaudieren, obwohl sie betroffen sind. An solchen Darstellungen fehlte und fehlt es während der Wiedervereinigung und heute. Es ist seltsam, daß in der deutschen Politik die Meinung ziemlich festsitzt, der Wähler wolle das Schöngefärbte lieber als das Naturfarbene oder er merke es nicht, wenn die Färbung etwas intensiv geraten ist. Da irrt die Politik.

Die Bindung unserer ostdeutschen Landsleute an die Parteien, die ihre Wurzeln in Westdeutschland haben, ist naturgemäß lockerer als im Westen. Dies führt zu großen Schwankungen bei den Wahlergebnissen in den neuen Bundesländern und zu weiterer Unberechenbarkeit, denn Wahlaussagen, die im Westen freundlich aufgenommen werden, kommen deshalb nicht unbedingt auch im Osten an. Die seinerzeitige Ankündigung blühender Landschaften in den neuen Bundesländern binnen weniger Jahre – und das auch noch ohne Steuererhöhungen – erregt bei vielen im Osten heute noch Unmut. Diese zu optimistische Einschätzung war ein Irrtum, allerdings einer, der von Wissenschaftlern genährt wurde. Bei Voraussagen empfiehlt sich eben, etwas undeutlicher zu formulieren und Entwicklungen eher als möglich denn als sicher zu bezeichnen. Was man nicht weiß, soll man auch nicht erzählen, wenigstens nicht in der politischen Auseinandersetzung. Die deutsche Sprache erlaubt es, etwas so darzustellen, daß es entschlossen wirkt und doch undeutlich bleibt.

Die Berliner Republik wird Entscheidungen zu treffen haben, für die das Wort „historisch" nicht übertrieben ist. In der nächsten Legislaturperiode geht es unter anderem um die Osterweiterung der Europäischen Union, um den weiteren Ausbau der freundschaftlichen Beziehungen zu Frankreich, um eine tragfähige Verfassung für die Europäische

Union, um eine neuorientierte NATO, um die Festigung der freundschaftlichen Beziehungen mit den USA, um die Fortentwicklung der Zusammenarbeit mit den GUS-Staaten, vor allem mit Rußland, und um das Engagement für den Frieden im Nahen Osten. Hinzu kommen innenpolitische Fragen wie weiterer Ausbau der Infrastruktur in den alten wie in den neuen Bundesländern, Bildung, Arbeitsmarkt, Versorgung. Die finanziellen Mittel sind begrenzt. Die bisher so gerne benutzte Hintertür der Kreditfinanzierung ist durch die Beschlüsse von Maastricht nicht mehr durchgehend geöffnet.

Vor einer so großen Zahl grundsätzlicher und schwieriger Entscheidungen stand bislang noch keine Bundesregierung, vielleicht mit Ausnahme der Regierungen unter Bundeskanzler Adenauer, die, weiß Gott, auch keinen Mangel an großen Themen hatten. Möge die Mahnung an die Tragödie der Weimarer Demokratie unserem Parlament stets gegenwärtig sein, aber auch die Ermutigung durch die erfolgreiche deutsche Demokratie nach dem Zweiten Weltkrieg. Möge auch die Dankbarkeit fortbestehen gegenüber den Siegermächten. Dies gilt vor allem für die USA, Frankreich und Großbritannien, aber auch für die Sowjetunion in den letzten Jahren ihres Bestands, die den lange von ihr versperrten Weg zur Wiedervereinigung schließlich doch geöffnet hat.

Familienpolitik ist wieder modern

Bestrebt, Gutes und Großes zu tun oder jedenfalls darüber zu reden und dabei konkurrierenden Politikern Versäumnisse vorzuhalten, ermutigt durch den Orakelspruch des Bundesverfassungsgerichts, ergreifen immer mehr wohlmeinende Persönlichkeiten das Wort zu Familienfragen. Der Unterschied zwischen Frauen und Männern muß besonders jene Menschen erregen, die das Streben nach Gleichheit leitet. Auch tritt wieder ins

Bewußtsein, daß es schwer und teuer ist, ein Kind zu versorgen und gleichzeitig einen Beruf auszuüben, vor allem wenn das Kind klein ist und am Tag und leider auch in der Nacht Anforderungen stellt. Das gilt für Eltern mit und ohne deutschen Paß. Als schmerzlich wird von manchen empfunden, daß Ehepaare, die keine Kinder haben, von der durch diese entstehende Last befreit sind, mehr verdienen, öfter in den Urlaub fahren und deshalb glücklicher sein könnten. Die Frage wird aufgeworfen, ob solche Ehepartner überhaupt eine Familie sind.

Aber auch kinderlose Ehen müssen geschützt werden. Es besteht kein Grund, ihnen die Familieneigenschaft abzusprechen und – um die materielle Seite zu erwähnen – das Ehegattensplitting abzuschaffen, das heißt, die Verteilung des Gesamteinkommens auf beide Teile zu beseitigen, um Geld für die mit Kindern Belasteten freizumachen. In normalen Ehen hängt die Leistung des einen Partners von der des anderen ab. Diesem Umstand muß der Gesetzgeber Rechnung tragen. Die Ehe als ein schlichtes Schuldverhältnis wie Kauf und Miete anzusehen, wäre eine Barbarei. Natürlich gibt es Ehen, in denen der eine Teil nichts tut, während der andere arbeitet wie ein Brunnenputzer. Aber so etwas gibt es auch in Betrieben, Behörden und Parteien. Die Politik wird es nicht verhindern können.

Man wundert sich darüber, daß das alles über Jahre hinweg nur wenig Beachtung fand und meint, jetzt sei es fünf Minuten vor zwölf, manche glauben sogar es sei schon fünf Minuten nach zwölf.

Angeregt wird die Diskussion durch den Umstand, daß nach nicht anzuzweifelnden Bevölkerungsprognosen in Deutschland mit weniger Geburten, längerer Lebenserwartung, Überalterung und Erhöhung des Versorgungsaufwands zu rechnen ist. Gewußt hat man das schon lange, gemerkt aber erst kürzlich. Es wäre besser gewesen, es wären mehr Kinder geboren worden, was die Aufgabe der an der Fortpflanzung weniger Interessierten gewesen wäre. In weltweitem Zusammenhang ist eher die Einschränkung der Fortpflanzung empfehlenswert, da die Menschheit sich in den vergangenen siebzig Jahren verdreifacht hat und, wenn sie sich in dem kommenden Jahrtausend alle siebzig Jahre nur verdoppelte, bis zum Jahr 3000 auf rund das 17 000fache anwachsen würde. Das wären dann 51 000 Milliarden Menschen anstatt sechs Milliarden, also entschieden zu viel.

So weit kommt es sicher nicht. Aber der Einwanderungsdruck auf Europa ist jetzt groß und würde sich schon bei einer Verdoppelung oder Verdreifachung der Weltbevölkerung im neuen Millenium enorm steigern. Die Bundesstatistik hat schlüssig dargestellt, daß Deutschland Einwanderer braucht, wenn Wirtschaft und Sozialsysteme weiterhin funktionieren sollen. Nicht allen gefällt es, daß es so ist. Manchem gefällt die Formel „Kinder statt Inder" ganz gut. Aber diese sind, wie so viele in unserem Land, der Faszination des Reimes erlegen, denn die Inder könnten bei attraktiven Angeboten gleich kommen, während die Kinder nach Aufzucht und Ausbildung erst in zwanzig bis dreißig Jahren dem Arbeitsmarkt zur Verfügung stünden.

Es entsteht somit, wie es so schön heißt, Handlungsbedarf. Halt! Zunächst einmal Diskussionsbedarf. Ich weiß, daß es in der Praxis umstritten ist, ob vor oder nach der Entscheidung nachgedacht werden soll, wobei jene recht haben, die darauf hinweisen, daß man nachher die Folgen besser kennt und sie in die Argumentation einbeziehen kann. Aber ich bekenne mich als Anhänger der altmodischen Meinung, daß vor der Entscheidung nachgedacht werden sollte. Wie jeder Autofahrer weiß, muß man nicht nur das Ziel kennen, sondern auch den Weg und über einen Wagen mit aufgepumpten Reifen und genügend Benzin verfügen. Vor allem muß klar sein, wer fährt und wer nicht. Fälle wie die Heimfahrt der zwei Betrunkenen, von denen einer den Fahrstil des anderen kritisierte und dieser erwiderte: „Wieso ich, ich dachte du fährst" sollte auch in der Politik die Ausnahme bleiben.

Die Steuerreform soll die Steuerlast der Unternehmen und Bürger senken, was zunächst das Steueraufkommen verringert. Die Opposition in Berlin ist der nicht unbegründeten Meinung, daß die mittleren und kleinen Unternehmen in der Steuerreform zu kurz gekommen sind. Gibt man dieser Meinung nach, sinkt das Steueraufkommen weiter. Aber jetzt, nach einem Zwischenhalt bei der Rentenreform, reden wir über die Familienreform. Für die wird wiederum Geld gebraucht. In solchen Fällen liegt nahe, zunächst einmal die Frage zu stellen: Ist das Geld da oder nicht da? Ist es da, ist es gut. Ist es nicht da, ergibt sich die weitere Frage: Wie kann es in welcher Höhe beschafft werden. Hierfür ergeben sich grundsätzlich drei Möglichkeiten: Einnahmeerhöhung, Kreditaufnahmen und Streichung von Ausgaben. Diese Möglichkeiten lassen sich nur nutzen, wenn sie konkret werden. Aber in manchem Politiker brennen die Leidenschaften. Die ungeklärte Finanzierungsfrage hält er für ein Problem der Buchhalter und Kleingeister. Er fragt einfach: Was ist der Bedarf? Die Realität folgt aber nicht dem Bedarf, sondern den begrenzten Möglichkeiten, ihn zu befriedigen. Deshalb ist die Herstellung eines Finanzierungskonzepts Voraussetzung für weitere Schritte in der Familienpolitik. Dies gilt um so mehr, als die Haushalte des Bundes, der Länder und der Gemeinden betroffen sind. Am günstigsten wäre zur Klärung des Umfangs der Finanzierbarkeit ein Rahmenplan für den Gesamthaushalt.

Weitere Vergünstigungen der Familien mit Kindern im Steuerrecht, bei den Beiträgen zu Versicherungen, bei der Entlohnung, überhaupt im Arbeitsleben (bei erheblicher Privilegierung zu Lasten des Arbeitgebers kann die entgegengesetzte Wirkung eintreten) sowie die Finanzierung von Ganztagskindergärten, Schulen, Krippen und Tagheimen zu tragbaren Preisen lösen einen Gesamtbedarf in Höhe von vielen Milliarden Euro im Jahr aus. Dieser Bedarf steht in Konkurrenz mit anderen Bedürfnissen. Er ist wohl nur teilweise zu erfüllen, auch wenn die Glocken der sozialen Gerechtigkeit noch so laut dröhnen. Nicht geborene Kinder lassen sich nicht nachliefern. Inzwischen muß die Frage der Einwanderung geregelt werden. Hierbei wären auch die Folgen der Osterweiterung der EU für Angebot und Nachfrage auf dem Arbeitsmarkt zu beachten, die erheblich sein können. Zahlen müssen auf den Tisch, damit entschieden werden kann.

Vielleicht sollte auch einmal daran erinnert werden, wie leichtfertig von Politikern aller Richtungen mit der Institution und Aufgabe der Familie umgesprungen wurde, ehe die damit zusammenhängenden Fragen als wählerwirksames Thema entdeckt wurden. Es soll mit dieser Erinnerung beileibe nichts eingewendet werden gegen Regelungen zur Erleichterung anderer Lebensgemeinschaften. Aber es ginge doch Entscheidendes verloren, wenn die Ehe als eine auf Dauer angelegte Lebensgemeinschaft unmodern würde. Wieviel Grundvertrauen und Lebensmut kann eine gute Ehe geben, nicht nur den Kindern, die aus ihr hervorgehen, sondern auch dem Ehepaar. Soll der Mensch von morgen sein Leben auf Mißtrauen und ständiger Risikobereitschaft aufbauen, mit allem rechnend, sich juristisch absichernd und stets auf der Hut, halb Jäger und halb Gejagter? Eine solches Klima wäre auch für Kinder nicht günstig. Und die Selbstverwirklichung? Sie bedeutet doch, nicht nur nach seinen Wünschen, sondern auch nach seinen Pflichten zu leben.

Ich habe übrigens die Erfahrung gemacht, daß Frauen, wenn sie von Selbstverwirklichung sprechen, in der Regel eine Arbeit aufnehmen wollen, während Männer, die solche Absichten äußern, meistens die Arbeit einzustellen beabsichtigen. Wir brauchen sicher mehr Krippen, Kindergärten, Horte und so weiter, und es wäre auch gut, wenn es mehr Ganztagsschulen gäbe, falls sich das alles finanzieren läßt. Aber Kinderbetreuung durch die öffentliche Hand rund um die Uhr kann es nicht geben. Es wird auch nie so sein, daß die Arbeitszeiten aller Mütter mit den Öffnungszeiten der Kindertagesstätten zusammenpassen. Es sollte kein sozialer Druck auf Mütter ausgeübt werden, einen Beruf auszuüben. Wer in der Lage und gewillt ist, die Pflege und Erziehung selber in die Hand zu nehmen, sollte auch das tun können, ohne als unmodern oder unbedarft kritisiert zu werden. Pflege und Erziehung von Kindern ist gerade heute ein schwieriges Geschäft. Selbst in wohlhabenden Familien kann sich die Beziehung zwischen Eltern nicht darauf beschränken, daß das Kind dem zuständigen Elternteil vom Kindermädchen zum Gute-Nacht-Kuß gereicht wird.

Von der Vergangenheit heimgesucht

Der Großvater meiner Frau schrieb im August 1914 in die Familienbibel: „Deutschland wird der mächtigste Staat der Welt“ – eine bemerkenswerte Ansicht eines Mannes, der in seiner Militärzeit wegen des Besitzes sozialistischer Zeitungen Bitteres erdulden mußte. Im Jahr 1945 ergänzte er seine Eintragung durch die Worte: „Fehlgeschossen durch jugendliche Unerfahrenheit, 1915 wußte ich es bereits besser.“ Letztere Behauptung sollte wohl in der Familie seine Autorität retten. Wo der Mensch denkt, dort irrt er, aber dort, wo er nicht denkt, irrt er noch mehr. Wer sich mit der Vergangenheit befaßt, kommt meistens zu dem stolzen Ergebnis, daß heute die Klugheit weit mehr verbreitet ist als damals. Die Dummheiten von heute werden dann von den kommenden Generationen erkannt. Wir alle irren und bedürfen der Milde und der Vergebung. Es ist tröstlich, daß ein reuiger Sünder mehr geschätzt wird als 99 Gerechte (Lukas 15,7).

Die Vergangenheit können wir nicht ändern. Die Zukunft läßt sich noch etwas formen. Für die Zukunft wäre es nicht günstig, wenn die Protestbewegung der sechziger und siebziger Jahre mit ihren Rechtsbrüchen, Gewalttaten, Ungereimtheiten und Behauptungen idealisiert, romantisiert und zu einem erfreulichen Ereignis hochstilisiert würde, dessen unsere Demokratie dringend bedurfte. Die Demokratie wurde damals allenfalls dadurch gestärkt, daß sie der Bewegung standgehalten hat. Ich will mich nicht moralisch aufplustern. Auch meine Generation hatte Fehler zu bewältigen. Aber so viel habe ich gelernt: Die Demokratie muß darauf bestehen, daß es legal zugeht und sich niemand zu rechtswidriger Gewalt ermächtigt hält.

Ein wesentlicher Grund für die Machtergreifung 1933 war, daß ein wachsender Teil der Bürgerschaft selbst das Recht nicht mehr achtete oder an der Fähigkeit der Demokratie zweifelte, das Recht durchsetzen zu können. Der sich beschleunigende Zerfall des Vertrauens in die Demokratie führte zum Aufstieg der NSDAP und schließlich zur Machtergreifung Hitlers. Rechtswidrige Gewalt gegen Menschen, zu denen immerhin auch Polizisten, Fahrer, Staatsanwälte und Manager zählen, darf nie wieder hingenommen werden und auch nicht Gewalt gegen Sachen wie etwa zur Verhinderung des Transports von Castor-Behältern. Nichts gegen praktische Kompromisse. Aber wenn der Staat sich nicht mehr traut, im Rahmen des Rechts zu tun, was er für notwendig hält, ist das von Übel. Es gibt keinen Grund, die Demokratie zu allem unfähig zu machen, weil die Diktatur zu allem fähig war.

Die Protestbewegung wurde seinerzeit auch inspiriert durch die Ansicht, daß Kapitalismus und Faschismus letztlich gleichzusetzen seien. Der Antiamerikanismus wurde geradezu zu einer moralischen Position erklärt. Nun, die Gedanken sind frei, aber nicht so frei, daß sie von der Kritik verschont zu bleiben berechtigt wären. Aus der Realität wäre bequem zu entnehmen gewesen, daß die Beseitigung der NS-Herrschaft in Deutschland und die Wiedergeburt der Demokratie zu einem erheblichen Teil den USA, dem Vereinigten Königreich und Frankreich zu verdanken waren, also Ländern, in denen es den sogenannten Kapitalismus gab. Sie in die Nähe des Faschismus zu rücken war ein Unsinn, der auch durch noch so viele Ho-ho-ho-Tschi-Minh-Rufe nicht zum Sinn wurde.

Die Bewegung hat gewiß zu einer vertieften Auseinandersetzung über die Vergangenheit beigetragen und auch einige morsche und brüchige Vorstellungen erschüttert. Der sogenannte Häuserkampf, also die Hausbesetzungen, waren kein solcher Beitrag. Die meisten Besetzer hatten eine Wohnung, jedenfalls in Stuttgart. Schließlich war die moralische Auflehnung der jüngeren Generation gegen die aus der NS-Zeit belastete ältere, nicht so tragend, wie dies heute behauptet wird. Die Bewegung war keine spezifisch deutsche Erscheinung, sondern zeigte sich auch in anderen Ländern, besonders eindrucksvoll in Frankreich, aber auch in den USA. Verständnis habe ich für alles oder fast alles. Jene, die damals in der Bewegung aktiv waren, wähnten sich im Recht, wenigstens die überwiegende Mehrheit.

Die meisten von ihnen sind heute gute Demokraten. Da und dort ist auch morsch Gewordenes erschüttert worden, so daß es abgeschafft werden konnte. Aber daß unsere Demokratie erst durch die Achtundsechzigerbewegung so recht eine geworden sei, diese Meinung überlasse ich anderen. Der Nutzen des Falschen liegt gelegentlich darin, daß das Richtige deutlicher hervortritt. Auch gab es in der Bewegung idealistische, nämlich kein materielles Eigeninteresse verfolgende Motive. Aber der sachliche Kern des ganzen Unternehmens eignet sich nicht, um daraus im Sinne der platonischen Staatsutopie ein nützliches Märchen zu komponieren. Es spricht für eine Gesellschaft, wenn sie tolerant, großzügig und nicht nachtragend ist, sofern die Toleranz auch gegen Andersdenkende geübt wird und nicht nur gegen Gleichgesinnte. Bläst die Politik allzu kräftig die Moraltrompete, fällt mir der Zweizeiler des früheren Stuttgarter Hofpredigers Karl Gerok ein: „Gebt acht, daß nicht die Heuchelei der Wurm in Eurem Garten sei!“

Mutter Natur ist nicht harmlos

Es ist nicht nur interessant, worüber in politischen Auseinandersetzungen geredet wird, sondern fast noch mehr, worüber *nicht* geredet wird. Fast nichts geredet wurde im Bundestagswahlkampf 2002 über den Umweltschutz im Verhältnis zur Industriegesellschaft und zur Arbeitslosigkeit. Die Kontrahenten sind müde geworden, müde, sich auf der einen Seite Naturzerstörung zu Lasten des Menschen und auf der anderen Seite Ökofanatismus oder Naturtümelei zu Lasten von Wohlstand und sozialer Sicherheit vorzuwerfen. Die einen haben die anderen inzwischen kennengelernt und gemerkt, daß das auch ganz ordentliche, wohlmeinende Menschen sind. Die irren sich zwar, aber warum es denen dauernd aufs Butterbrot schmieren. Überdies meinten schon immer die meisten Politiker, daß ein Problem, über das lange geredet wurde, als gelöst betrachtet werden kann. Nur noch enge Querulanten und unerfahrene Jungpolitiker sprächen es an, würden aber durch die gelangweilten Gesichter der Zuhörer in die Schranken verwiesen. Und plötzlich ereignet sich dann etwas, was das ruhiggestellte scheinbare Thema wieder auf die Tagesordnung setzt: so die Überschwemmung im Einzugsbereich der Elbe. Zu Recht haben sich die führenden Politiker auf den Weg in die betroffenen Räume gemacht, um sich ein eigenes Bild zu verschaffen und helfen zu können. Aber dann hat sich die Frage nach dem oder den Schuldigen gestellt. Ist das der Mensch, der in seiner Verblendung das Bett der Flüsse begradigt, eingedämmt, betoniert und die Ufer abgeschottet und besiedelt hat, anstatt es der weisen Mutter Natur zu überlassen, wohin nach diversen Wolkenbrüchen das Wasser fließt und wo es sich gerne eine Zeitlang aufhält?

Dabei wird wieder einmal außer acht gelassen, daß Deutschland mit seinen 80 Millionen Einwohnern kein Naturraum sein kann, sondern ein Kulturraum sein muß, der nach dem Prinzip der Nachhaltigkeit (heute nur das tun, was kommenden Generationen nicht schadet) so verwaltet und gestaltet werden sollte, daß die natürlichen Lebensgrundlagen erhalten bleiben. Aber die bestehenden Dörfer und Städte müssen vor Hochwasser geschützt werden. Daß bei der Bebauung auch Fehler gemacht wurden, ist unstreitig. Auch künftig müssen ausreichende Räume freigehalten werden, mit deren Hilfe die Höhe des Pegelstands und die Fließgeschwindigkeit des Wassers vermindert werden. Doch machen wir uns nichts vor, auch in der guten alten Zeit, als Mutter Natur noch das Sagen hatte, gab es verheerende Hochwasser, die vielfach der Anlaß für die Regulierung der Flüsse und die Anlage von Schutzdämmen, Staustufen und Rückhaltebecken waren. Allein an der Elbe hat man seit dem 6. Jahrhundert mehr als 120, teilweise verheerende Überschwemmungen gezählt.

Mutter Natur ist eben nicht so harmlos, wie sie gern dargestellt wird. Wenn aufgrund der Erfahrungen mit den Hochwassern Schwachstellen gesucht und beseitigt werden, wird man feststellen, daß es oft keine Lösung für extreme Situationen gibt, die durch eine Häufung unglücklicher Umstände entstehen. Auch in Stuttgart und anderen Städten können das Kanalnetz und das System der Rückhaltebecken nicht so groß ausgelegt werden, daß Wolkenbrüche wie an der Elbe und ihren Nebenflüssen ohne weiteres verkraftet werden.

Das Hochwasser hat auch der Frage der Klimaveränderung durch Kohlendioxyd, vor allem im Zusammenhang mit dem Klimagipfel in Johannesburg, zu neuem Interesse in den Medien verholfen. Die Grünen haben gehofft, deshalb mit ihren ökologischen Taten und Plänen Wähler zu gewinnen. Allerdings ist erstens nicht klar, ob es zu dem Hochwasser nicht auch ohne das vom Menschen erzeugte Kohlendioxyd gekommen wäre. Klar ist hingegen, daß die Kernkraft, aus der die rot-grüne Regierungskoalition aussteigen will, kein Kohlendioxyd erzeugt. Dem wird mit dem Hinweis begegnet, daß die alternativen Energien auch kein Kohlendioxyd emittieren, was per Saldo wahr ist. Weniger bekannt und bewußt ist aber der

Umstand, daß die Grund- und Mittellast in der Energiewirtschaft von Kohle- und Gaskraftwerken getragen werden muß, wenn die Kernenergie ausfällt, und daß dadurch mehr Kohlendioxyd erzeugt wird. Auch ist der Ausbau der alternativen Energien wirtschaftlich nur möglich, wenn deren hohe Erzeugungskosten durch die Verteuerung des billigeren Kohlestroms gesenkt werden. Ich will mich auf ein groteskes, aber anschauliches Beispiel für den Nutzen beschränken, den diese Energieart neben der Vermeidung von Kohlendioxyd bringt: Ein Kernkraftwerk von 1200 Gigawatt könnte durch die körperliche Leistung von zwölf Millionen Menschen ersetzt werden, vorausgesetzt, jeder von ihnen leiste hundert Watt. Da eine solche Leistung einem Menschen höchstens acht Stunden abverlangt werden könnte, wäre an drei Acht-Stunden-Schichten zu denken, das sind dann 36 Millionen Menschen. Weil wegen des globalen Konkurrenzkampfs die Erzeugungskosten nicht zu hoch sein sollten, könnte je Kilowattstunde höchstens eine Vergütung von fünf Cents gezahlt werden, das sind bei hundert Watt-Stunden vier Cents für den Achtstundentag. Für ein Kohlekraftwerk ergibt sich dieselbe Rechnung. Sie zeigt, daß die Großtechnologie doch gewisse Vorteile bietet.

Nützliche Erinnerung

Es gibt Epochen in der Geschichte, deren wir uns gerne erinnern und andere, die wir am liebsten vergessen würden, so das Dritte Reich und der Zweite Weltkrieg. Aber es läßt sich nicht einfach ein Zeitabschnitt aus der Geschichte herausnehmen und durch einen Legzettel ersetzen. Der Weg Deutschlands während der letzten 60 Jahre hat etwas von einem Wunder. Wunder sind selten. Sie wiederholen sich fast nie.

In diesem Jahr 2003 sind zum erstenmal seit Ende des Zweiten Weltkriegs vier deutsche Soldaten durch Feindeinwirkung gefallen. Vor 60 Jahren fielen täglich Tausende. Im

Juli 1943 fand bei Bjelgorod und Kursk die größte Feldschlacht des Zweiten Weltkriegs statt, an der 900 000 deutsche Soldaten mit 2700 Panzern und 10 000 Geschützen und 1 300 000 russische Soldaten mit 3400 Panzern und 19 000 Geschützen beteiligt waren. Die deutschen Truppen griffen dort an, wo es die sowjetische Führung unter Marschall Schukow erwartet hatte, schafften den Durchbruch nicht und wurden schließlich durch eine sowjetische Gegenoffensive aus ihren Stellungen heraus gedrängt. Das war für die Wehrmacht der Anfang vom Ende. Noch im Spätsommer 1942 hatte Hitler behauptet, die Sowjetunion sei geschlagen. In Wirklichkeit war sie stärker geworden. Kurz darauf folgte eine militärische Katastrophe der anderen: Stalingrad, Nordafrika, Italien, die Niederlage von Bjelgorod-Kursk und der Marsch der Sowjettruppen nach Westen. Die Schlacht der deutschen Kriegsmarine gegen die amerikanische und britische Flotte auf dem Atlantik ging verloren, allein 1943 sanken rund 300 deutsche Unterseeboote. In der Luftschlacht über Europa wurde die deutsche Luftwaffe niedergerungen. Aber einen Krieg zu beenden, ist meistens schwieriger als ihn zu beginnen. Das traf vor allem zu auf den von Hitler ausgelösten Zweiten Weltkrieg. Während die NS-Zeitung „Völkischer Beobachter“ unentwegt seine Friedensliebe herausstellte, hatte Hitler den Krieg vorbereitet, zunächst gegen Polen, nach dem Sieg über Frankreich auch den gegen die Sowjetunion, die er im Sommer 1941 überfiel und binnen weniger Monate zu zerschlagen gedachte. Aber daraus wurde nichts. Auch den USA, schon damals die größte Industrienation, hatte er den Krieg erklärt. Ende 1944 fand eine Variante für ein Soldatenlied Verbreitung, die ein anonymer Poet verfaßt hatte.

„Drum Mädel werd glücklich.
Wir sehn uns nie wieder.
Nur gegen England, Rußland, USA,
dann ist keiner mehr da.“

Ein Grund für Hitlers Macht war, daß 1933 die Meinungs- und Pressefreiheit abgeschafft wurde und daß er die Medien, die eigentlich der Kritik dienen sollten, zu Kampfmitteln gegen die Kritik machen konnte. Im Gegensatz zur Weimarer Republik, in der die demokratischen Politiker nichts recht machen konnten, wurden im NS-Staat nur gute Nachrichten verbreitet. Stets waren Deutschland und die NS-Regierung im Recht und taten Gutes. So entstand eine Illusionswelt, die zusammen mit zahlreichen potemkinschen Dörfern stärker war als die Wirklichkeit. Die am Ende der Weimarer Zeit höchst pessimistische Stimmung schlug in Optimismus um. Die Mißstände wurden verdrängt. Der Ausbruch des Kriegs im September 1939 verstärkte Hitlers Macht. Denn im Kriege, so dachte die meisten, da stehe man zusammen, da müsse man einig sein, so wie 1914 bis 1918.

Sechzig Jahre nach der Schlacht von Kursk und Bjelgorod sieht die Welt anders aus, nämlich ungleich besser. Die Verhältnisse in der NS-Zeit erscheinen heute fast unwirklich, wie ein böser Traum. Die Kriegsgegner des NS-Staates haben sich mit uns versöhnt. Auch zu Israel haben wir freundschaftliche Beziehungen. Ein geeintes Europa entsteht: Am 13. Juni 2003 hat der Reformkonvent das Konzept für die erste Verfassung der Europäischen Union vorgelegt. Deutschland ist Partner in Bündnissen, die ihm Sicherheit und Zugang zu den Weltmärkten gewähren. Es gehört zu den wohlhabenden Länder dieser Erde. Deutschland ist eine funktionierende Demokratie. Das muß auch so bleiben. Ein wichtiger Grund dafür, daß die Weimarer Republik unterging und dadurch der Weg frei wurde für Hitler, war, daß zu viele Bürger und Politiker der Demokratie nicht mehr zutrauten, die Probleme zu lösen. Zu diesen Problemen gehörten die Auswirkungen der Weltwirtschaftskrise, die allerdings andere Staaten noch härter trafen als Deutschland. Kritik wurde zur Polemik. Die Parlamente wurden als Schwatzbuden diffamiert, die Politik als Parteienhader oder Parteiengezänk und der Demokratie die Fähigkeit abgesprochen, den Staat zu lenken. Besonders hervor taten sich hierbei Gruppierungen und Medien, die selbst gegen die Demokratie waren, aber die von ihr gewährte Freiheit mißbrauchten, um sie zu zerstören. Auch heute hat Deutschland Probleme, die unpopuläre Entscheidungen erfordern. Manche sind gar nicht lösbar, manche nur in Gemeinschaft mit anderen Staaten und manche können wir allein lösen. Das Sozialprodukt wächst nicht mehr so, wie das früher war. Renten, Pensionen, Leistungen der Krankenversicherung müssen bescheidener ausfallen als wir gehofft hatten. Unser demokratisches Gemeinwesen muß diese Herausforderungen bestehen und die gebotenen Entscheidungen treffen können. Für die Diktatur ist Meinungsfreiheit der Tod, die Demokratie kann ohne sie nicht leben. Doch wer zu kritisieren berechtigt ist, sollte auch die Demokratie stärken, der er dieses Recht verdankt, indem er jener ungesunden Mischung von Häme, Unkenntnis und Arroganz entgegen tritt, die wir in vielen politischen Äußerungen vorfinden.

Personenverzeichnis

D

E

F

G

H

I

J

K

L